살아 있는 교실

이호철 선생의 교실혁명   1

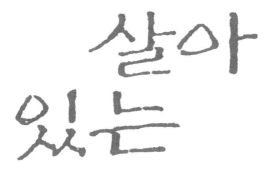

살아 있는 교실

이호철 선생의 교실혁명　　1

보리

'살아 있는 교실' 만들기

내가 교대를 졸업할 때는 교사가 많이 밀려 있었다. 그래서 나는 졸업을 하고도 2년 가까이나 지루하게 교사 발령을 기다렸다. 그러다가 1975년 11월에 경북 울진으로 발령이 났다. 차를 몇 번이나 갈아타고 가서 산골로 6킬로미터나 더 걸어 들어가야 하는 곳이었다. 지금은 없어진 조금 초등 학교다. 그로부터 아이들 가르치는 길로 들어선 지가 벌써 28년이 넘었다.

처음 아이들을 가르치는 길에 들어섰을 때는 제도의 틀에 맞춰 열심히 가르치는 것만이 교육을 잘 하는 것이라 생각했다. 그러나 차츰 그게 아니라는 것을 깨닫게 되었다. 학교 교육이 자주 바뀌는 교육 정책에만 휩쓸려 가고, 온갖 제도에 너무 얽매여 남에게 내보이려고 하는 쪽으로만 흘러가는 그릇된 모습들이 보이기 시작했다. 멀리 내다볼 줄 모르고 바로 눈앞의 성과에 매달리는 그런 모습들을 볼 때마다 안타까운 마음이 참 많이 들었다.

참된 초등 교육이라면 그래서는 안 되는 것 아닌가. 그 어떤 것에도 흔들리지 않는 교육이라야 한다. 그래서 무엇인가 다른 길을 찾아야겠다는 마음이 들었다. 그 마음으로 처음 해 본 것이 글쓰기 지도와 학급 문집을 내는 것이었다. 등사판으로 주간 학급 신문 〈꽃교실〉을 내기 시작했다. 글쓰기 지도가 무엇인지도 모르고 시작했는데, 나중에 이오덕 선생님을 만나서 '삶을 가꾸는 글쓰기'가 무엇인지 알게 되었다.

처음에는 무엇이든 마음에 들면 하고 보았다. 그러다 보니 문제점이 드러나고, 그러면 그 다음 해에 다시 고쳐서 했다. 이렇게 한 가지를 제대로 하는 데에 여러 해가 걸렸다.

나는 초등 학교에서 가르쳐야 할 가장 중요한 것 두 가지가 생각이 바로 서도록 하는 것과 기초를 튼튼하게 가르치는 것이라고 생각한다.

먼저, 생각이 바로 서도록 가르쳐야 하는 것은 생각의 첫 단추를 잘못 끼우면 끝까지 단추를 잘못 끼울 수밖에 없기 때문이다. 아이들은 학교에 들어오기 전부터 생각의 첫 단추를 끼우는 일이 벌써 시작된다. 초등 학교 1학년만 되어도 잘못 끼운 첫 단추를 고쳐 끼우는 일은 쉽지 않다. 초등 학교 교사는 그것을 바로잡아 주어야 하는 무거운 짐을 지고 있다.

기초를 튼튼하게 가르쳐야 하는 것은 초등 학교 아이들의 기초 교육이 너무나 중요하기 때문이다. 집을 지을 때 기초 공사를 튼튼하게 잘 해야 그 위에 세우는 집도 튼튼하게 서 있을 수 있는 것과 마찬가지다. 언어 교육을 바르게 하려면 영어나 한자 교육에 더 열을 올릴 것이 아니라 먼저 국어 교육을 바르고 튼튼하게 해야 하고, 과학 교육이라면 관찰하는 힘부터 길러 주어야 한다. 또 음악 교육이라면 바른 음감이나 리듬감부터 길러 주어야 한다.

시대 흐름이나 사회 현실이 어떻게 바뀌든 흔들리지 않는 교육이 기초 교육이다. 이런 교육을 위해서는 교사와 부모, 교육 정책을 세우는 사람들 모두 생각이 많이 바뀌어야 한다. 입시 위주 교육에 매달리다 보니 아이들 정신이 많이 병들어 있다. 교사들도 깊은 생각 없이 무슨 교육이 좋다고 하면 우르르 따라가는 식으로 가르치다가 그르치는 경우가 많다.

교사는 누구보다 앞서 이런 것들을 바로잡아서 교육을 해 나가야 한다. 아이들이 삶을 바로 가꾸며 건강하게 살아가는 어른으로 자라도록 하자면 교육을 정말 잘 해야 한다.

이제 여기에 내가 아이들과 함께 한 학급 운영의 여러 가지 활동을 몇 가지 내

보인다. 아이들이 잃어 가는 감각을 살리고, 참된 삶을 가꾸어 주고, 아름답고도 올곧은 마음을 기르도록 도와 주는 공부다. 나는 이런 공부를 교실보다는 자연과 삶 속에서 몸으로 배우도록 하는 데 애써 왔다.

여기에 적어 놓은 학급 운영의 예들은 어느 한 해에 한꺼번에 해 본 것이 아니다. 해마다 달라지는 교실 환경에 맞게 고쳐 가며 해 본 것을 한 곳에 모은 것이다. 이것들은 내가 먼저 생각하고 해 본 것도 많지만, 다른 분들이 먼저 해 본 것을 그대로 배워서 해 본 것도 있다.

여기에는 주로 시골 아이들과 지내면서 해 본 학급 운영 예들이 대부분인데, 환경은 잘 안 맞지만 오히려 도시 아이들과 더 많이 해 보면 좋겠다고 생각한다. 환경이 안 맞는다고 그냥 지나갈 게 아니라 새로운 대안을 찾아서라도 해 보면 좋겠다. 또 이 책에 소개한 여러 학급 운영의 내용과 방법들은 고학년 중심으로 되어 있지만, 저학년에 맞게 고쳐서 할 수도 있다. 다른 사람이 해 본 것들은 아무리 좋은 것이라 해도 주어진 환경이 모두 다르기 때문에 자기에게 맞지 않는 경우가 많다. 그러니 서툴더라도 스스로 어느 정도 뼈대를 세운 뒤에 자신에게 맞게 살을 붙이며 발전시켜 나가는 열정이 있어야 한다.

이 모든 활동을 한꺼번에 다 하기는 어렵다. 힘겨우면 처지에 맞게 꼭 해 보고 싶은 것만 가려서 해도 좋다. 너무 욕심을 내도 안 되고, 아이들에게 너무 높은 수준을 기대해도 안 된다. 잘 안 된다 싶어도 노력하는 만큼 교육은 이루어진다. 가끔 열심히 해도 잘 안 된다며 어려움을 하소연하는 후배 교사가 있다. 나는 그런 후배들에게 이렇게 우스갯말을 한다. "안 되는 것이 되는 것이다." 그렇다. 그렇게 어려움을 이야기하는 교사는 벌써 남보다 열심히 교육을 하고 있기 때문에 차츰 더 좋은 교육을 할 수 있으리라 믿는다.

여기에 내보이는 활동 하나하나를 별것 아닌 것으로 생각할지 모르나 그게 아니다. 작게 보이는 하나하나가 삶 전체로 퍼져, 아이들이 참삶을 가꾸어 가는 데 큰 몫을 한다.

학급 운영을 해 나가는 방법은 여기에 내보인 것말고도 아주 많다. 앞으로 더 좋은 방법들이 나올 수 있었으면 좋겠다.

나는 늘 생각한다. 나 하나로 해서 아이의 운명이 좋게도 바뀔 수 있고, 나쁘게도 바뀔 수 있다는 것을. 그래서 힘닿는 데까지 온몸을 바치는 마음으로 아이들 앞에 설 것을 다시 한 번 굳게 마음을 다져 본다.

2004년 4월
이호철

차례

1장
살아 있는 교실 계획

교사의 마음가짐

계획과 준비, 그리고 첫날

교사의 마음가짐

지난 해 마음 정리

한 해 동안 서로 비비대며 살아왔던 아이들을 품에서 떠나보내고 나면 홀가분한 마음도 없지는 않지만, 소가 팔려 나가 텅 빈 외양간을 보고 있는 농사꾼처럼 허전한 마음이 더하다. 어찌 그리도 속을 뒤집을까 싶도록 애를 먹여서 미운 감정이 들기도 했던 아이들도 오히려 예쁘게만 비치고 새록새록 그리움으로 남는다.

아이들이 잘 따르지 않는다고 괜스레 화가 나서 속을 끓였던 일들도 지나고 보면 내 잘못이 더 크다. '그 일은 이렇게 했어야 했는데 왜 그렇게 성급한 마음을 가졌을까?' 이렇게 후회도 해 본다.

어떤 일 가운데는 가만히 두어도 시간이 지나면 저절로 풀리고 한 걸음 한 걸음 나아가게 되어 있는 일도 많다. 그런데도 나는 바로 눈앞에 무슨 특별한 좋은 결과를 보겠다고 서둘러 속을 끓이고는 했다. 그리고 나쁜 감정을 억누르지 못하고 있는 대로 터트리는 일도 많다. 그 일들은 발바닥에 박힌 가시처럼 두고두고 마음을 꼭꼭 찌른다. 나는 잊었지만 아이들 가슴에 못박은 일도 더러 있을 것이다. 그 생각을 하니 마음이 몹시 아려 온다.

그래도 내 딴에는 잘 가르쳐 보겠다고 몸부림쳤다. 나 혼자 고민하고 괴로워하기도 하면서 말이다. 그러면서도 한편으로는 아이들을 너무 내 식으로만 가르친 것은 아닌지 슬그머니 걱정도 된다. '이 녀석들이 다른 환경에 제대로 적응을 못하면 어떻게 하나?' 싶고, '나와 함께 마음 밭에 어렵게 일구고 가꾸어 거둔 소중한 씨앗들을 아주 조금이라도 챙여 두고 있을까?' 하는 걱정도 든다. 하지만 '그래, 언젠가는 우리들의 마음 밭에서 거두어들인 씨앗들을 다시 싹 틔우고 자라게 할 수 있을 거야!' 하는 믿음도 가져 본다.

가끔 한 학년을 올려보낸 아이들을 만난다. 나를 보기는 보았을 텐데 눈길 한 번 주지 않고 쌀쌀맞다 싶게 못 본 체 지나가 버리면 어찌 그리도 서운한지. 그런 생각을 하다가도 '날 보지 못했으니까 그렇겠지. 그럴 줄 알았더라면 내가 먼저 재빠르게 인사를 건넬걸.' 하는 후회도 한다.

그건 그렇다 치더라도 나를 빤히 보면서 슬금슬금 도망가는 아이들을 보면 슬픈 마음 끊을 길 없다. 때로는 '저놈의 자식들 애써 가르쳐 본들 뭘 하겠나.' 싶은 마음도 든다. 거기다가 '우리가 어떻게 한 해를 살았는데……' 하는 생각에 이르면 괘씸한 마음까지 들 때도 있고 내 믿음이 허물어질 때도 있다. 하지만 그런 내 생각이 잘못이란 것을 나는 또 안다.

가끔 한 학년을 올려보낸 아이들을 복도에서 만나면,

"선생니이임!"

소리치며 쪼르르 달려와서 끌어안는 일이 많아졌다. 그 때 남자 아이 같으면,

"아이구 일마(임마) 그새 많이도 컸네."

하며 끌어안아 주고 머리도 쓰다듬어 준다. 그리고 가끔은 그 자리에서 씨름도 한 판 한다. 그러다 그만 여러 아이들과 엉겨 붙어 장난도 한판씩 벌인다. 여자 아이 같으면,

"아이구, 그새 더 예뻐졌네. 요것 뉘 아(아이)가 요렇게 예쁘노!"

이러면서 볼을 살짝 꼬집어 준다. 얼굴이 발그레해지고 수줍어하는 빛, "히히히,

헤헤헤" 웃으며 좋아하는 그 밝은 모습, 그것이 행복이다.

가끔 시집 장가 가 학교에 다니는 아이까지 있는 제자한테서 안부 전화라도 걸려 오면 그 날은 기분이 그렇게 좋을 수가 없다. 그리고 아이들이 아무 소식이 없어도 제 나름대로 바르게 열심히 살아만 가도 내게는 더없이 반갑고 큰 행복이다.

때로는 주저앉고 싶기도 하다. 그렇지만 힘을 내야 한다. 내 품 안에서 비비 대며 함께 살았던 새들은 떠난다. 그렇지만 제힘으로 힘차게 하늘 너머 날아가는 모습은 참 대견스럽다. 떠나보낸 아이들 생각에 마음 허전해하고 있을 수만은 없다. 떠나보낸 아이들만큼이나 사랑스런 아이들이 또 나를 기다리고 있기 때문이다.

새 아이들을 맞이할 마음 준비

새 아이들을 맞이할 때는 어떤 준비를 할까? 아이들을 가르치는 데 지난 해 모자랐던 것은 무엇인가, 요것조것 따져 보자. 그래서 모자랐던 것은 어떻게 보태고 발전시키면 될까 고민을 하자. 해마다 별 생각 없이 아이들을 받아들이고, 교사가 마음먹은 대로 안 따라 주면 '올해는 아이들 운이 없군!' 하며 넘어가지 말자.

그러면 어떤 마음 준비를 해야 하나? 먼저 빠르게 바뀌는 지금 시대를 잘 알아야 한다. 지금 문제는 무엇이고, 앞으로 어떻게 바뀌어 갈지 또렷이 알아야 한다. 그 속에서 아이들에게 무엇을 가르쳐야 할까, 나름대로 생각해 두어야 한다.

또 아이들과 가장 가까운 사회도 잘 알아야 한다. 우리 어른들 사회는 병든 곳이 많다. 올바른 문화는 병든 문화에 눌려 오히려 찾기가 어렵게 되었다. 이것이 아이들 사회를 짓눌러 아이들을 본디 모습으로 자라나지 못하게 하고 있다. 그런데도 어른들은 자신의 잘못을 반성하기보다는 아이들을 더 탓하고 있다.

이제는 아이들 스스로 참된 문화를 만들고 가꾸도록 힘을 길러 줄 수밖에 없겠다. 교사는 그 아이들을 도와야 한다. 잘못된 어른 문화나 아이들 문화를 비판해서, 물리칠 것은 물리치고 살려 나갈 것은 살려 나가도록 해야 한다. 아이들이 진정한 우리 겨레의 삶과 마음으로 사람답게 살 수 있도록 도와 주어야 한다.

학교 현실도 살펴보아야 한다. 우리는 아이들을 점수따기 경쟁, 획일주의, 권위주의로 몰아붙이거나 책임 의식 없이 내버려두지는 않았나? 또렷한 가치 의식이 없는 교육은 하지 않았나? 아니, 잘못된 가치관을 옳은 가치관인 듯 가르치고 있지는 않았나? 시험 점수나 올리기 위해 아이들의 삶을 짓밟고, 어른들의 권위로 아이들을 주인된 삶을 잃어버린 기계 인간으로 만들지는 않았나? 이렇게 먼저 문제 의식을 가지자. 자신의 교육관을 바로 세우며 느슨해진 자신을 한번 더 추스르자.

교육관을 바로 세우고

내가 우리 아이들에게 언제나 심어 주고자 하는 정신이 있다. '참, 사랑, 땀'이다. 나는 아이들이 언제까지고 이 뜻만은 마음 한쪽에 꼭 새기고 있기를 간절히 바란다. 그래서 교실 앞쪽 벽에 그 글자를 커다랗게 붙여 놓았다.

'참'은 거짓이 아닌 진짜, 진실의 뜻을 나타낸다. 겉보기에는 멀쩡한 것 같아도 속은 푹 썩은 것이 참으로 많은 세상이다. 모두 '참'을 보고 '거짓'이라고 믿어 버리는 아주 이상한 세상이다. 견디다 못해 '거짓'에게 알랑대는 척이라도 해야 할 판이니 '참'을 지키며 살기도 쉬운 일이 아니다. 온갖 잡것들이 '참'을 꼬드기고 괴롭힌다. 심지어는 자신의 가치관이 잘못되어 있는지도 모르고 '참'인 듯 살아가는 사람도 많다. 우리 아이들이 여기에 버티어 서서 '참'을 지키며 살아갈 수

'참, 사랑, 땀' 은 이호철 선생님 반 급훈이다.
'참' 은 거짓이 아닌 진짜, 진실의 뜻을 나타낸다.
'사랑' 은 못나고 쓸모 없는 것, 버림받은 것들을
따뜻이 안아 주는 것이다.
'땀' 은 열심히 일하라는 뜻이다.

있도록 해야 하는데 정말 쉬운 일이 아니다. 먼저 자신의 잘못을 용감하게 받아
들이고 부끄러운 일이라도 잘못을 솔직하게 밝혀 자신을 바로세우도록 하는 일
부터 '참' 교육을 시작해야 한다.

'사랑' 은 종류도 많다. 아무리 종류가 많아도 그 어느 하나 귀하지 않은 사랑은
없다. 그래도 굳이 귀한 사랑을 하나 들자면 하잘것없는 것, 못나고 쓸모 없는 것,
아무도 돌아보는 이 없는 버림받은 것들을 따뜻이 안아 주는 사랑을 빼놓을 수
없다. 바로 이런 사랑이 내가 아이들에게 주고 싶고, 가르치고 싶은 사랑이다. 우
리 아이들 가슴에 버림받은 것들을 안아 주는 따뜻한 사랑을 심어 주고 싶다. 몸
과 마음으로 사랑하도록 도와 주고 싶다. 이런 노력이 더욱 뜨거워지면 아이들이
자라서 통일을 이루고 온 세상 사람들이 더불어 살아가는 삶을 이루어 내고야 말
것이라고 나는 믿는다.

마지막으로 '땀' 이다. '땀' 은 열심히 일하라는 뜻이다. 요즘은 열심히 일하지
않고 꾀로 살아가는 사람이 많다. 그 병이 온 세상에 다 도졌는지 너도나도 일하
기 싫어한다. 그러나 알맞게 일을 해야만 건강하게 목숨을 이어 갈 수 있는 것이
우리의 몸이다.

'땀' 이 없는 사람은 '참' 도 '사랑' 도 쌓아올릴 수 없다. 그러니까 '땀' 이 모든
정신의 바탕이다. 어느 자리 어떤 위치에서든 팔 걷어붙이고 땀을 흘리며 열심히

일하는 사람이 더욱 당당하게 살 수 있는 세상이 되어야 한다. 그리고 일이 삶이요, 즐거움이요, 보람이 되도록 스스로 가꾸어 나가야 한다. 아이들이 땀을 귀하게 여기면서 열심히 일하는 어른으로 자라나게 하고 싶은 것이 '땀'의 정신이다.

교사의 다짐

무엇인가 하려고 마음을 단단히 먹어도 쉽게 흐트러지는 경우가 많다. 시간이 좀더 지나면 '내가 언제 그런 생각이나 했던가?' 하고 까마득히 잊어버리게 된다. 따라서 한번씩 마음을 추스를 수 있는 '마음 다짐표' 같은 것이 꼭 필요하다. 그냥 마음으로만 생각하기보다는 어디에 적어서 언제나 볼 수 있는 곳에 붙여 두는 것이 좋다.

나는 책상 유리판 밑에 도종환의 시 '스승의 기도'와 몇 가지 지킬 일을 써 놓고 마음을 다잡고는 한다. 또 '나의 다짐표'를 만들어 놓고 볼 때마다 마음을 추스른다.

나의 다짐표
- '참, 사랑, 땀'을 실천하며 가르치겠다.
- 아이들에게 배우는 자세로 가르치겠다.
- 말만 앞세우기보다 행동으로 가르치겠다.
- 언제나 아이들 편에 서서 생각하고 행동하겠다.
- 언제나 아이들과 함께 하겠다.
- 언제나 아이들이 웃음을 잃지 않게 하겠다.
- 매를 들지 않겠다.
- 소외당하거나 차별 대우받는 아이가 없도록 하겠다.

- 무슨 일이든지 아이들 스스로 옳은 방향을 찾아가도록 하겠다.
- 내일 가르칠 준비는 하루 앞서 다 하겠다.
- 오늘 하루를 반성하고 잘못된 것이 무엇인지 찾아 고치겠다.

이런 다짐은 제대로 지키지 못하면 필요 없다. 그런데 이렇게 다짐해도 처음 얼마 동안은 잘 지키다가 조금 지나면 마음이 풀어지고 잊어버리기가 쉽다. 그때는 다시 더 잘 보이는 곳에 옮겨 붙이기도 하고 새로 큼직하게 써 붙이기도 하면서 마음을 추스른다. 그래도 지켜 나가기가 쉽지 않다. 그래서 마음이 느슨해질 때마다 다잡을 수 있도록 어떤 압력 같은 것이 필요하다고 생각한다. 예를 들어 한 주 또는 한 달에 한 번 아이들에게 평가를 받아 보는 것은 어떨까?

계획과 준비, 그리고 첫날

계획 세우기에 앞서

모든 일이 그렇듯이 계획을 세우려면 먼저 계획의 바탕이라 할 수 있는 현실을 잘 알아야 한다. 학급 운영도 마찬가지다. 학급의 현실을 잘 모르고 교사 마음대로 계획을 세우면 여러 가지 문제가 생긴다.

언젠가 제철에 난 우리 농산물 먹기에 대한 교육을 해야겠다고 마음먹고 일 주일에 한 번씩 삶은 고구마나 감자 같은 것을 가져와 점심으로 먹게 했다. 그러나 학부모들은 아주 싫어했다. 아이는 제대로 가르치지 않고 엉뚱한 짓이나 하고 있다는 소리를 들었다. 학부모들의 의식을 생각하지 않았기 때문이다. 또 도시에서 고구마나 감자를 사서 그것도 바쁜 아침에 삶아서 싸 보내기란 쉬운 일이 아니다. 나는 그런 어려움을 생각하지 않았던 것이다. 아이들에게 좋은 의식을 심어 주기 위해서 한 일이니까 당연히 부모들이 받아 줄 것이라고 내 멋대로 생각한 것이다. 그런 현실을 알았다면 무리하게 그러지는 않았을 것이다.

그러면 계획 세우기에 앞서 어떤 것들을 먼저 알아야 할까? 크게 네 갈래로 생각해 볼 수 있다. 먼저 아이들이 살아가고 있는 곳을 알면 좋겠다. 지역 위치, 학교가 있는 곳, 학교 둘레 환경이나 그것들이 어린이 교육에 미치는 영향 같은 것을 알아야겠다.

다음은 아이들 집안 형편이나 부모에 대해서도 알아야겠다. 집과 학교의 거리와 아이들이 학교에 오는 방법, 가정의 경제 형편, 부모 가운데 어느 한 쪽이라도 없는 아이는 없는가, 그 밖에도 친척 관계, 부모의 학력이나 직업, 알 수만 있다면 부모의 성격이나 생활 습관 같은 것, 아이에 대한 부모의 관심 정도나 태도, 학교에 대한 부모의 이해와 협조 태도, 교육에 대한 생각까지도 안다면 좋겠다.

또 아이와 가장 가깝게 있는 학교 현실과 교사들에 대해서도 잘 알아야겠다. 학교와 학급의 물리 환경들, 교장, 교사들, 아이들의 전체 분위기나 성격, 아이와 아이들의 관계, 아이와 교사의 관계, 그리고 과거의 담임 교사, 이런 것들을 제대로 알아야 한다.

마지막으로 같이 살아가야 할 식구인 아이들의 내면 현실을 꼭 알아야 한다. 아이들의 성격, 아이들의 지적 능력, 아이들의 취미나 특기, 신체 건강이나 정신 건강 상태, 학급의 다른 아이들과의 관계, 이런 것들을 알아야겠다.

한 가지 덧붙인다면 나라의 교육 정책 방향도 제대로 보아야 한다. 여러 가지 교육 제도는 아이 교육에 큰 영향을 주기 때문에 바로 아는 것이 매우 중요하다.

계획표 만들기

이제 학급 운영 계획을 세워 보자. 무슨 일이든지 계획 없이 이것저것 매달리다 보면 처음 생각한 것을 잊어버리게 된다. 뿐만 아니라 의욕도 사라지고, 다음 해에 더욱 발전된 계획을 세우기도 어렵다. 자세하게 계획을 세우면 의욕이 식어도 다시 불붙일 수 있고, 게을러지지 않도록 도와 준다. 또 실패하는 일도 줄이고, 어렵거나 복잡하고 일이 많다 싶어도 거뜬히 해 나갈 수 있다.

학급 운영 계획을 세우자면 먼저 올해 내가 아이들에게 무엇을 가르쳐야 할 것인지, 어떤 활동을 할 것인지를 알아야 한다. 이 책에는 못 담았지만 교과 학습 지도가 있고, 이 책에 나오는 모든 활동인 교과 밖의 활동이 있다. 이것들을 학교 교육 활동 계획과 관련지어 계획해야 한다.

나는 날마다 할 일, 주마다 할 일, 달마다 할 일, 두 달마다 할 일, 석 달마다 할 일, 학기별로 할 일, 1년에 한 번 할 일들로 나누어서 계획을 세운다. 그리고 계획을 세웠으면 바로 아이들을 가르칠 수 있도록 여러 가지 준비를 단단히 해 두어야 한다.

예 1) 하루 생활 계획표

때	할 일
아침	▶(~8:20) 자기 숙제 점검하고 수학 문제 세 문제 풀기
	▶(8:20~9:00) 살아 있는 그림 그리기
	▶(~9:00) 교사 : 아이들 일기 보기
	▶(9:00~9:10) 내 주장(내 생각) 발표
	▶(9:10~첫째 시간) 쉬면서 첫째 시간 공부할 준비하기
1교시 앞	▶생각해 보기, 오늘의 역사, 인물, 세시 풍속, 오늘의 시사
2교시 앞	▶시(글) 맛보기
3교시 앞	▶즐거운 노래와 율동
4교시 앞	▶즐거운 실내 놀이
점심 시간	▶아이들과 점심 같이 먹기
	▶손톱 깎아 주기(1~2명)
	▶놀이 가르쳐 주기(몸으로 하는 놀이, 전통 놀이)
5교시 앞	▶재미있는 이야기 들려주기
6교시 앞	▶음악 감상—우리 악기(단소, 장구 따위) 연주나 우리 노래 감상을 중심으로 한다.

때	할 일
수업 끝난 뒤	▶생일 축하 잔치(생일 맞은 아이가 있을 때)
	▶참삶 의식 지도
	▶가정 연락
	(1)안전 지도(교통, 물놀이, 불조심 따위)
	(2)생각 주머니(기록 지도)
	(3)일기 쓰기(한 편 읽어 주고 지도)
	(4)관찰 기록, 집중 탐구(예를 보여 주고 기록하는 방법 한 가지 지도)
	(5)책읽기(책 소개, 책읽기 지도)
	(6)이 달의 할 일 지도
	(7)학과 공부 숙제(탐구 학습에 도움이 되는 숙제 조금 내 준다. 안 내 줄 때가 많다. 이 때 숙제가 많다고 하는 아이는 하고 싶은 만큼만 하도록 줄여 준다. 그 대신 약속한 것만은 꼭 해 오도록 한다.)
	(8)준비물(다음 날 공부하는 데 필요한 준비물) 안내
	(9)부모님께 알리는 말
	(10)주마다 할 숙제
	* '가정 연락'에서 (2)~(6)은 날마다 다 지도할 수는 없으니까 하루 한 가지씩 돌아가면서 깊이 있게 지도하면 좋다.
	▶모둠 단합(모둠끼리 손 잡고 모둠 노래 부르고 구호 외침)
	▶하루의 생활 반성(무릎 꿇고 앉아 눈 감고 두 손 모으고)
	▶뒤풀이 노래, 놀이 한판
	▶반 노래 부르기
	▶"바로 서 주세요.", "인사 나눕시다."
	▶"사랑해요." 말하면서 교사와 아이 꼭 안기
	▶청소 같이 하기
	▶한 모둠씩 글쓰기 집중 지도, 공부 뒤떨어지는 아이 한 명씩 지도
	▶교사 : 다음 날 생활 준비, 교실 뒷정리, 일기 쓰기

예 2) 한 주 생활 계획표

요일	할 일
월	▶학급 책 빌려 주고 아이들끼리 서로 바꾸기, 책읽기 지도 ▶글(시)쓰기 지도
화	▶일기 쓰기 지도
수	▶특별 점심이나 새참 먹기(삶은 고구마, 감자, 달걀 따위 우리 농산물로 만든 음식) ▶학급 잔치(놀이나 모둠 대항 경연 대회) ▶학급 농장 가꾸기 ▶관찰 기록(집에서) ▶집중 탐구(집에서) *수요일은 주로 수업이 네 시간만 하고 끝나기 때문에 오후에는 자유 활동을 할 수 있다.
목	▶관찰 기록장 종합 점검과 지도
금	▶학급 환경 정비의 날
토	▶집중 토론(어린이회 시간에 한다.) ▶학급 신문 〈꽃교실〉 발행
토, 일	▶재미있는 숙제(집에서)—학과 숙제는 없다. ▶관찰 기록(집에서) ▶집중 탐구(집에서)

예 3) 일년 생활 계획표

달	달마다	자주	석 달마다	한 해 한두 번
3		들(산) 공부		고사 지내기
4	▶3월부터(8월, 1월 빼고)	들(산) 공부		
5	독서 토론(두 번째 수요일)	들(산) 공부	체험 학습(견학)	
6	긴 글쓰기(네 번째 수요일) 공동 작품 만들기		자유 연구 발표	연극 발표
7	학부모 통신	들(산) 공부		여름 방학 계획 세우기 학기 마무리 잔치
8			체험 학습(견학)	
9	▶4월부터(8월, 1월 빼고)		자유 연구 발표	
10	가까운 곳 답사(체험)	들(산) 공부		학예 발표
11	마을 신문(가족 신문)	들(산) 공부	체험 학습(견학)	연극 발표
12		들(산) 공부	자유 연구 발표	겨울 방학 계획 세우기
1				
2		들(산) 공부		학년 마무리 잔치 (고사 지내기)

준비물

계획을 세웠으면 바로 아이들을 가르칠 수 있도록 여러 가지 준비를 단단히 해 두어야 한다. 우스운 것 같지만 아이들에게 연필은 몇 자루, 그것도 어떤 종류의 연필을 준비하도록 해야 할 것인지 시시콜콜 머릿속에 그려 두는 것이 좋다. '쫀쫀하게 뭐 그런 것까지 챙겨 두어야 하나.' 하는 사람도 있을지 모르겠다. 그러나 교사는 그렇게 꼼꼼하지 않으면 아이들을 잘 가르칠 수 없다.

물론 이런 준비는 새로 맞이할 아이들이 몇 학년 몇 반, 몇 명, 어떤 아이들인지, 교실은 어느 교실인지 정해진 뒤에 해야 하는 것이다. 이런 것들을 하나하나 준비해 두지 않고 아이를 맞이하면 그만큼 교육이 늦어지고 처음부터 계획과 크게 어긋나게 된다. 그렇게 되면 한 해 내내 둥둥거리다가 마치게 된다.

아이가 준비할 것

초등 학교 아이들의 학용품은 고급스럽지 않으면서도 쉽게 망가지지 않는 것, 다칠 위험이 없는 것이 좋다. 말할 것도 없이 값은 싸고 질은 좋아야 한다. 그런데 지금 우리 아이들이 쓰고 있는 학용품을 보면 비싼 외제품이 많고, 꼭 필요해서 사는 것보다 사치로 사는 것이 참 많다. 그리고 학용품에 그려져 있는 그림을 보면 야단스럽거나 우리 정서에 맞지 않는 것들이 많은데 이런 것도 좋지 않다. 또 쓰던 학용품은 끝까지 쓰도록 해야 하고 쓸데없이 많이 가지고 다니지 않게 한다. 초등 학교 아이답게 학용품을 가지고 다니도록 해야 한다. 그 밖에 학급 나름대로 필요한 것을 잘 갖추도록 한다.

• 꼭 필요한 학용품 : 필통 한 개, 공책은 과목마다 한 권씩, 연필 세 자루쯤, 샤프 한 자루, 지우개 한 개, 칼 한 개, 30센티미터 자 한 개, 삼각자 한 개, 각도기 한 개, 컴퍼스 한 개, 풀 한 개, 색종이 세 묶음쯤, 가위 한 개, 그림 그릴 연필 한 자루(4B 연필), 크레파스 한 통, 수채 물감 한 통, 꼭 필요하다면 포스터 물감 한 통, 팔레트 한 개, 그림 붓 여러 개(16호, 10호, 6호, 4~2호 한 개씩), 물통 한 개, 벼루 한 개, 먹 한 개, 서예 붓 세 개쯤, 조각도 한 개.
• 그 밖에 준비할 것 : 일기장 한 권, 관찰 기록장 한 권, 그림 그리기 공책 한 권, 화판이나 이젤 한 개, 원고지 20장쯤, 모눈종이 3장쯤, A4 종이 10장쯤, 생각 주머니 한 개(목에 걸거나 주머니에 넣어 다니며 기록하는 수첩), 붉은 볼펜 한 개, 돋보기 한 개, 손수건 한 장, 체육복 한 벌, 운동화 한 켤레.

교사가 준비할 것

교사가 준비해야 할 것도 많다. 먼저 가슴을 열고 아이들을 선입견 없이 받아들이도록 따뜻하고 열린 마음을 가져야 한다. 그리고 부서진 것들을 고치고 깨끗하게 정리한 뒤에 사물함이나 신발장, 각종 파일에 아이들 이름표를 붙인다. 나중에 아이들이 붙이게 할 수도 있다. 교실 뒤 환경 판에는 큰 제목을 붙이고, 앞쪽 판에는 교실마다 조금씩 다르겠지만, 우리 교실은 '참, 사랑, 땀' 글자를 예쁘게 만들어 붙인다. 이것도 나중에 아이들이 만들어 붙이도록 하는 것이 더 좋을 수도 있다.

아이 이름도 외워 두는 것이 좋은데, 생활 기록부에 사진이 있으면 아이의 얼굴 특징과 이름을 함께 외운다. 그 밖에 아이의 특성, 건강 상태, 식구들 관계, 부모의 직업 따위도 생활 기록부를 보고 미리 알아 두면 좋다. 그러나 이런 기록들을 보고 아이에 대해 선입견을 갖지 않도록 해야 한다.

• 아이들에게 줄 선물 준비 : 생각 주머니. (글감을 적어 두는 작은 수첩과 볼펜으로 아이 수만큼 준비, 일기장, 관찰 기록장, 그림 그리기 공책도 처음에는 선물로 주면 좋겠다.)

• 모둠 이름표 : 모둠마다 한 개. (모둠 나름대로 만들어 모둠 책상 가운데 둔다. 모둠별로 색깔을 달리 하여 모둠을 상징하는 색깔을 갖도록 한다.)

• '내 할 일은 다 했나?' 공책 : 모둠별로 한 권. (집에서 할 일을 스스로 점검해 볼 수 있도록 하는 것. 모둠이 정해지면 이름만 적어 넣으면 되도록 컴퓨터에 양식을 만들어 놓는다. 표지 색은 정해진 모둠 색깔로 한다.)

• '나의 할 일' 쪽지표 : 아이들마다 한 장. (아이들이 학교와 가정에서 할 일을 적어 둔 것. 코팅을 해서 아이들에게 나누어 준다.)

• '일기는 이렇게 쓰자.' 쪽지표 : 아이들마다 한 장. (일기 쓰는 요령을 요약해 코팅한다. 일기장 속에 넣고 다니며 날마다 보면서 쓰도록 한다.)

- '참, 사랑, 땀' 이 열리는 나무 : 아이들마다 한 개, 모둠마다 한 개, 학급에 한 개. (모둠마다 색깔을 달리 해서 표지를 만들고, 그 속에 들어가는 나무 그림도 만들어 놓는다.)
- 학급 아이들의 이름을 번호대로 적은 쪽지 : 필요한 만큼. (학급에 쓸 수 있도록 복사해 놓고, 원본은 컴퓨터에 담아 둔다.)
- 이름표 : 필요한 만큼. (사물함, 신발장, 그림 넣을 파일과 그 밖의 파일 따위에 붙일 이름표. 가로 글씨와 세로 글씨 모두 준비할 것. 언제라도 쓸 수 있도록 컴퓨터에 담아 두는 것이 좋다.)
- 미술 작품 설명 쪽지 : 알맞은 양. (미술 작품을 환경 판에 붙일 때 쓴다. 바로 붙일 수 있도록 깨끗하게 오려 두는 것이 좋다. 양식을 컴퓨터에 담아 둔다.)
- 학급 회의록 : 한 권. (학교에서 만들어 주지 않을 경우 이것도 만들어 놓는 것이 좋다.)
- 학급 도서 관리, 대출 대장 : 한 권. (양식을 컴퓨터에 저장해 두었다가 쓴다.)
- 학급 역사 기록장 : 한 권. (학급에서 일어나는 주요 사실을 기록하는 공책.)
- 마을 신문 기사 취재장 : 마을마다 각 한 권. (마을 신문을 낼 경우 기사를 취재해서 적어 놓을 공책.)

새 아이들을 만나기 전날 밤

교사가 새 아이들을 만나는 것은 아이들이 새 선생님을 만나는 일만큼이나 마음 설렌다.

'새 학년에는 학급 운영을 좀더 잘 해야지. 내가 바라는 만큼 아이들이 잘 따라 줄까? 지난 해처럼 너무 욕심을 내면 아이들이 힘들어할 거야. 알맞게, 재미있게 해야지. 정말 멋지게 학급 운영을 해야지.'

이런 생각을 한다. 그리고 이것저것 온갖 구상을 하다 보면 잠도 쉬이 들지 않는다. 부산의 이상석 선생은 아이들 만나는 날 새벽에 목욕을 갔다 오고, 마음을 정갈하게 한다는데 나는 그렇게는 못 하고 있다. 게을러서 그런가? 아직 아이를 사랑하는 마음이 적어서 그런가? 그렇게는 못 해도 하루 전날 밤 잠자기 앞서 기도라도 해야지.

'작년에는 미운 짓을 한 아이를 자꾸만 미워하는 마음이 일어나서 정말 힘들었어요. 새로 맞이하는 아이들은 아무리 미운 짓을 해도 미워하는 마음을 가지지 않도록 해 주세요. 소외된 아이에 대해서는 더도 덜도 말고 여느 아이들처럼 똑같이 사랑하게 해 주세요. 내가 아이들을 가르치는 것이 아니라 아이들이 나를 가르치게 해 주세요. 아무리 힘들어도 좌절하지 않고 오뚝이처럼 일어나 신나게 아이들과 살아갈 수 있도록 해 주세요. 아이들 앞에 선생이 자랑스럽다는 것을 보여 줄 수 있는 힘을 주세요. 우리 집 아이도 잘 자라도록 해 주세요. 그리고 우리 집에도 걱정이 없게 해 주세요. 그래야만 아이들에게 사랑을 더욱 퍼부을 수 있습니다. 조금이라도 도종환의 시 '스승의 기도'처럼, 문병란의 시 '교단'처럼 생각하며 살 수 있도록 해 주세요……'

아마 아이들도 마찬가지겠지. 새 학년에는 더 열심히 공부하고 더욱 착한 어린이가 되겠다고 다짐도 할 것이고, 또 좋은 선생님 만나게 해 달라고 마음 속으로 빌기도 할 것이다.

첫날

첫날 아침에 새 학급이 정해지고 학교의 업무가 정해지면 교사들은 여러 가지 반응을 보인다. 아마 만족한 마음을 보이는 교사는 거의 없을 것이다. 불공평하고 불합리한 것에 대해서 불평을 털어놓을 수는 있겠지만, 아이들이 정해지면 그 아이들에게는 좋은 마음을 가져야 한다. 문제가 조금 있는 아이, 학과 성적이 뒤떨어진 아이나 살림이 어려운 집 아이를 맡게 되면 아주 못마땅해하는 교사들이 있기도 하다. 그것이 무엇을 뜻하는지는 말 안 해도 잘 알 것이다. 그러나 어떤 아이라도 똑같이 소중하다는 것을 생각해야 한다. 모자라는 것이 많은 아이를 더 소중히 생각하는 마음이 중요하다.

첫날, 아이들의 마음도 몹시 설렌다. 새 학년의 부푼 기대감도 크겠지만, 어떤 선생님이 담임 선생님이 될까 궁금하고 불안하고 걱정스런 마음도 클 것이다. 아이들과의 첫 만남은 어렵고도 중요하다. 그러니 교사가 아이들에게 보이는 모습과 태도는 참으로 조심스럽다. 그런데 많은 교사들이 아이들을 처음에 무섭게 해서 꽉 잡아 놓아야 한 해 내내 말 잘 듣고 편안하다고 말을 한다. 나도 한때는 선배 교사들의 말을 듣고 여러 해 동안 그렇게 하기도 했다. 그러나 그렇게 하는 것은 교육이 아니다. 그런 방법이라면 차라리 깡패를 데려다 선생 노릇을 시키면 잘할 것이다.

아이들이 좀 엉뚱한 짓을 하고 말을 잘 안 듣더라도 오히려 처음에는 자유롭게 두는 것이 좋다. 더 넉넉한 마음으로 아이들을 받아들일 줄 알아야 한다. 그래야만 아이들의 삶을 제대로 알 수 있다. 차츰 문제가 드러나면 사랑으로 고쳐 가면 된다. 좀 더디 가더라도 그렇게 해야만 한다.

교사가 입는 옷은 칼날같이 너무 깔끔해도 좋지 않다. 그런 옷은 차갑게 보여서 아이들이 가까이하기가 어렵다. 그저 단정하면서도 가볍고 수수한 옷차림이 좋겠다. 지나치게 허름해도 좋지 않지만 인정 많은 이웃집 아저씨나 아주머니 같은 느낌을 주면 좋지 않을까 생각한다. 첫날 아이들과 어떻게 만나는 것이 좋은지 하나하나 정리해 보자.

•긴장 풀기 : 교실에 들어온 아이들은 제 마음대로 아무 자리에나 앉아 있다. 교사가 교실에 들어서면 웅성거리던 아이들이 눈길을 모아 교사를 본다. 긴장된

분위기다. 새 선생님은 어떤 선생님인지 알아보기 위해 나름대로 탐색도 한다. 교사는 부드러우면서도 따뜻하게 웃으며 대해야 한다. 얼음이 스르르 풀리고 따뜻한 기운이 피어나도록 말이다.

아이들이나 교사가 서로 잘 모를 때는 먼저 간단하게 인사한다. 이어 짤막하면서도 재미있는 옛날 이야기라도 한 자리 해 주는 것이 좋다. 또 어린 시절 이야기를 해 주는 것도 좋다. 그 때 실수한 이야기, 별명이 붙은 내력, 자신의 단점 같은 것을 이야기하면서 아이들이 가깝게 느낄 수 있도록 해 주는 것이 좋다. 그리고 자연스럽게 손동작을 하면서 부르는 노래도 하고 놀이도 해서 아이들의 마음을 풀어 준다.

작은 학교에서 한두 해 넘도록 있었다면 아이들이나 교사가 벌써 서로 다 아니까 지난 해 반성 겸해서 새해 살아갈 계획을 간단하고 진솔하게 이야기하거나 우스갯소리를 하며 마음을 풀어 주는 것이 좋다.

• 키에 맞는 책걸상 골라 주기 : 아이들의 긴장이 조금 풀렸으면 먼저 아이들 키에 맞게 책걸상을 골라 주어야 한다. 먼저, 아이들에게 대충 자기 키에 맞는 걸상에 앉도록 한 다음, 교사는 한 아이 한 아이 살펴보며 책걸상을 아이에 맞게 바꾸어 주어야 한다. 아이들 자세에 크게 영향을 주는 것이므로 아주 중요한 일이다. 요즘은 높이가 조절되는 책걸상이 나와 있다. 학교에서 책걸상을 새로 살 때는 그런 책걸상으로 바꾸면 좋겠다.

• 교실 정리, 청소하기 : 대충 자리가 정해졌으면(자리는 다시 정한다고 알려 준다.) 어수선해진 교실을 청소하고 정리, 정돈한다. 창문을 활짝 열고 교실 바닥을 쓸고 책걸상을 바로 놓고 둘레 물건들도 대충 정리하는 정도로 하면 되겠다.

• 자기 소개와 하고 싶은 말하기 : 다시 모두 자리에 앉게 하고 출석 번호를 알려 주면서 아이의 이름을 하나하나 부르고 얼굴을 확인한다. 그리고 자기 소개(식구 관계, 성격, 특기와 취미, 자신의 좋은 점과 나쁜 점), 자기의 한 해 생활 계획, 우리 학급에 대한 희망, 선생님에게 부탁하고 싶은 말, 그 밖에 하고 싶은 말

을 짧게 말하도록 한다.

• 교사 소개와 앞으로 어떻게 살아갈 것인가 이야기하기 : 하루 생활 이야기, 우리 반 여러 가지 활동 이야기, 힘들어도 뜻있고 보람된 한 해가 되도록 할 것인가 아니면 아무 뜻 없이 편안하게만 살 것인가 같은 이야기를 나눈다. 단, 아이들이 처음부터 주눅이 들지 않게끔 조심한다. 나는 이 때 '참, 사랑, 땀' 이야기도 한다.

• 임시 학급 심부름꾼과 당번 정하기 : 아이들에게 좋은 방법을 물어서 좋은 방향으로 한다. 학급 심부름꾼은 아이들에게 추천하도록 해서 정하거나 차례로 하거나 심부름꾼을 안 해 본 아이가 하게 하는 것이 좋다. 학급 조직이 완전히 갖추어 질 때까지 청소 당번, 학급 당번을 정한다.

• 다음 날 준비 안내 : 학용품을 갖추도록 하되 지금까지 쓰던 것들을 알뜰히 쓰도록 하고 모자라는 것은 새로 준비하도록 한다. 특히 쓰다 남은 공책은 쓸 수 있는 쪽들을 따로 떼어 내 쓰도록 한다. 아이들이 준비할 학용품 기준을 쪽지에 적어 안내해 준다. 학용품에는 이름을 쓰게 하고 교실 뒤 환경 판에 붙일 자기 소개서를 만들어 오라고 한다. 일기 쓰기도 그 날부터 바로 권하는 것이 좋은데, 강요하지 말고 쓰고 싶은 사람만 쓰도록 한다. 일기를 어떻게 쓰나 보기 위한 것이기 때문이다.

• 다시 청소, 뒷정리 : 스스로 청소할 아이나 학교 가까이 사는 아이를 남게 한다든지 해서 교사와 같이 청소하고 교실을 정리한다.

• 다음 날 계획 세우기 : 청소가 끝난 뒤 교사는 다음 날 학급 운영 계획을 세우고 준비한다.

2장
참삶을 가꾸기 위한 학급 활동

모둠 만들기
참, 사랑, 땀이 열리는 나무
스스로 정하는 규칙

모둠 만들기

어떤 사회든 어떤 집단이든 크면 클수록 구성원 한 사람 한 사람의 존재가 엷어지게 된다. 따라서 자유롭게 주인이 되어 그 사회에 참여하는 의식도 엷어진다. 교실도 마찬가지다. 보통 회장 한 사람이 중심이 된 학급에는 회장이 담임 교사의 권력을 위임받아 군림하고 다스리는 자세가 된다. 그 밖의 구성원은 권위에 못 이겨 마지못해 따라가는 형식이 되어 스스로가 주인이라는 생각을 갖지 못한다.

모두가 주인이라는 생각을 가지고 적극적으로 살아가면서 공동체 의식, 민주의식을 기르도록 하기 위해서는 모둠을 작게 만들 필요가 있다. 특히 이것은 소외되었던 아이도 스스로 동무들과 어울려 즐겁고 당당하게 지내도록 하는 좋은 방법이다.

• 모둠을 만드는 일은 내 경험으로 보면 3월 초에 남자 아이, 여자 아이를 고루 섞어 번호 차례로 5~6명씩 짜는 것이 모둠 활동하는 데나 자리 정해 줄 때 편리하고 좋았다. 그리고 모둠원 모두가 돌아가며 심부름꾼을 한 주씩 해 본 5~6주

만에 짝을 바꾸어 많은 동무들을 친하게 사귈 수 있도록 하는 것이 좋았다. 마을 신문을 내는 시골 학교라면 마을별로 모둠을 만들어도 좋다.

• 아이들 자리는 아래 그림처럼 앞쪽 가운데로 향하도록 나누어 정하고 한 주에 한 번씩 전체 자리를 ①→②→③→④→⑤→⑥ 차례로 옮겨 주는 것이 좋다. 이렇게 자리를 옮겨 주면 아이들 눈 건강에도 좋고, 앉은 자세도 나빠지지 않는다. 또 아이들 기분도 자주 바꾸어 줄 수 있어 좋다.

자리 배치도

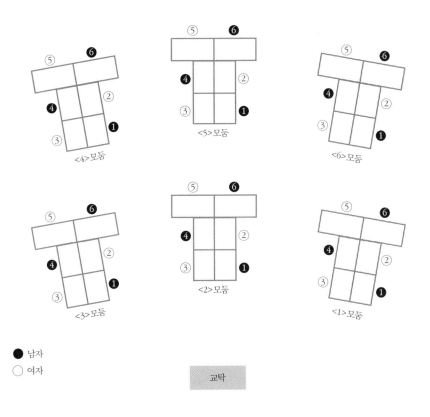

참삶을 가꾸기 위한 학급 활동 37

•모둠원은 모두 한 가지씩 일을 나누어 맡아 한다. 하는 일은 한 주에 한 번씩 바꾸어 아이들이 6주 동안에 모든 일을 골고루 해 보도록 한다.

①번은 '심부름꾼' 으로 모둠을 대표하며 모둠을 이끌어 가는 일을 한다. 또 때에 따라서는 자기 모둠원의 일을 도와 주는 일도 해야 한다.

②번은 '지도 점검원' 으로 숙제와 학습 상태, 청소 상태, 모둠에서 할 일, 연락 따위를 확인하고, 할 일을 하지 않았을 때는 하도록 이끄는 일을 한다.

③번은 '수집 분배원' 으로 모둠의 그림 공책, 관찰 기록장, 일기장 따위를 걷고 나누어 주는 모든 일을 한다.

④번은 '자료 준비원' 으로 자연과 실험 기구를 비롯해서 모둠에 필요한 학습 자료를 준비한다.

⑤번은 '재배 봉사원' 으로 농작물(또는 화분)에 물을 주고 어항을 관리하는 따위의 일을 하며, 모둠원 중에 누가 아프거나 어려운 일이 생겼을 때 도와 주는 일을 한다.

⑥번은 '생활 지도원' 으로 학급, 모둠의 규칙 지키기, 바른 말 고운 말 쓰기, 그 밖에 바른 생활을 하도록 이끌어 주는 일을 한다.

•모둠 이름은 까치, 등대, 한마음, 소나무, 시냇물, 무지개 따위로 마음대로 정하는데 뜻이 담긴 이름을 정한다. 이름에 담긴 뜻도 정리해 둔다. 이름을 정할 때 유행이나 외래어 따위는 쓰지 않도록 이끌어 준다. (예 : 1모둠 '등대', 등대처럼 항상 어두운 길을 밝혀 주는 사람이 되자.)

•모둠 구호도 모둠의 마음이 담긴 짧은 말로 표현한다. 날마다 공부를 마칠 때나 모둠원들의 마음을 모을 때 외치도록 한다. (예 : '어둠을 밝히는 등대, 등대, 야!')

•모둠 노래 또한 모둠 나름대로 뜻을 담아 노랫말을 스스로 지어 부른다. 잘 아는 동요 가락에 붙여 불러도 좋다.

•모둠 규칙은 모둠원끼리 의논해서 정한다. 약간의 벌칙을 정하는 것도 좋다.

학급 활동의 부서도 모둠별로 하는 것이 좋다. (예 : 1모둠─학습부, 2모둠─도서부, 3모둠─미화부, 4모둠─문화 체육부, 5모둠─생활 지도부, 6모둠─자료·봉사부, 신문부는 임시 조직한다.) 자연과 실험, 토의, 환경 정리, 청소, 연극, 놀이 대회 따위도 모둠별로 하는 것이 좋고 동아리 활동(환경 보호 동아리, 놀이 보급 동아리 따위)도 모둠별로 하는 것이 좋다.

모둠원끼리, 모둠끼리 지나치게 경쟁하지 않고 서로 도울 수 있게 깨우쳐 주어야 한다. 또 더욱 활발하게 움직일 수 있게 많이 칭찬하고 격려해야 한다. (예 : 모둠별로 노력 나무를 만들어 서로 도우며 노력하는 모습이 돋보일 때 의견을 모아 나뭇잎을 하나 붙이도록 하고 나뭇잎 열 개가 달리면 열매를 붙이도록 하며 축하 의식을 한다.)

모둠 활동은 또 학급 전체의 조직 활동과 연결이 되도록 해야 하고 가끔 모둠 심부름꾼과 학급 운영 위원이 담임과 의논을 해서 더욱 활발하게 하도록 한다. 하지만 모둠 활동의 결과에 크게 기대하지 않는 것이 좋다. 아이들은 과정만으로도 중요한 것을 배운다.

나는 처음에 아이들을 하나하나 살펴 주기도 힘들고 해서 조그만 일들은 저희들끼리 좀 해결해 가라는 뜻으로 모둠 활동을 시작했다. 말하자면 좀 편하자는 뜻이었는데 때로는 그 도를 넘어서 아이들을 통제하는 수단으로 쓰는 잘못도 저질렀다. 내 경험으로 미루어 보면 권위를 내세우거나 강압으로 아이들을 지도하는 교사에게는 모둠 활동이 조직 통제 수단이 될 수도 있다. 그렇게 되지 않도록 조심해야 한다.

참, 사랑, 땀이 열리는 나무

어른들도 크게 다를 바 없겠지만 아이들은 어떤 일을 했을 때 그 보상이 따르면 다음에는 더 열심히 하게 된다. 이를테면 상을 준다든지, 칭찬을 해 준다든지, 포도 알을 한 알씩 붙여 준다든지, '참 잘했어요' 도장을 찍어 준다든지, 동그라미를 여러 개 쳐 준다든지 하는 것이다. 어른들이 보았을 때는 별것 아닌 것 같지만 아이들은 선생님께 칭찬받는 일을 아주 큰일로 받아들인다.

그러나 저학년의 경우에는 지나치게 경쟁을 해서 좋지 않다는 지적도 있다. 남을 생각하지 않고 자기만 더 많이 포도 알을 받으려고 욕심을 키운다든지, 거짓으로 착한 일을 했다고 하는 경우가 가끔 있다. 포도 알을 하나씩 늘려 가는 일에 기쁨과 희망을 가지게 되는 것이 아니라 오히려 나쁜 길로 간다면 안 하는 것만 못하다.

이런 문제를 없애면서 아이들이 스스로 더 열심히 살아갈 수 있도록 하는 방법은 없을까 생각하다 찾아 낸 것이 '참, 사랑, 땀이 열리는 나무'다. 내가 하고 있는 이 방법은 쉽게 말하면 나무에 나뭇잎 붙이기다. 아이들이 잘한 일이 있을 때 나무에 잎 한 장씩을 붙인다. 잎 열 장을 붙이면 열매 하나를 붙일 수 있다.

아이 개인 나무에 잎 열 장을 붙이면 열매를 하나 붙이고, 자기 모둠 나무에 나뭇잎 한 장을 붙일 수 있다. 자기 모둠 나무에 잎 열 장을 붙이면 열매 하나를 붙이고, 학급 나무에 나뭇잎 한 장을 붙일 수 있다. 이 방법은 재미도 있지만 열심히 일한 만큼 달콤한 열매를 얻을 수 있다는 뜻도 은근히 심어 준다.

개인 나무

나뭇가지마다 한 가지씩 활동 내용을 주고 열심히 하면 나뭇잎을 붙이도록 한다. 다음과 같이 활동 내용에 따라 나뭇잎을 붙이는 기준을 나름대로 정하면 된다.
  • 일기 쓰기 : 일기를 일 주일 쓰면 나뭇잎 한 장, 일기를 아주 잘 써서 한 편 뽑히면 나뭇잎 한 장.

개인 나무 :
나뭇가지마다
한 가지씩 활동 내용을
주고 열심히 하면
나뭇잎을 붙이도록 한다.
내용에 따라 나뭇잎을
붙이는 기준을
나름대로 정하면 된다.

• 생각 주머니 : 생각주머니를 일 주일 동안 쓰면 나뭇잎 한 장, 아주 잘 써서 한 편 뽑히면 나뭇잎 한 장.

• 관찰 기록 : 관찰 기록을 일 주일 하면 나뭇잎 한 장, 아주 잘 해서 한 편 뽑히면 나뭇잎 한 장.

• 글쓰기 : 글을 세 편 쓰면 나뭇잎 한 장, 잘 써서 한 편 뽑히면 나뭇잎 한 장.

• 그림 그리기 : 그림을 일 주일 그리면 나뭇잎 한 장, 아주 잘 그려서 한 편 뽑히면 한 장.

• 내 생각 발표 : 내 생각 발표를 세 번 하면 나뭇잎 한 장, 아주 잘 하면 한 장.

• 재미있는 숙제 : 재미있는 숙제를 아주 열심히 했으면 한 번에 한 장.

• 책읽기 : 책 한 권을 다 읽을 때마다 나뭇잎 한 장.

• 학과 공부 : 공부를 열심히 하면 일 주일에 나뭇잎 한 장, 좋은 성적을 거두었을 때 한 장.

• 환경 꾸미기 : 학급 환경 꾸미기 판에 세 군데 꾸며 붙이면 나뭇잎 한 장.

• 청소 : 청소를 열심히 해서 칭찬을 들을 경우 한 장. (아이들 스스로 하루 한 명씩 뽑을 수도 있다.)

• 생활 태도 : 생활 규칙을 잘 지켜서 한 주에 세 번 이상 지적을 받지 않으면 한 장.

• 1인 1역 : 아이마다 한 가지씩 맡은 일을 열심히 해서 한 주에 세 번 이상 지적을 받지 않을 때 한 장.

• 이 달에 할 일 : 이 달에 할 일을 열심히 해서 한 주에 두 번 이상 지적을 받지 않을 때 한 장.

• 리코더 불기(악기 연주) : 주어진 곡을 연주하면 한 장.

• 혼자 거닐면서 생각하기 : 한 주 동안 하면 한 장.

• 30분 앉아 공부하기 : 한 주 동안 하면 한 장.

모둠 나무

모둠별로 한 나무를 가꾸어 간다. 모둠 나무에는 모둠원 한 사람에게 한 가지를 준다. 모둠원이 여섯 명일 때는 여섯 가지를 주어서 개인 나무에 잎 열 장을 붙이고 열매를 하나 달게 되면 모둠 나무의 가지에 나뭇잎을 한 장 붙인다. 모둠 나무를 다 같이 열심히 가꾸면서 공동체 삶의 가장 기본이 되는 모둠끼리 함께 사는 삶을 배운다.

학급 나무

학급 아이들 다 같이 나무 한 그루를 가꾸어 간다. 학급 나무에는 한 모둠에 한

학급 나무 :
모둠 나무에 잎 열 장을
붙이면 학급 나무에
나뭇잎 한 장을 붙인다.
아이들은 학급 나무를
열심히 가꾸면서 함께
살아가는 삶을 배운다.

가지를 준다. 학급의 모둠이 넷일 경우, 가지를 넷 주어서 모둠 나무에 잎 열 장을 붙이면 모둠 나무에 열매를 하나 달게 하고, 학급 나무에 나뭇잎 한 장을 붙인다. 아이들은 학급 나무를 열심히 가꾸면서 함께 살아가는 삶을 배운다.

나뭇잎은 파랗고 동그란 스티커를 붙이면 되고, 열매는 빨갛고 조금 큰 스티커를 붙이면 된다. 교사가 붙이라고 말할 때 붙이는 것보다는 아이 자신이 판단해서 스스로 붙이도록 하는 것이 좋다. 누구에게 보이기 위해서, 교사에게 검사를 맡기 위해서 하는 것이 아니라, 자기 발전을 위해 스스로 노력해야 한다는 생각을 심어 주기 위해서다.

관심을 잃지 않도록 한 주에 한 번쯤은 자신의 나무를 다른 아이들 앞에 자랑할 수 있는 기회를 만들어 주고, 게으름을 많이 피운 아이들은 다른 동무들 앞에서 열심히 하겠다고 다짐하는 것도 좋다. 열매가 하나 달릴 때마다 학급 아이들 모두가 축하해 주면 더 좋다. 열매를 맺은 아이를 불러 내어 학급 아이들과 교사가 헹가래를 쳐 준다든지 업어 준다든지 하면 된다. 학급을 운영해 나가다 잘 안 되는 분야가 있으면 그 분야를 더 열심히 잘 하도록 하기에 좋다.

스스로 정하는 학급 규칙

민주 사회 집단이 공동체를 이루고 즐겁게 살아가려면 도덕과 함께 정한 규칙이 없으면 아주 어렵다. 민주 학급 운영을 해 나가다 보면 질서가 무너져 어려움을 겪기 마련이다. 다 같이 정한 규칙을 스스로 지켜 나가야 진정한 민주 사회가 된다.

그런데 보통 교실에서는 교사가 독단으로, 즉흥으로 규칙을 정해 아이들에게 벌을 주게 되는 경우가 많다. 그것은 전체주의 국가의 폭군 지배자 행동과 다를 바 없다. 그런 교실에서는 아이들이 능동으로 행동하지 못하고, 잘못된 행동을 뿌리째 고치기가 어렵다. 그래서 책임질 수 있는 규칙을 스스로 정해서 한 사람 한 사람이 자기 의지로 지킬 수 있도록 해 주는 것이 좋다.

어린 아이들이 어른이 생각하는 만큼 잘할 수는 없다. 때때로 실수도 하면서 배우게 된다. 규칙이 잘 지켜지지 않고, 운영하는 것이 아주 서툴고 모자랄 때는 스스로 풀어 나갈 수 있도록 담임이 조금씩 깨우쳐 주어야 한다. 하지만 지나치게 간섭하지는 말아야 한다. 지나치게 간섭하면 자율성을 잃기 때문이다. 벌을 줄 때는 규칙을 어긴 종류와 정도에 맞게 해야 한다. 그래야만 벌을 받아도 반감을 가지지 않고, 주인 의식과 책임감을 갖게 된다.

학급 재판을 할 때는 판결이 나면 판결난 대로 꼭 하도록 한다. 참고로, 판사를 3명으로 하면, 잘 의논해서 저지른 일의 정도에 따라 맞게 판결을 내리게 되어 좋다.

• 첫 번째 토론 : 되도록 빨리 규칙을 정해야 생활의 질서가 잡힌다. 따라서 3월 초순쯤에 첫 번째 학급 회의를 연다. 이 때는 학급 규칙을 정하기 위한 준비 단계로 다음의 일들을 살펴보고 정리한다.

첫째, 우리 학급에서 지향하는 정신이 무엇인가?

둘째, 학교 올 때 일어나는 일은 무엇인가?

셋째, 아침 학급 생활은 어떤 것이 있나?

넷째, 첫째 시간 공부 시작부터 집에 가기 전까지 어떤 일이 있나?

다섯째, 집에 갈 때는 어떤 일이 있나?

여섯째, 집에서 우리가 할 일은 무엇인가? 어떤 일이 있나?

일곱째, 특별한 행사가 있을 경우는 어떤 일들일까?

• 두 번째 토론 : 모둠별 토론으로, 첫 번째 토론에서 정리해 본 일상의 일들에서 특별한 경우가 일어날 수 있는 일을 찾아보고, 그 때 지켜야 할 규칙을 조목조목 정한다. 그리고 규칙을 어겼을 때 줄 수 있는 벌칙도 정한다. 벌칙을 정할 때는 잘못을 스스로 깨우칠 수 있고 자기의 잘못에 대해 책임을 질 수 있도록 하며, 자신이나 남에게 피해를 주지 않고 도움을 줄 수 있는 것이 좋다. 지나친 수치심이나 모욕을 주고, 자존심을 짓밟을지 모르는 벌칙은 정하지 않는 것이 좋다.

모둠 안에서 토론해서 규칙을 정한 뒤, 다시 모둠 대표끼리 모여 학급 전체에서 통하는 규칙을 정한다.

• 세 번째 토론 : 학급 전체 토론으로, 두 번째 토론에서 나온 학급 규칙을 회장이 학급의 모든 아이들 앞에서 하나하나 읽어 가면서 의견을 모아 보충하거나 고쳐서 완전한 학급 규칙을 만든다.

정해진 학급 규칙은 알림판에 붙여 알리고, 복사하여 한 장씩 나누어 준다. 필요에 따라 학급 회의를 열어 학급 규칙을 고칠 수 있다.

예) 학급 규칙과 벌칙

꽃교실 학급 규칙과 벌칙
경상 북도 청도군 덕산 초등 학교 5학년

•우리는 이렇게 생활한다.
①우리는 '참, 사랑, 땀'을 실천한다.
②우리는 밝게 웃으며 뛰놀고, 노래하며 즐겁게 공부한다.
•우리는 다음의 학급 규칙을 잘 지키며 생활한다. 단, 학급 규칙을 어겼을 때는
주어진 벌칙을 달게 받으며 반성을 한다.
①숙제를 꼭 해 온다. (벌칙 : 숙제를 해 오지 않으면 자리에서 내려 꿇어앉아
공부하며, 쉬는 시간에도 놀지 않고 숙제를 한다. 그래도 안 되면 오후에 남아서
하며, 3일 동안 숙제를 해 오지 않을 때는 모둠의 나뭇잎을 한 잎 뗀다. 단, 특별
한 까닭이 있을 때는 제외한다.)
②상스러운 말이나 욕설을 하지 않는다. (벌칙 : 상스러운 말이나 욕설을 했을
경우, 나뭇잎을 하나 뗀다. 그래도 어길 때는 반성문을 써서 동무들 앞에서 발표
한다.)
③어떠한 일이 있어도 힘으로 하는 싸움은 하지 않는다. (벌칙 : 힘으로 하는
싸움을 했을 경우, 싸운 사람과 서로 사과하고 반성문을 A4 종이로 두 장 정도 써
서 반 동무들 앞에서 읽으며 반성을 한다.)
④교실에서나 복도에서 조용히 한다. (벌칙 : 교실에서나 복도에서 특별한 까
닭 없이 함부로 뛰거나 장난을 쳐서 다른 사람에게 방해가 되게 했을 경우, 1학
년 교실부터 6학년 교실 복도까지 발뒤꿈치를 들고 조용히 걷는 연습을 세 바퀴
한다.)
⑤당번을 잘 한다. (벌칙 : 당번을 잘 안 하는 사람은 한 주 동안 더 한다.)

⑥아침 자습을 열심히 한다. (벌칙 : 안 하면 점심 시간에 해서 자기 모둠 동무들에게 확인을 받는다. 그래도 안 하면 복도로 한 시간 내쫓는다.)

⑦실내화를 신고는 흙에 내려서지 않고, 신발을 아무 데서나 함부로 벗지 않으며 신발장에 잘 정리해 넣는다. (벌칙 : 어길 경우, 맨발로 운동장을 두 바퀴 뛰어 돈다.)

⑧점심 시간에 정답게 점심을 먹는다. (벌칙 : 점심을 먹을 때 서서 먹거나 질서를 지키지 않을 경우, 혼자 무릎 꿇고 앉아 먹는다.)

⑨우리 학급에서 정한 시간 안에 학교에 와서 학급 활동을 한다. (벌칙 : 하루 지각하면 3일 동안 학급에서 정해 주는 일을 더 해야 한다.)

⑩책상, 걸상, 사물함 정리를 잘 한다. (벌칙 : 정리가 잘 안 될 때는 책걸상은 1시간, 사물함은 3일 동안 쓰지 못한다.)

⑪모둠 활동은 서로 도와서 잘 한다. (벌칙 : 모둠원끼리 다투거나 서로 협력이 잘 안 될 때는 모둠 나뭇잎을 하나 뗀다.)

⑫부별(학습, 도서, 미화) 활동을 잘 한다. (벌칙 : 잘 안 될 때는 나뭇잎을 떼거나 학급에서 정해 주는 특별한 일을 더 한다.)

⑬모둠 심부름꾼 일을 잘 한다. (벌칙 : 잘 못 하면 모둠 전체 나뭇잎을 하나 뗀다.)

⑭청소를 서로 도와 잘 한다. (벌칙 : 청소를 열심히 하지 않으면 학급에서 정해 주는 특별한 일을 더 한다.)

⑮회장과 부회장의 활동에 협조를 잘 한다. (벌칙 : 까닭 없이 잘 협조를 하지 않을 경우, 3일 동안 회장, 부회장이 할 일을 한다.)

⑯공부 시간에는 공부에 열중한다. (벌칙 : 공부에 열중하지 않거나 다른 사람을 방해할 경우, 20분 동안 제자리에 서서 공부한다.)

⑰공부 시간에 껌을 씹거나 군것질을 하지 않는다. (벌칙 : 어길 경우, 반 아이들에게 껌을 하나씩 준다.)

⑱언제나 밝게 웃으며 생활한다. (벌칙 : 조그만 일로 신경질을 낸다든지 토라지는 경우에는 다른 세 사람을 재미나게 해 주어야 한다.)

• 살아가면서 모자라는 부분이 생길 경우 학급 회의를 해서 고치거나 새로 정할 수 있다. 또 학급 규칙으로 질서를 이루기 어려울 경우, 학급 재판을 열어 바르게 나아갈 수 있도록 한다. (1997년 3월)

3장
더불어 살아가는 삶

아이들과 마음의 문을 열고
바른 삶을 몸에 익히기
주장 발표와 집중 토론

아이들과 마음의 문을 열고

교실을 집이라 하면 아이들과 담임은 식구다. 따라서 담임은 아이들의 아버지요, 어머니요, 형이고 오빠요, 누나고 언니요, 친구다. 아이들과 담임은 그만큼 가까워야 한다.

그런데 아이들과 덜 만나고 멀리 피해 달아나려는 교사는 없을까? 조금만 떠들어도 시끄럽다고 잔소리하고 짜증내고 꾸중하고 조금만 가까이 오거나 매달려도 귀찮아하고 장난기 어린 말을 걸어 오거나 자기 주장을 조금만 내세워도 버릇없는 아이로 생각하는 그런 교사는 없을까? 점심 시간에는 아이들끼리 앉아 점심 먹게 하고, 청소 시간에는 큰소리 한번 치고 먼지 마실까 두려워 부리나케 교실을 빠져 나가는 그런 교사는 없을까?

교사는 아이들과 허물없이 가까워야 한다. 그래야만 아이들이 교사를 믿고 마음의 문을 연다. 굳게 닫고 있는 아이들 마음을 활짝 열게 해야 교육이 제대로 이루어질 수 있다. 그렇게 하는 데는 무슨 큰 일로 이루어지는 것이 아니라 아주 조그맣게 사랑을 가꾸는 데서 시작한다. 아주 중요한 일이다.

아이들은 겉보기에는 가까운 듯, 마음의 문을 다 연 듯 재잘거려도 자신을 다 내보이는 것은 아니다. 교사가 아이들과 더욱 가까워져서 아이들 마음이 되어야 아이들이 내는 영혼의 소리를 들을 수 있다. 때 묻은 어른이 그런 것을 쉽게 바랄 수야 없지만 진정한 교육은 그런 곳에서 이루어진다.

요즘 아이들은 매우 영리하고 똑똑하다. 말하는 것을 봐도 옛날 우리 어릴 때처럼 수줍음을 그렇게 타지 않는다. 어찌 그렇게도 똑똑할까 싶도록 제 할 말은 어지간히 하는 편이다. 그런데 왠지 떨떠름한 느낌이 들 때가 많다. 틀에 박힌 소리 같다는 뜻이다. 제 목소리는 잃어버리고 잘 훈련된 앵무새처럼 된 것이 아닌가 하는 생각도 든다. 그러니까 아이들에게 제 목소리를 찾을 수 있게 만들어 주어야 한다. 제 목소리를 내도록 하자면 믿음을 심고 마음을 여는 일부터 해야 한다. 아이들이 마음의 문을 여는 일은 매우 어렵지만 한번 열기 시작하면 이것저것 눈치 보는 어른들보다는 더 확실하게 연다.

어른들이 아이들 본래 모습을 제대로 알고 있지 못하니 또 걱정이다. 더구나 환경과 관계에서 빚어지는 아이들의 마음은 잘 알 턱이 없다. 그래서 아이들의 삶의 방식을 업신여기고 어른들의 삶의 방식으로 아이들을 길들이려는 경우가 많다. 그러나 진짜 교육은 아이들 스스로 생각하고 행동할 수 있도록 돕는 것이다.

어른들은 아이들이 스스로 생각하고 행동할 수 있도록 도와 주는 일을 해야 하는데, 그 일을 바로 하자면 아이들을 바로 알지 못하고는 어렵다. 아이들을 바로 알자면 아이들의 삶 깊은 곳에서 살아야만 한다. 어른들은 어른들의 삶이 있기 때문에 아이들의 삶 속에 묻혀서만 살 수는 없다. 그러니 아이들의 소리를 귀 기울여 들어야 한다. 아이들 영혼의 소리, 아이들의 참소리인 제 목소리를 들으려면 마음의 문을 열고 자기 표현을 마음대로 하도록 해야 하는데, 어른들은 자신의 마음만 생각하고 이렇게 저렇게 꾹 누른다. 그러면 아이들은 그런 어른들의 눈치를 살피느라 제 목소리를 내지 못한다. 어른들의 비위에 맞추기 위해 어른들의 삶의 방식을 익힐 수밖에 없다. 그래서 요즘 아이들은 할 말을 다 하는 것 같지만 진짜 제 목소리를 내야 할 곳에서는 마음의 문을 닫는다. 그러다 보니 제 목소리를 아예 잃어버리기도 하는 것 같다.

나는 오래 전부터 아이들이 마음의 문을 열게 하려고 노력을 해 봤지만 마음먹은 대로 안 되었다. 아이들은 어느만큼 가까워졌다 싶다가도 어른의 가면이 털끝만큼이라도 보이면 다시 달아난다. 어떤 조건을 걸어 놓고 빠르게 결과가 나오기를 바라면 실패하고 만다.

마음에 차지는 않지만 내가 아이들과 마음을 열고 사랑을 가꾸어 온 방법을 몇 가지 들면 다음과 같다.

인사 먼저 하기

아침에 아이들보다 내가 먼저 출근해서 창문을 활짝 열어 놓고 앉아 하루의 생활 계획을 세우다 보면 아이들이 온다.

"민영이, 안녕? 어서 오너라."

"선생님, 안녕하세요?"

"그래. 민영이 머리 방울 참 예쁘구나. 누가 사 주더노?"

"엄마가요."

"참 예쁘다."

이런 식으로 인사를 건넨다. 좀 지나면 가방을 짊어진 채 내 책상 앞에 바짝 다가서서,

"선생님, 뭐 하시는데요?"

하며 말을 걸어 온다. 그러면 나는 장난기 섞인 말로,

"예, 민영 아가씨. 오늘 뭘 할까 계획 세워 보는 중이에요."

하면,

"선생님, 선생님. 오늘 뭐 하는데요?"

그러면서 내가 적어 놓은 것을 들여다본다.

"야! 놀이 한 가지 배우네. 야호, 신난다. 선생님, 선생님, 언제 배우는데요?"

이러며 내 턱 밑에 바짝 다가와서 반짝거리는 눈빛으로 나를 본다. 그 귀엽고 맑고 반짝거리는 눈빛!

아이들이 먼저 와 있으면,

"얘들아, 내 사랑하는 아들 딸들아, 반갑다! 안녕?"

이렇게 시끌덤벙하게 교실 문을 들어선다. 그러면 아이들은 제자리에서 벌떡 일어나,

"안녕하세요?"

"선생님, 안녕하세요?"

절을 꾸벅꾸벅한다. 나는 아이들 사이를 다니며 한 마디씩 한다.

"아이구우, 지영이는 머리를 예쁘게 땋았네. 누가 그렇게 예쁘게 땋아 주더노?"

"엄마가요."

"으으음, 엄마가 땋아 줬구나. 정말 예쁘다!"

그러면 얼굴이 빨개지면서도 좋아서 활짝 웃는다. 그 모습을 보면 또 세상에 어떤 것이 그처럼 예쁠까 싶다.

남자 아이들에게,

"우와아, 진호 옷 멋있다."

이러면 멋쩍게 히죽히죽 웃는다.

또 몸이 아픈 아이에게는,

"괜찮나? 감기 몸살인가 보다. 오늘은 웃는 거 보니까 많이 나은 모양이네."

그러면서 이마도 한번 짚어 보고 머리도 쓰다듬어 준다.

"병원에 갔다 왔으니까 이제 밥 많이 먹고 힘차게 사나이답게 뛰어놀면 안 괜찮겠나."

이렇게 힘을 북돋우어 준다.

학년 초에는 제자리에서 인사하다가 좀 지나면서 그 모양이 조금씩 달라진다.

내가 교실 문을 들어서면 "안녕하세요?" 하는 인사보다는,

"선생니임!"

하고 달려와 "히히히." 웃으며 끌어안고 야단법석을 떠는 아이들도 있다. 색다른 옷이라도 입고 가면 어떤 아이는 달려와서 내 옷을 만지며,

"마수! 야, 내가 먼저 선생님 옷 마수했데이!"

소리를 지르기도 한다. 그쯤 되면 나는 아이들을 꼭 안아 주기도 하고 이마나 볼에 살짝 뽀뽀도 해 준다.

고누 두기나 바둑, 장기에 정신이 빠져 있는 아이들은 내가 들어와도 거들떠보지 않을 때도 있다. 내가 슬쩍 옆에 가서,

"아이고 임마야, 여기 놓으면 되잖아. 여기 놔 봐라. 빨리 놔 봐라, 임마야."

그러면 아이들은,

"아이고 선생님, 내가 다 이겨 갈라 카는데 선생님 때문에 졌잖아요. 아이고오 억울해라, 아이고오……"

억울하다고 야단이다. 그러면서 곁에 못 오게 나를 밀어붙이기도 한다.

여름에 창문이 닫혀 있을 때,

"아이구 덥다. 얘들아, 창문 좀 활짝 여는 게 좋겠제?"

이러면 우루루 몰려가서 창문을 연다.

"그것 봐라. 얼마나 시원하노. 아이구 시원타! 이제 할 일 좀 해 보자."

그러면 아이들은 아침 일을 시작한다.

겨울이면 아이들의 두 손을 꼬옥 잡고 내 볼에 갖다 대면서,

"손 시럽제? 오늘 날씨 굉장히 춥다. 이제 좀 따뜻해지는 것 같제?"

이러면서 입김으로 호호 불어 주기도 한다.

뭐 대충 이렇게 인사 같지 않은 인사로 아침 인사를 대신한다. 나는 우리 아이

들말고도 아이들을 만나면 먼저 인사하려고 노력한다. 몇 번 내가 먼저 인사하면 어떤 아이들은 내가 먼저 인사하기 전에 먼저 인사한다. 기어코 아이들에게 먼저 인사를 받아야만 시큰둥하게 답이나 겨우 해 주는 어른이 되어서는 안 된다.

더러는 내가 짜증을 내는 날도 있다.

"아이고 야들아, 제발 문 좀 열어라! 이 더운데 문을 꽉 닫아 놓고 도대체 뭐 하노! 아침에 왔거든 청소 좀 하면 어떻노. 교실 꼬라지 좀 봐라, 이게 뭐꼬. 쯧! 그러고 자기 할 일은 안 하고 뭣들 하고 있노!"

이렇게 시작하는 날은 아이들도 모두 짜증을 낸다. 툭하면 싸우고 고자질하고, 해야 할 일도 잘 안 한다. 내 가까이 오던 아이들도 잘 안 온다. 짜증이 도를 더하게 되면 그 예쁘던 아이들이 내 눈에 조금만 어긋난 행동을 해도 미워 보인다. 그런 날은 무슨 일이 터져도 꼭 터지고 만다. 끝내 매를 들고 마는 때도 있다. 그러고 나면 집에 돌아오는 발걸음도 무겁고 괜히 짜증이 나고 밥맛도 없다. 후회하게 된다. 아이들이 내게 가깝게 올 수 있는 길에 또 하나의 막을 쳐 놓은 것이다. 그런 막은 언제까지고 지울 수 없는 막이다. 그런 일이 없어야 한다.

나는 오후에 헤어질 때 나누는 인사에서 '차렷', '경례'란 말을 쓰지 않게 한다. '차렷'은 일본말 그대로 옮긴 것으로 이 말 속에는 우리 교육 80년의 식민지 성이나 군대식 억압 교육이 그대로 다 나타나 있다. 그래서 나는 '차렷' 대신에 '바로 서 주세요.'로 바꾸었고, '경례'를 '인사 나눕시다.'로 바꾸었다.

점심 같이 먹기

나는 주로 아이들과 같이 점심을 먹는다. 하루에 한 모둠씩 같이 둘러앉아 먼저, 먹을거리를 만들어 준 모든 분과 모든 것에 감사하는 기도를 하고 이야기도 나누며 반찬도 서로 나누어 먹는다. 같이 먹으면 자연스럽게 밥을 남기지 않고 깨끗이 먹고 반찬을 고루고루 먹도록 이끌어 줄 수 있다. 아이들은, 먹기 싫은 반찬도 내가 집어 놓아 주면 곧잘 먹는다.

요즘 보통 아이들은 햄, 소시지에다 케첩을 발라 먹고 참치 캔이나 김을 그대로 가져와 먹는다. 김치를 잘 안 먹는 아이도 있다. 컵라면을 아주 즐겨 먹는 아이들도 많다. 또 아예 집에서 햄버거나 빵을 가져와 청량 음료수를 마셔 가며 먹는 아이들도 있다. 그렇게 먹는 것을 꼭 나무랄 수만은 없다. 그러나 다른 나라에 기술값, 재료값까지 주고 들여오는 가공 식품이나 우리 농수산물을 밀어 내고 밀고들어오는 중국이나 다른 여러 나라 농수산물을 걱정하지 않을 수 없다. 가공 식품에 들어가는 여러 가지 첨가물은 우리의 몸을 조금씩 시들게 하고 영양의 불균형으로 신체 불균형을 부른다. 또 외국 농산물은 우리 것은 뿌리조차 온데간데없도록 하고, 사람들의 겉모습이고 정신이고 모두 서구에 길들게 만든다.

전에 도시락을 싸 가지고 다닐 때, 우리 밭에서 나는 반찬 싸 오기, 우리 바다에서 나는 반찬 싸 오기, 보리밥 싸 오기, 콩밥 싸 오기 따위를 했다. 그러다 보니 햄, 소시지 같은 가공 식품이 줄어들었다. 그런 반찬을 만들어 주기 아주 귀찮아하던 학부모들도 익숙해져서 가끔 만나면 아이들이 나물 반찬 같은 것도 아주 골고루 잘 먹게 됐다고 인사까지 했다.

가끔은 모둠 아이들끼리 싸 온 밥과 반찬을 넣고 비벼서 먹는다. 처음에 아이들은,

"나는 양파 들어간 것 안 좋아하는데 이떻게 먹어요!"

"버섯 들어가는 반찬은 안 좋아해서 싫어요!"

이렇게 싫어하는 게 많다. 또 깔끔을 떠는 아이 가운데는,

"지저분하게 어떻게 여럿이 함께 먹어요?"

이러는 아이도 있다. 그러나 잘 타일러 몇 번만 그렇게 해 먹어 보면 거의 다 좋아한다. 특별히 못 먹는다고 했던 음식도 자연스럽게 먹게 된다.

또 아이들의 반찬을 늘어놓고 뷔페 식으로 먹기도 한다. 아이들이 가지고 온 반찬을 죽 늘어놓고 먹고 싶은 반찬을 가지고 가 먹도록 하는 것이다. 어떤 아이는 자기가 좋아하는 반찬만 많이 가져가 먹어서 문제가 되기도 하고, 누가 먼저 반찬을 가져갈 것인지를 정하는 문제도 있다. 그러나 그런 일을 겪으면서 차츰 조금씩 서로 나누어 먹어야 한다는 의식이 싹트기도 했다.

요즘은 학교에서 모두 급식을 한다. 그런데 여기에 나오는 음식들을 보면 가공 식품투성이다. 아이들의 건강을 생각하고 있는 것인지 모르겠다. 어쨌든 즐거운 이야기를 나누며 점심을 함께 먹으면 아이들과 가까워지고, 잘못된 먹는 문화를 바로잡을 수도 있다.

급식을 먹을 때도 아이들과 함께 하는 방법이 많다. 수가 적은 학급 아이들과 생활할 때는 다 같이 둘러앉아 먹으면 된다. 수가 많은 학급에서는 하루 한 모둠 씩 돌아가며 같이 먹으면 된다. 앞에서도 이야기했지만 밥을 먹으면서도 자연스 럽게 이야기를 많이 나눈다. 교실 이야기, 집 이야기, 자신에 대한 이야기 같은 것들이다.

급식을 먹으면서 여러 가지 문제도 있었다. 음식 남기는 것, 먹기 싫은 반찬은 받지 않는 것, 식판의 음식 찌꺼기를 깨끗이 치우지 않는 것, 수저나 식판을 아무렇게나 놓는 것, 수저를 제대로 쓸 줄 모르는 것 들이다. 이런 문제들도 둘러앉아 같이 밥을 먹으면서 이야기로 푼다.

허물없이 이야기를 주고받으며 즐겁게 함께 먹는 점심은, 아이들과 가까워지고, 잘못된 음식 문화를 바로잡고, 건강을 생각하게 하는 데도 큰 몫을 한다.

손톱 깎아 주기

점심을 먹고 난 다음 쉴 참에 나는 꼭 하루에 한두 명씩 손톱을 깎아 준다. 이

것은 대구 금포 초등 학교 윤태규 선생한테 배웠다. 때 묻은 손도 꺼리지 않고 어루만지면서 정성껏 손톱을 깎아 주고 한 마디 한다. 우스갯소리라도 좋다.

"손이 참 예쁘네. 이 손이 장래 무얼 할 손인지 아나? '참'을 지키고 가꾸고, '사랑'을 베풀고, '땀' 흘리며 열심히 일할 손이다. 이 손으로 통일도 이룰 수 있지 않겠나. 아이구, 손에 흉터가 있네. 어쩌다가 흉터가 생겼노? 이 귀한 손 다치지 않게 조심해야지."

또 학교 생활 이야기도 한다.

"애숙아, 자연 실험 할 때 뾰로통해 있던데 뭐 때문에 그랬노?"

"은애하고 싸웠어예."

"뭐 때문에?"

"은애가 자꾸 자기가 실험을 많이 할라카잖아예."

"그래, 그런 건 서로 같이 해야 하는 건데……. 그렇더라도 서로 좋은 말로 해야지 다투면 쓰나?. 양보할 건 좀 하고 그래야지."

"예, 이제 안 그러께예."

집에 무슨 일이 있는 아이에게는,

"선주, 엄마 많이 편찮으시더니 이제 좀 어떻노?"

"이제 좀 나아졌어예."

"선주 니가 엄마 많이 거들어 드려야겠다."

"안 그래도 내가 방 청소도 하고 다 해예."

"그래, 얼마나 기특한 일이고. 엄마는 빨리 나으실 거다. 선주가 기특해서 더 빨리 안 낫겠나."

위로도 하고 힘도 북돋우어 준다.

신문 배달하는 광원이게도 힘을 북돋우어 준다.

"광원아, 신문 배달 힘들제?"

"예, 조금 힘들어예."

이호철 선생님은 하루에 한두 명씩 꼭 아이들 손톱을 깎아 준다. 이 때 다정하게 이야기도 나눈다.

"어떤 때 제일 힘들더노?"

"비 오는 날 제일 힘들어예."

"또?"

"개 때문에 힘들어예. 와아, 전번에 개한테 바지 물려가예, 바지가 쭉 째졌어
예. 그래 막 도망가다가 어디 걸려서 넘어져가 무릎 다 깠어예. 재수 디기 없데
예."

"그래, 힘 많이 들겠구나. 개 조심해라. 힘들어도 참고 끝까지 해 봐라. 좋은 공
부가 안 되겠나. 그까짓 거 못 이겨 내서야 되겠나."

이렇게 이마를 맞대고 이야기하다 보면 이 귀여운 아이들에게 내가 왜 소리를 지
르며 야단을 쳤나 싶은 마음이 든다. 도대체 달달 외우고 쓰는 공부가 다 뭐냐 하
는 생각도 든다.

"아이구 더러라. 손 좀 씻어라."

"이 손톱 좀 봐라. 간 내 먹겠네. 이게 뭐냐!"

이따위 말이나 하면 벌써 아이들은 저만치 달아난다.

한 가지 우스운 일이 있다. 내가 아이들과 사는 모습이 텔레비전에 여러 차례 나왔다. 그 가운데 손톱 깎아 주는 모습을 보고 한 아이가 자기 반 선생님한테,

"선생님, 우리도 손톱 깎아 줘요."

하고 말했다가 오히려 집에서 손톱을 깎고 오지 않았다고 혼이 났다는 이야기를 들었다. 또 텔레비전에 나왔던 나와 우리 반 아이들 이야기를 어느 학교에서 녹화 방송을 했는데 아이들 교육상 좋지 않다고 불평을 늘어놓는 선생님이 많아 방송을 중지한 곳도 있다고 한다. 나는 그 모습을 보고는 참 답답했다. 하나는 알고 둘은 모르는 행동이다. 열 가지 가운데 아홉 가지가 이롭고 한 가지 해로운 것과, 열 가지 가운데 한 가지가 이롭고 아홉 가지가 해로운 것을 고르라고 하면 어느 쪽을 고르겠는가? 말할 것도 없이 앞쪽의 것을 고르겠지. 아이들에게 손톱을 깎아 주는 일도 그것이라고 하면 이해가 될 것이다.

같이 놀기

요즘 아이들은 놀 시간이 별로 없다. 숙제다 학원이다 해서 매달리다 보면 시간이 없다. 놀 장소도 마땅찮다. 그러니 놀 줄도 모른다. 논다 해도 기껏해야 전자오락이나 하지 여럿이 어울려 몸으로 놀지 않는다.

우리 어릴 때는 온 동네, 온 들, 온 산이 우리들의 놀이터였다. 달밤에도 보리가 파릇파릇한 들판을 내달리며 놀았다. 그러다 늦게 들어가서 꾸중도 가끔 듣기는 했지만 모두가 몸으로 부딪치며 놀았다. 서로 몸을 부딪치며 한 덩어리가 되어 뒹굴다 보면 저절로 가까워지게 된다. 물론 놀다가 다투기도 한다. 그래도 어느새 또 언제 다투었냐는 듯 어우러져 놀았다.

건강한 정신이 살아 있는 놀이를 아이들에게 가르치며 같이 뒹굴어 보자. 나는 일 주일에 세 번 정도 점심 시간이나 체육 시간 끝 무렵에 운동장에서 8자놀이, 보물섬놀이, 사다리놀이처럼 온몸으로 하는 놀이를 아이들과 한 덩어리가 되어 한다. 이 때는 아이들이 펄펄 살아난다. 그러고 나면 저희들끼리 운동장에서 놀 때도 그런 놀이를 즐기게 된다.

놀이를 하다가 내가 들어 있지 않은 다른 편이 자꾸만 질 때는 아이들이 가만 히 있지를 않는다.

"선생님, 선생님하고 우리하고 어떻게 똑같아요? 당연히 우리 편이 지지요. 선 생님은 어른이니까 힘도 더 세잖아요."

"야 임마, 놀이를 꼭 힘으로만 하냐? 머리를 써야지, 머리를!"

"그래도 편 가르는 것부터 잘못되었으니까 우리는 암만 해도 안 되는 거지요."

"안 되니까 온갖 트집 다 잡네."

이렇게 다투기도 한다. 내가 들어가는 편이 거푸 이기면 상대편 아이들이 흥미를 잃어버릴 수도 있으니까, 편가를 때 균형이 쉽게 깨어지지는 않도록 비슷하게 잘 갈라야 한다.

놀이를 하다가 옷을 찢어 버리거나 가볍게 다치는 일도 더러 있다. 아이들이 한꺼번에 덤비면 어른인 나도 어쩔 수가 없다. 축구 같은 걸 해 보면 나는 아이 들을 따라갈 수가 없다. 이제 나이가 드니까 몸으로 하는 다른 놀이도 고학년 아 이는 당해 낼 수가 없다. 그래도 선생님과 같이 뛰는 걸 아주 좋아한다. 같이 뛰 지 못하면 아이들 옆에서 심판을 해 준다든지 그것도 못 하면 옆에서 지켜보며 마음으로라도 함께 해 주면 더욱 좋아한다. 아이들이 선생님을 생각하는 마음 이 다르다.

교실에서도 그렇다. 무조건 떠든다고 야단만 칠 게 아니라 고누 두기, 실뜨기, 바둑 두기처럼 조용히 하는 놀이를 가르쳐 주면 저절로 조용해진다. 교사와 아이 가 가까워지는 것은 말할 것도 없다.

나는 바둑판이나 고누판을 교실에 늘 놓아 두는 편이다. 그리고 심심하면 아이들과 같이 그 놀이를 즐긴다. 나도 아이들에게 질 때면 약이 올라 얼굴이 벌겋게 되기도 한다. 오목을 두다가 내가 자꾸 져서 하나 물러 달라고 해도 어림없는 소리라고 거절당할 때가 많다.

　"야, 하나만 물러 주라."

　"안 돼요."

　"아아, 하나만 물러 주라."

　"이번에는 절대로 안 됩니더."

　"와아아, 참 억수로 빡빡하게 카네."

　"선생님은 나보다 더 했잖아요."

　"언제 임마!"

　"어제 내가 질 때 약 얼마나 올렸어예. 그래 놓고 자꾸 그러시면 곤란하지예. 게임은 정정당당하게 해야지예."

　"치아라, 나 안 할란다!"

이러다가도 역전이 되면 내가 약을 살살 올리기도 하지.

　"야, 꽝태야, 니도 실력 별로네."

　"하이고 선생님, 한 번 이기고 그래 자신만만합니꺼?"

　"앞으로 니는 나한테 안 될 거다."

　"그런 말씀 하덜 마이소. 이 김꽝태 실력이 펄펄 살아 있습니더."

이렇게 놀이를 같이 하다 보면 어느 새 나도 아이가 되고 아이들의 동무가 되어 있다.

　옛날에는 이런 놀이를 챙겨 주지 않아도 아이들이 스스로 찾아 했는데 이제는 놀이 문화가 그릇되어서 이렇게 좋은 놀이를 챙겨 주지 않으면 안 되게 되었다. 책방에 가면 여러 가지 놀이를 소개한 책도 나와 있으니, 그런 책들을 참고로 여러 놀이를 해 보면 좋겠다.

씨름하기

나는 아이들을 집으로 돌려보내기 전에 책상을 뒤로 밀쳐놓고 한바탕 씨름판을 벌인다. 선생과 아이들의 씨름 경기인 셈인데, 두 아이가 내 다리를 하나씩 잡고 서로 넘어뜨리는 놀이다. 아이들은 교실이 떠나갈 듯이 응원을 하며 어우러지는데, 어느 누구라도 넘어져서 결판이 나면 모두들 우르르 몰려가 올라타고 끌어안고 뒹굴면서 난장판도 벌인다. 어쩌다 다리가 엉켜서 내가 넘어지기라도 하는 날에는 선생인 나도 진 것이 아니라고 아이들처럼 막 우긴다.

"이거는 아니다, 임마. 완전히 내 실수다. 실수로 진 것도 너거들이 이겼다 칼 수 있나?"

"에에, 아니라예! 선생님이 졌어예!"

"그래 그래 알았다. 내가 한 판 졌다. 내일은 어느 녀석이 붙을 참이고? 밥 많이 먹고 도전해 봐라."

"선생님, 선생님, 한 판 더 해 보이소! 예?"

이렇게 씨름을 한 판 벌이고 난 뒤, 같이 '야야 모두 나와라', '어화둥둥 우리 사랑', '홀로 아리랑' 같은 노래도 신나게 한판 부른다. 그러면 하루 동안 학교에서 뒤틀렸던 마음들이 훌훌 풀어진다. 사실 학교에서 하루 생활을 해 나가다 보면 여러 가지 까닭으로 아이들이 억눌리기도 할 테고, 기분 안 좋은 일도 당한다. 이렇게 맺혀 있는 마음은 풀어야 한다. 맺힌 마음을 풀고 기분 좋게 돌아가는 아이들의 뒷모습을 보면 참 보기가 좋다.

생일 축하해 주기

아무리 아이들 모두에게 마음을 써서 꼼꼼하게 보살펴 준다 해도 자기의 존재

○김남준

이호철 선생님이 생일을 맞은 아이를 업고 교실을 한 바퀴 돌고 있다. 이 때 아이들은 업힌 아이를 간지럽히기도 하고
엉덩이를 한두 번 가볍게 툭 치기도 하면서 갖가지 장난을 친다.

를 인정받고 있다는 믿음을 고루 갖게 하기는 어렵다. 한 아이에게 마음을 좀 쓰다 보면 다른 한 아이가 틀어져서 뾰로통해지고, 뾰로통해진 아이에게 마음쓰다 보면 또 엉뚱한 아이가 틀어지고 삐뚤게 나가서 속을 썩인다.

그러나 그렇게 보채는 아이는 그래도 마음을 좀 쓰게 되는데 성격 때문에 활발하게 자기 표현도 못 하는 아이나 학력이 뒤지거나 집이 가난한 것 따위로 언제나 주눅이 들어 있는 아이들은 더 관심을 기울이기가 어렵다.

이런 아이들도 다른 아이들과 똑같이 진정으로 인정받고, 나아가 자신이 이 땅 위에서 얼마나 귀한 존재이며 가치 있는 존재인지 느끼게 해 주는 귀한 기회가 바로 '생일 축하해 주기'다.

우리 학급에서는 새 학년이 시작되는 첫날, 바로 달력(연간 학급 운영 계획표)에다 아이들의 생일을 표시해 둔다. 그리고 생일 하루 앞날에 아이들 모두에게 나름대로 특별한 먹을거리를 준비하도록 한다. 특별한 먹을거리란 고구마, 감자, 달걀, 밤, 땅콩, 옥수수, 떡과 부침개, 과일 같은 것으로 모두 우리 땅에서 나는 것들이다. 그리고 그 날이 생일인 아이에게는 편지지를 가져오도록 한다. 가끔은 폭죽이나 색종이 가루를 준비할 때도 있다.

수업이 끝난 알맞은 시간에 가져온 먹을거리를 한 종류도 빠트리지 않고 한 모둠에 한 접시씩 정성껏 차려서 교탁 위에 놓는다. 그리고 교탁 양쪽에 초를 세워 둔다. 칠판에는 '사랑하는 ○○의 생일을 축하합니다.'를 갖가지 색으로 꾸며 크게 쓰고, 빈 곳에는 작은 글씨로 학급 동무들이 축하하는 말, 재미있는 말들을 적어 놓으면 더욱 좋다.

우리 반에서는 생일 잔치를 이렇게 한다. 사회자가,

"지금부터 우리 모두가 사랑하는 민영이의 생일 축하 잔치를 시작하겠습니다."

하면 아이들은 모두 손뼉을 "짝짝짝" 친다.

"그러면 오늘의 주인공 민영이는 앞으로 나와 주시면 고맙겠습니다. 여러분들은 교실이 떠나가도록 손뼉으로 맞이해 주시기 바랍니다."

아이들은 "와아!" 소리도 지르며 손뼉을 와르르 친다. 생일을 맞는 아이는 하루 전날부터 들떠 있지만 이 때는 더욱 행복해한다. 생일을 맞는 아이가 앞에 서면 사회자가,

"이제 오늘의 주인공 민영이의 생일을 축하하고 민영이 앞날의 건강과 행복을 비는 뜻으로 첫 번째 촛불을 밝히겠습니다."

하면 생일을 맞은 아이가 첫 번째 촛불을 밝힌다.

"다음은 민영이를 낳아 주시고 길러 주시는 부모님의 은혜에 감사하는 뜻으로, 참사람으로 살아가겠다는 다짐의 뜻으로, 우리는 우리 모두의 동무인 민영이를 언제까지고 사랑하겠다는 다짐의 뜻으로 다음 촛불을 밝히겠습니다."

두 번째의 촛불을 밝히면 모두 손뼉을 치고 폭죽도 터트려서 분위기를 살린다.

"이어서 민영이의 생일을 축하하는 노래를 부르도록 하겠습니다."

오르간 반주에 맞추어 생일 축하 노래를 부르고, 이어서 '어화둥둥 우리 사랑'이나 '금자동아 은자동아' 같은 노래 한두 곡쯤 신나게 부른다.

"이번에는 선생님이 가장 귀한 선물을 주시겠습니다. 선생님이 민영이를 업고 교실을 한 바퀴 돌 것입니다. 그 동안 우리는 손뼉으로 민영이 생일을 더욱 축하해 줍시다."

내가 생일을 맞은 아이를 업고 교실을 돌 동안 아이들은 업힌 아이를 간지럽히기도 하고 엉덩이를 한두 번 가볍게 툭 치기도 하면서 갖가지 장난을 친다. 이 때 색종이 가루를 뿌려서 분위기를 살린다. 나는 업은 아이와 다정하게 몇 마디 나눈다.

"나는 민영이를 아주 많이 사랑하는데 민영이는 어때?"

"저도요, 선생님 사랑해요."

"얼마만큼?"

"많이요. 아주 많이요."

"아이고 기분 좋다. 민영이도 기분 좋지?"

"예."

"나는 민영이가 생글생글 웃는 모습이 참 좋더라. 조그만 일에 화내고 그러면 보기 흉하겠지? 그렇지?"

"예."

아마 이 때만큼 진심으로 이야기를 주고받는 일도 드물 것이다. 한 바퀴 업어 주고는 이마나 볼에다 살짝 뽀뽀를 해 준다. 그리고 꼭 안아 준다. 다음은 아이들이 우르르 나와서 헹가래를 세 번 쳐 주면서 "야아!" 소리를 지른다.

"다음은 나를 낳아 주신 아버지, 어머니를 생각하며 아버지와 어머니 같은 우리 선생님께 먹을거리를 정성껏 갖다 드리도록 하겠습니다."

그러면 생일을 맞은 주인공은 생일상에 있는 먹을거리를 고루고루 접시에 담아 나에게 가져온다. 나는 거기서 또 머리를 쓰다듬어 주고 고맙다는 말을 한다.

"이제 가져온 먹을거리를 나누어 먹고, 참마음으로 생일을 맞은 우리의 동무 민영이에게 편지 쓰는 시간을 갖겠습니다."

편지는 좀 진지한 마음으로 쓰도록 한다. 조금은 장난기가 들어 있는 내용은 그것대로 또 좋다.

편지를 다 쓰면 예쁘게 묶어서 전해 준다. 전해 줄 때도 역시 생일을 맞은 아이를 앞으로 나오게 해서 전해 주면서 모두 손뼉을 친다. 이것은 학급 식구들 모두의 선물이다. 교사도 물론 편지를 써서 함께 묶는다. 표지에 예쁜 그림이나 생일을 맞이한 아이의 사진, 학급 식구들 사진을 붙여 꾸며 주면 더욱 좋다.

"민영아, 민영아, 선생님한테 업히니까 어떻더노?"

"와아! 공중에서 비행기 타는 기분이더라!"

"우리 선생님은 약해서 나는 못 업을 끼라. 그 때까지 살 좀 빼면 되겠나?"

아이들은 이렇게 자기의 생일을 기다린다. 휴일이나 방학 때 생일인 아이들은 앞당겨 축하해 주어야 한다. 한 아이라도 잊고 그냥 넘겨서는 안 된다.

손, 발, 몸 씻어 주기

아이들과 가까워지는 방법으로 아이들의 손이나 발, 몸을 씻어 주면 참 좋다. 저학년은 하루 한두 명 마음으로 정해 놓고 손이나 발을 깨끗하게 씻어 준다. 물론 이 때 다정한 이야기도 나눈다. 아주 무더운 여름에는 가끔 남자 아이들의 웃옷을 훌렁 벗기고 등목을 시켜 준다.

"아이구 이 녀석 튼튼하구나. 시원하지? 어이구 시원타!"

부끄럼 타지 않게 우스갯소리도 해 가며, 간질이기도 하고 아프지 않게 등도 철썩철썩 쳐 가면서 때도 쓱쓱 밀어 준다.

"아이 간지러라. 아이고 아이고 선생님, 간지러워요!"

"이 녀석아, 가만 있거라. 시원하지, 간지럽긴."

아이들은 엄살을 부리면서도 그렇게 좋아할 수가 없다.

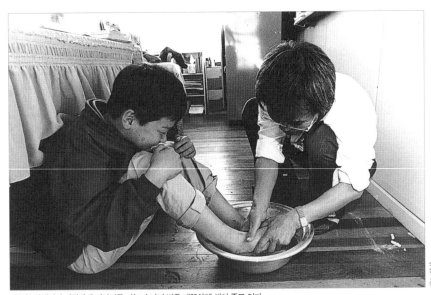

이호철 선생님이 다정하게 이야기를 나누며 아이 발을 깨끗하게 씻어 주고 있다.

이렇게 아이들을 씻어 주다 보면 '이런 내 아들딸 같은 아이들을 어떻게 함부로 대할 수 있겠나.', '어떻게 내 편안한 것만 찾고 깊은 생각 없이 가르칠 수 있겠나.' 하는 생각을 하게 된다.

아이들을 씻어 줄 때, 때가 있는 아이에게 꾸중하거나 부끄럼을 타게 하면 오히려 나에게서 멀리 달아난다. 그런 것은 다른 자리, 다른 방법으로 할 일이다. 아니 그것으로 용의 지도는 덤으로 된 것이다. 일삼아 할 필요가 없다.

시골에서 여름 같으면 시내에서 아이들과 물놀이를 해 보자. 수영을 하면서 여러 가지 놀이를 해 보자. 더구나 아이들과 편을 갈라 물싸움을 해 보면 아이들과 한 덩어리가 된다. 물에서 뜀박질하며 공놀이를 해도 신이 난다.

나는 못 해 봤지만 어느 선생님은 겨울에 아이 몇 명씩 데리고 목욕탕에 가 발가벗고 목욕을 한다고 한다. 서로가 발가벗고 선 마음에 무슨 꾸밈이 있겠나. 또 무슨 숨김이 있겠나. 아이나 선생이나 마음이 서로 통하게 된다.

하루에 한 아이 사랑하기

생일을 축하해 주는 일은 한 아이도 빠짐없이 아이들이 자신의 존재를 느끼는 귀한 기회지만 일년에 한 번이라서 좀 아쉽다. 그래서 생각한 것이 '하루에 한 아이 사랑하기'다. 그러니까 하루에 한 아이에게 온갖 사랑을 퍼붓는 것이다.

사랑의 표현은 겉으로 좀 드러나는 것이 좋다. 아이들 자신이 선생님으로부터 사랑을 받고 있다는 것을 다른 아이들에게 자랑도 하고 싶은 마음을 가지고 있기 때문이다. 그런 마음은 어른도 다를 바 없을 게다. 그러나 겉으로 드러나서 다른 아이들의 비위를 거슬리게 하면 아주 좋지 못하니까 그 점에 주의해야 한다.

먼저 그 아이에게 관심을 갖고 가까이 다가간다.

"민영이 오늘 아침에 보니 다른 날보다 더 예뻐 보인다. 웃는 모습 보니까 내

기분이 다 좋네!"

더구나 말이 없고 조용한 아이일수록 아주 조심해서 자연스럽게 다가가야 한다. 그리고 칭찬거리 찾아 칭찬하고, 심부름도 시키고, 공부 시간에 친절하게 더 가르쳐 주고, 노는 시간에 같이 놀고, 쉽게 발표를 잘 하게 해서 칭찬을 해 준다. 또 우스갯소리도 하고 장난도 좀 걸면서 먹을 것이 있으면 그 아이에게 주기도 한다.

할 수만 있다면 조용히 이야기 나누는 것도 좋다. 특별히 한 아이와 이야기를 나눌 때는 아이도 앉도록 해야 아이가 덜 긴장한다. 또 계단에서 이야기할 때는 아이를 어른보다 위쪽에 세워 두고 이야기하는 것이 좋다. 그러고 보니 "어린이를 내려다보지 마시고 쳐다보시오." 하는 말이 생각난다. 더 좋은 것은, 아이를 옆에 앉혀 꼬옥 감싸 안아 주면서 이야기를 나누는 것이다.

이야기를 나누다 보면 그 아이에 대해 전혀 몰랐던 사실을 알 수 있다. 아이에 따라서는 지나치게 칭찬받고 관심 받는 것을 귀찮아할 수도 있으니, 아이들마다 성격에 따라 방법과 정도를 달리 해야 한다.

하루에 두 번 이상 안아 주기

사람이 가깝게 정을 느낄 수 있는 것은 몸과 몸을 맞대는 것인데, 그 방법 가운데 하나가 안아 주는 것이다. 아이들이 집으로 돌아갈 때는 꼭 한 번씩 안아 주고 칭찬해 줄 일이 있을 때도 한 번씩 안아 준다. 익숙해지면 아이들이 나를 아주 꼬옥 안기도 한다.

집에 돌아갈 때는 아이의 귀에 대고,

"지영이 안녕. 차조심 하고. 사랑해."

이렇게 속삭이며 등을 토닥여 주면 아이들은 더욱 좋아한다. 아이들이 더욱 사랑스러워지고, 하루 내내 개구쟁이짓으로 속을 뒤집던 아이에게 슬며시 고개 들던 미움도 그 때 봄눈 녹듯 사르르 녹아 버린다.

또 하루 생활 가운데 칭찬할 것을 꼭 한 가지 찾아 안아 준다. 발표를 잘 안 하던 아이가 서툴게라도 발표를 하면,

"와아! 선주! 발표 잘 하네. 발표 그거 그렇게 하면 되는 거야. 그렇게 하다 보면 다른 동무들만큼 할 수가 있어."

이렇게 호들갑떨 듯 칭찬을 해 주면서 안아 준다. 이 때 아이는 기분이 좋아지는 것은 말할 것도 없고 용기도 얻는다.

아주 엉뚱한 짓을 했을 때도 마구 꾸중하기보다는,

"그러면 안 되지. 그런 짓 하면 남에게 피해 주게 되잖아. 그러지 마, 알겠지?"

이러면서 꼭 안아 주면 아이가 어쩔 줄을 모른다.

나는 두 아이가 조그만 다툼을 벌여서 찾아왔을 때도,

"누가 먼저 잘못했는지는 모르겠지만 조금씩 양보해라. 그리고 스스로 나는 무엇을 잘못했나, 한번 생각해 봐. 이런 싸움으로 마음 상해서야 되겠나?"

이렇게 말하며 안아 준다. 저학년은 별일 아닌 일로도 교사를 잘 찾아온다.

"선생님, 영수가 날 밀었어요."

"선생님, 진철이가 내 지우개 막 빼앗으려고 그래요."

이러면서 말이다. 그 때는,

"으응? 그래? 영수 이놈 자석 혼내 줘야겠네. 가만히 있는 사람을 밀면 안 되지."

"그래? 남의 지우개를 함부로 빼앗으면 나쁜 거지. 알았어요. 내가 그러면 안 된다고 말해 줄게요."

이러면서 꼬옥 한 번 안아 주면 그만 기분이 좋아서 더 이상 아무 소리도 안 하고 돌아간다. 선생님으로부터 사랑받고 있다는 믿음이 있기 때문이다.

아무래도 처음에 안아 줄 때는 서먹서먹하다. 저학년은 그런대로 잘하는데 고

학년인 경우에는 매우 겸연쩍어한다. 특히 남자 교사와 고학년 여학생인 경우에는 더욱 그렇다. 안아 주는 뜻을 알아듣게 잘 설명해 주는 것도 좋다. 서로가 더욱 사랑으로 대하게 된다는 것, 서로가 더욱 믿음을 가질 수 있다는 것, 안 좋은 기분도 풀린다는 것, 뭐 이런 이야기다. 처음에 안기 싫어하는 아이는 억지로 하지 말고 희망하는 아이만 조심스럽게 하도록 한다. 몇몇 아이가 자연스럽게 안는 모습을 보고 좋아 보이면 다른 아이들도 스스로 하게 된다. 주의할 점 한 가지 더 말하면, 아이들이 수치심을 느끼지 않도록 해야 하고, 따뜻한 마음으로 해야 한다. 내 자식 사랑하는 마음과 같은 진정한 마음으로 말이다.

바른 삶을 몸에 익히기

우리는 대체로 우리의 행동이 옳은지 그른지 꼼꼼히 따져 보지 않는다. 또 꼼꼼히 따져서 옳은 방법을 찾았다 해도 자신의 편리함을 더 찾다 보니 행동으로 옮기지 않는 일이 많다. 자라는 아이들은 생각이나 행동이 자주 바뀌기 때문에 바른 행동이 몸에 끈끈하게 배도록 해 주지 않으면, 다른 현실과 쉽게 타협을 하고 그 속에 빠져들게 된다. 무슨 일이든 누구나 한 번 빠지면 헤어나는 데는 몇 배의 힘이 들게 마련이다. 그러니 바른 삶이 몸에 배도록 어릴 때부터 자연스럽게 익혀야 한다. 물론 아이들의 삶과 먼 어른의 생각을 무조건 따르게 한다거나, 조그만 활동이라도 억지로 쑤셔 넣듯 해서는 안 된다.

온갖 잡것들까지 함께 있는 사회에서 우리 아이들이 자신의 의식과 자신의 의지로 스스로 좋은 것은 본받고 잘못된 것은 고쳐 나가기란 여간 어려운 일이 아니다. 그러니 학급에서 바른 삶을 몸에 익히기 위해 하는 활동은 조그마한 것이라도 다 같이 목표를 두고 함께 해 나가는 것이 효과가 크다. 담임 교사 자신도 같이 하면서 아이들에게도 자꾸만 깨우쳐 주고 분위기를 만들어 주어야 한다.

한꺼번에 여러 가지를 하지 말고 한 가지를 두 주 또는 한 달 동안 꾸준히 하는 것이 좋다. 생각은 쉽지만 몸에 배서 버릇이 되는 일은 어렵다. 노력을 많이 해야 한다.

교실에서도 각종 놀이 행사를 하면서 같이 해 볼 수 있는 것들이 있다. 수요일은 보통 네 시간 수업으로 끝나니까 오후에는 그런 행사를 해 볼 수 있다. 그런 시간이 없으면 따로 시간을 내야 한다. 아이들은 보통 오후에 남는 것을 무척 싫어하지만 바른 삶을 몸에 익히기 위해 하는 놀이 행사 때는 그렇지 않다.

아이들은 처음에 이 활동의 뜻을 몰라 투덜대기도 했다. 다른 선생님들도 21세기에 무슨 케케묵은 짓이냐고도 했다. 그러나 이러한 활동은 잘못된 생각을 바르게 키워 나가는 중요한 공부다. 또 과학이 고도로 발달한 시대에 사는 요즘 사람들 하나하나를 보면, 손이고 발이고 혀끝이고 몸이고 정신이고 할 것 없이 모두 병이 들었다. 그것을 조금이라도 깨우치고 고치고자 이런 일들을 한다. 찾아보면 해 볼 만한 것이 참으로 많다. 해 볼 만한 것 몇 가지를 들면 다음과 같다.

집에서 해 보면 좋은 것들

• 비누로 머리 감기 : 이제 우리 나라도 물이 귀한 나라가 되었다. 그런데 우리가 날마다 쓰는 샴푸나 합성 세제는 물을 많이 오염시킨다. 그래서 우리 반은 환경 오염 물질을 덜 쓰려고 샴푸보다 물을 덜 오염시키는 비누로 머리를 감는다.

• 전통 놀이 하기 : 요즘 아이들은 학교와 집, 학원만 왔다 갔다 하느라 놀 시간이 없다. 그나마 조금 틈이 나면 텔레비전 앞에 앉거나 컴퓨터 오락에 매달린다. 이런 아이들에게 몸으로 하는 전통 놀이를 하도록 하면 좋다. 동네 아이들과 어울려 '오징어놀이', '8자놀이' 같은 전통 놀이를 하면 아이들의 몸과 마음은 더욱 건강하게 자란다.

• 외제품 함부로 안 쓰기 : 턱없이 비싼 외제품을 쓰는 아이들이 있다. 외제품

을 많이 쓰면 우리 경제에 미치는 영향도 있고, 우리 물건을 업신여기는 마음이 자라기도 한다. 그래서 질 좋은 우리 물건을 써야 한다는 생각을 키워 주지 않으면 안 된다. 우리 집은 외제품을 얼마나 쓰는지 조사도 해 보고, 자신이 외제 물품을 안 쓰는 것은 물론, 식구들도 외제품을 덜 쓰도록 권한다.

• 비닐 봉지 안 받기, 비닐 봉지 다시 쓰기 : 우리는 안 써도 될 물건들을 아무 생각 없이 마구 쓴다. 비닐 봉지도 마찬가지다. 모두들 비닐 봉지를 쓰면 자원이 낭비되고 환경이 오염된다는 생각은 잊어버리고 산다. 이런 작은 일이라도 실천하면서 환경에 대한 생각을 키워 가도록 한다.

• 우리말, 우리 그림이 있는 옷 입기 : 우리 것을 많이 잃어 가고 있다. 더구나 우리말이 다른 나라 말에 밀려 아주 엉망이 되고 있다. 또 우리 옷에도 국적 모를 외국말이 판을 치고 있어 참으로 안타깝다. 그래서 우리 반은 우리말, 우리 그림이 있는 옷을 찾아 입으면서 우리 것을 사랑하는 마음을 키우려고 한다.

• 날마다 한 번, 집 앞길의 휴지 줍기 : 차를 몰고 가다 보면 앞 차에서 창 밖으로 침을 뱉어 버리고 담배 꽁초를 버리는 걸 흔히 본다. 참으로 한심하다는 생각이 든다. 버스 정류장에서 봐도 그렇다. 쓰레기통을 바로 옆에 두고도 쓰레기를 아무 데나 버린다. 아마 어릴 때부터 교육을 똑바로 받지 못해 그럴 거라고 본다. 따라서 어릴 때부터 아무 데나 함부로 쓰레기를 버려서는 안 된다는 생각을 또렷이 심어 주고 몸에 배게 하기 위해서는 날마다 꾸준히 하도록 해야 한다.

• 청량 음료수 안(덜) 먹기 : 청량 음료수에는 이산화탄소가 녹아 있어 맛이 산뜻하고 시원하지만 우리 몸에 이롭지 못한 물질들이 많이 들어 있다. 이걸 자꾸 마시다 보면 중독이 되어 안 마시고는 못 배긴다. 그런데 아이들은 안 마시고 견디기가 쉽지 않다. 그래서 이렇게 다 같이 해 본다.

• 가공 식품 덜(안) 먹기 : 가공 식품에도 몸에 안 좋은 것들이 들어 있는 경우가 많다. 그래서 될 수 있는 대로 자연 식품을 먹는 것이 좋다. 아이들의 건강을 지키기 위해서는 이런 생각을 심어 주어야 한다.

• 폐품 다시 쓰기 : 요즘은 쓸 만한 물건들도 흔히 버린다. 그렇게 버리면 자원이 낭비될 뿐만 아니라 환경도 오염된다. 그래서 모든 물건은 목숨이 다할 때까지 쓰도록 하고, 버릴 때 버리더라도 다시 한 번 더 쓰는 버릇을 어릴 때부터 기르지 않으면 안 된다. 광고지 뒷면을 쓰거나, 언니 옷을 물려받아 입고, 새 것을 덜 사는 일 따위, 집에서 실천하면 좋은 일이 많다.

• 얼음과자 덜(안) 먹기 : 여름에는 덥다. 더우면 우리 몸도 거기에 맞추어진다. 그런데 억지로 몸을 차게 하면 건강에 좋지 않다. 또 여러 가지 색소나 억지로 맛을 내는 물질이 우리 몸에 좋을 수가 없다. 참기 어려운 일이지만 다 같이 실천해 보기로 하면 참기가 조금은 쉬워진다.

• 쇠젓가락 가지고 다니기(나무 젓가락 안 쓰기) : 나무 젓가락을 쓰면 그만큼 나무를 베야 하니 자연이 크게 망가진다. 그래서 나무 젓가락을 안 쓰기 위해 대신 쇠젓가락을 가지고 다니도록 했다. 일회용 물건을 될 수 있는 대로 안 쓰도록 버릇을 들여 주기 위한 방법이다.

• 콩 볶아 먹기(과자 군것질 줄이기) : 요즘은 아이들 군것질거리가 지나치게 많이 나와 있다. 그것들 가운데는 많은 것이 방부제나 인공으로 맛을 내는 물질, 향기를 내는 물질, 색을 내는 물질로 몸에 해로운 것들이 많다. 그래서 생각한 것이 콩 볶아 먹기다. 요즘 아이들의 입에 잘 안 맞을지는 몰라도 다 같이 해 보면 좋다. 감, 밤, 고구마, 감자 같은 우리 농산물의 자연 맛이 입에 배도록 해 주는 것도 매우 중요하다.

• 혼자 거닐면서 생각하기 : 요즘 아이들은 학원 다니기에 바쁘다. 시간이 나더라도 컴퓨터에 빠져서 머리 아프게 생각하기를 싫어하고 자기를 돌아볼 기회도 별로 없다. 그래서 하루 한 번이라도 혼자 들녘을 걷는다든지, 시내 거리나 삶의 냄새가 물씬 풍기는 곳을 혼자 거닐면서 깊이 생각해 보는 시간을 갖도록 한다.

내가 이긴 거야!

경상 북도 경산시 중앙 초등 학교 4학년 김선주

머리를 감았다. 내가,

"엄마, 비누."

하니 엄마가 샴푸를 주면서,

"오늘만 샴푸로 감아라."

했다. 난,

"안 된다."

했다. 엄마는 샴푸를 땅에 놓으면서 괜히 물었다.

"왜?"

"선생님이 샴푸 쓰면 물이 오염된다 그캤다."

"너거 선생은 참 빌나다. 내가 못 이겨, 정말."

하면서 비누를 주었다. 속으로 웃었다.

'내가 이긴 거야! 히히히 역시 엄만 마음이 약해.' (1992년 7월 5일)

옷 싸움

경상 북도 경산시 중앙 초등 학교 4학년 박창범

아홉 시가 되자 엄마가 문 열고 들어오셨다. 나는 숙제만 계속했다.

"창범아, 학원 갔다 왔제?"

"예."

계속 숙제를 했다.

마루에 갔다. 봉지가 있었다. 안에 보니 옷이었다.

"엄마, 저 옷에 영어 없제?"

"소매에만 있다."

"영어 있는 거 사지 말라니깐 자꾸 사노. 옷도 많잖아."

"요즘에 영어 안 쓰인 거 어디 있노."

"싸구리 사면 되지."

"알았다. 다음부터 안 사께. 내가 졌다."

"꼭이다. 약속했다?"

엄마와 손도장을 꼭 찍었다.

나는 내 방에서 생각했다.

'어른들은 왜 외국 꺼만 좋아할까?

우리 나라 물건에 왜 우리 나라 글자를 안 쓸까?

아무리 생각해도 잘 모르겠다. (1992년 9월 24일)

비닐 봉지 갖다 주기
경상 북도 경산시 중앙 초등 학교 4학년 김난희

학교에 갔다 오니 저녁 여섯 시였다. 전기 공사를 한다고 전기도 들어오지 않고 또 답답하고 심심해서 비닐 봉지를 들고 시장에 나갔다. 왜냐하면 지금까지 내가 모은 비닐 봉지를 시장에서 나물 장사하는 할머니께 갖다 드리기 위해서다.

"희야, 이 늦은 시간에 어디 가노?"

"할머니, 잠깐만 밖에 갔다 올게요."

시장에 가니 어떤 할머니께서 비닐 봉지가 없어서 쩔쩔매고 있었다.

"아줌마, 비닐 봉지가 없어서 그런데 거기 비닐 봉지에 같이 넣으소. 미안합니다. 나중에 오면 많이 주께요."

나는 그 할머니 옆에 붙어 있었다.

"야야, 니 왜 내 옆에 있노? 뭐 훔치려고 왔나?"

"아니에요. 사실은 아까 전에 보니까 비닐 봉지 때문에 쩔쩔매고 계시던데 이것 가지고 장사 많이 하세요."

"고맙다. 착하구나."

또 조금 남은 것이 있었다. 그것은 가게에 주었다.

"아줌마, 이 비닐 봉지 하세요. 아줌마가 필요할까 봐 가져왔어요."

"고맙다."

그러며 머리를 쓰다듬어 주셨다.

"많이 팔아서 돈 많이 버세요."

"잘 가라."

내가 이런 조그만 일로 칭찬을 받으니 기분이 너무나 좋았다.

집에 오니 엄마가 와 계셨다.

"엄마, 내 오늘 좋은 일 했다."

"뭐 했는데?"

"내가 어제 비닐 봉지 모아 놓은 것 그거, 시장에 장사하는 할머니가 비닐 봉지가 없어 쩔쩔매고 있어서 줬고, 가게에도 필요할까 봐 줬다."

"우리 희야 착하구나."

"그냥 심심해서 한 건데 뭐."

엄마한테 칭찬을 들으니 기분이 붕 뜨는 것 같았다. 어제는 우리 선생님한테도 칭찬을 많이 들었다.

처음에는 조금 해 보고 그만두려고 했는데 이제는 끝까지 계속해 보겠다. 끝까지.

(1992년 6월 17일)

부모님께 높임말 쓰기

경상 북도 경산시 중앙 초등 학교 4학년 김난희

가정 연락 검사 받으러 갔다.

"아버지, 다 읽어 보시고 사인해 주세요."

"희야, 언제부터 왜 높임말 쓰는데? 좀 듣기 거북한데."

"가정 연락부를 보시면 알 거예요."

"그래, 한번 볼까? 숙제가 있었구나. 그래도 잘 못 지키는 사람은 못 지킬 건데 말이야."

"숙제라고 그런 것이 아니라 저도 클 만큼 컸잖아요. 2년만 더 있으면 6학년인데요, 뭐."

"벌써 그렇게 되었구나."

내가,

"딸의 학년도 모르셨어요?"

하니까, 아버지께서는,

"미안하구나. 너는 학교 숙제도 잘 하는구나."

하셨다. 나는 마음이 뜨끔했다. 왜냐하면 매일 숙제를 덜 해서 남아서 하는 때도 있는데 아버지께서는 그것도 모르시고 계시니까. 그래서 나는,

"고맙습니다. 이제부터 더 열심히 하겠어요."

하고 말했다. 그러니 아버지께서는,

"오냐. 우리 열심히 살아 보자."

하고 다정하게 말씀하셨다.

높임말 이 달의 실천 때문에 아버지와 더 가까워지는 것 같아서 기분이 너무 좋다.

(1992년 9월 8일)

학교에서 해 보면 좋은 것들

• 특별 점심과 새참 먹기 : 우리 학급에서는 주마다 수요일(토요일도 좋다.)에 삶은 감자, 삶은 고구마, 삶은 달걀 같은 '특별 새참'을 먹는다. 어떤 아이들은 부침개, 떡, 땅콩, 밤, 그 밖에 과일 같은 것을 가지고 오기도 한다.

이 특별 새참을 먹으며 우리 먹을거리에 대한 이야기도 틈틈이 해 준다. 제철에 난 우리 농산물이 우리 몸에 좋다는 얘기나 가공 식품이 우리 몸에 좋지 않은 영향을 끼치는 것에 대해 얘기를 나눈다. 또 수입 농산물이 우리 몸이나 농촌 현실에 어떤 영향을 끼치는지 따위도 들려준다. 물론 청량 음료수는 먹지 않게 하고 물을 먹게 한다. 또 먹을 것들은 비닐 랩이나 은박지 같은 것에 싸 오지 않고 도시락에 싸 오도록 한다.

특별 점심 먹는 날을 주마다 요일을 못박아 두면 미리 먹을거리를 준비해서 가져올 수 있다. 처음에는 어머니들이 먹을거리 준비하는 것을 귀찮아하지만 나중에는 그 뜻이 좋다는 것을 이해하게 되고 몸에 익으면 자연스러운 일처럼 하게된다.

• 쇠젓가락질 대회 : 개인이 하는 일 가운데 '쇠젓가락 가지고 다니기'가 있다. 아이들이 나무 젓가락보다는 쇠젓가락을 쓰도록 하기 위해서다. 그래도 이제는 거의 모든 식당에서 쇠젓가락을 쓰고 있어 다행이다. 우리 반에서는 한 달에 한 번은 꼭 '쇠젓가락질 대회'를 한다. 이는 바둑알 스무 개를 쇠젓가락으로 집어서 옆에 있는 그릇에 옮겨 담는 것이다. '시작' 소리와 함께 시작해서 모둠에서 가장 먼저 옮겨 담는 아이를 뽑고, 다시 그 모둠의 대표 선수들끼리 겨루어 쇠젓가락질 왕을 뽑는다. 뽑힌 아이들에게는 작은 상품을 주어도 좋고, 반 동무들이 만들어 주는 손가마를 태워 교실을 몇 바퀴 돌며 축하해 주는 것도 좋다. 또 우리 반에는 개인별, 모둠별 '참, 사랑, 땀이 열리는 나무'라는 것이 있는데 거기 붙일 나뭇잎을 상으로 주기도 한다. 이것은 다른 놀이 대회도 마찬가지다.

아이들이 쇠젓가락질 대회를 하고 있다.
바둑알 스무 개를 쇠젓가락으로 집어서 옆에 있는
그릇에 옮겨 담는 것이다.

이 쇠젓가락질 대회는 손의 감각 기관이나 근육을 발달시키며 젓가락질을 잘 할 수 있도록 하는 좋은 점도 있지만 더 중요한 것이 있다. 편리함만 찾는 요즘의 의식을 깨우쳐서 귀찮더라도 자원을 아끼고 환경을 살리는 데 관심을 두고 실천 하도록 하기 위한 것이다. 나무 젓가락을 쓰면 얼마나 많은 나무를 베어야 하는 지, 얼마나 많은 자연을 파괴하는지 잘 알게 해서 귀찮더라도 쇠젓가락을 쓰도록 해야 한다. 그리고 종이 컵, 종이 접시, 종이 수건, 종이 가방, 그 밖에 비닐류 따 위의 일회용 물건을 안 쓰는 일과 관련해서 지도해야 한다.

•연필 깎기 대회 : 누가 연필을 잘 쓸 수 있도록 알맞게, 그리고 예쁘게 깎느냐 하는 것을 겨룬다. 윤태규 선생님은 연필을 너무 많이 깎으면 '연필 아깝다.' 상, 예쁘게 깎으면 '예쁘게 깎았다.' 상 같은 것을 주면서 재미있게 한다고 했다. 사 과 깎기 대회도 그렇게 재미있게 상을 준다고 한다. 나도 그렇게 해 보기도 하는 데 아이들이 훨씬 흥미있어 한다.

•우리 손으로 책받침 만들기 : 책받침은 아이들과 아주 가까운 것이다. 그런데 가게에서 파는 것들을 보면 인기 연예인 사진이나 로봇 그림이 들어 있는 것들이 대부분이고, 어느 나라 그림인지 알 수 없는 것도 많다. 그래서 '우리 손으로 책 받침 만들기'를 했다. 우리의 전통 그림, 자기가 쓴 글(시), 자기가 좋아하는 동 시, 자기가 그린 생활 그림, 자기 식구 사진과 가훈, 가슴에 새겨 두고 싶은 말 따

아이들이 사과 깎기 대회를 하고 있다.
누가 더 사과 속살을 덜 베어 내면서
예쁘게 깎느냐, 누가 더 껍질을 끊지 않고
이어서 끝까지 깎느냐 내기를 한다.

위를 넣고 코팅을 하면 아주 훌륭한 책받침이 된다. 우리 학급에서는 옆 짝 동무의 얼굴을 그리고 뒷면에는 동무의 좋은 점을 글로 써서 코팅한 것을 서로 선물로 주기도 했다.

•사과 깎기 대회 : 어느 미국 교포에게서 편지를 받았는데 텔레비전에서 우리반 아이들이 사과 깎는 모습을 보고 놀랐다고 했다. 1992년에 〈현장 기록 요즘사람들〉이라는 프로그램에 우리 학급의 생활 모습이 텔레비전에 나왔기 때문이다. 사실 우리 아이들이 사과 깎는 모습이 뭐 그리 놀랄 일이겠나. 누구나 깎을 수있는 일인데……. 그러나 요즘 교육이 지식 나부랭이나 집어넣는 데 정신을 쏟으면서 삶 교육은 우습게 여기니까 놀라지 않았겠나 싶다.

사과 깎기 대회는 누가 더 사과 속살을 덜 베어 내면서 예쁘게 깎느냐 하는것, 누가 더 껍질을 끊지 않고 이어서 끝까지 깎느냐에 따라 잘 하는지 못 하는지 가리는 대회다.

•음식 만들어 먹기 : 아이들은 음식 만들어 먹기도 아주 좋아한다. 우리 밀 손국수, 떡볶이, 지짐, 감자나 고구마 삶아 먹기, 달걀 삶아 먹기 같은 것을 해 보자.우리 음식을 우리 손으로 만들어 먹으면서 우리 음식을 몸에 익히게 된다.

•고무신 신기 : 우리는 옛 것을 불편한 것으로만 받아들이기 쉽다. 그러나 옛것 가운데도 아직까지 쓸모 있는 것이 있다. 고무신만 해도 아직까지 나름대로

편리한 점을 지니고 있다. 이런 것들을 깨우쳐 주기 위해 고무신 신기를 해 볼 수 있다.

•여름에 양말 신지 않고 지내기 : 우리는 꼭 양말을 신어야만 되는 줄 알고 있는데 여름에는 양말을 안 신고 지내 보는 것도 좋다. 생각을 바꾸어 보게 되어서 좋고 발 건강에도 좋다.

•우리 손으로 물건 만들어 쓰기 : 쓸모 있는 물건을 우리 손으로 만들어 쓰는 것도 좋다. 만드는 일에 서툴러도 자주 만들어 보는 것이 좋다. 무공해 비누 만들기, 옷에 우리 글 새기기, 장난감 만들기, 생활에 필요한 것 만들기 따위를 할 수 있다. 자신이 만든 물건은 정성이 담겨서 아끼고 사랑하게 된다. 그리고 손재주도 기를 수 있다.

•보자기로 물건 싸 보기(끈으로 매어 보기) : 요즘 사람들은 물건을 가방에 넣기만 했지, 보자기로 싸는 것은 잘 못 한다. 끈으로 맬 줄도 잘 모른다. 그러니 자기 물건을 보자기로 싸 보는 것은 좋은 경험이 된다.

아이들이 선생님과 함께 보자기로 물건을
싸 보고 있다. 자기 물건을 보자기로 싸 보는 것은
좋은 경험이 된다.

주장 발표와 집중 토론

주장 발표

교사가 아이들에게 이야기를 들려주며 바른 생각을 심어 주려고 하면 아이들은 자장가나 잔소리처럼 생각하기가 쉽다. 그래서 아이들 스스로 어떤 일을 놓고 비판을 하면서 바른 가치관을 세우도록 하기 위하여 '내 주장 발표'를 한다.

'내 주장 발표'는 어떤 일에 대해 문제점을 찾아보고 해결 방법을 찾아 자기가 생각한 대로 여러 사람 앞에 발표하는 것이다. 보통 아무 생각 없이 보아 넘기던 일도 따져 보고 무엇이 옳고 무엇이 잘못되었는지 찾아보면 잠자던 의식도 깨어나고 생각이 스스로 바로 서게 된다. 그것을 다시 여러 사람 앞에 발표하는 것은 다른 사람도 그렇게 하자고 권유하고 설득하는 것이기도 하고 자신이나 남들이 그릇된 생각이나 행동을 못 하도록 막는 일이기도 하다.

나는 여러 사람 앞에서 이야기하려고 하면 그만 오금이 저려 오고 식은땀이 난다. 그러니 말할 것을 정리해 두어도 알맹이는 다 잊어버리고 엉뚱한 이야기만 몇 마디 더듬거리다 이야기를 끝맺고 마는 일이 많다. 또 하고 싶은 말은 있지만 나서서 말하지도 못하고 혼자 끙끙 앓는 일도 참 많다. 어찌 보면 나서야 할 일에 나서지 않는 비겁한 사람으로도 보인다. 어릴 때부터 생각을 남들 앞에 당당하게 말하는 공부를 못했기 때문이다. '내 주장 발표'는 그런 점에서도 꾸준히 하려고 한다.

날마다 아침 수업 시작하기 전에 10분이나 15분쯤 시간을 두고 한 사람씩 앞에 나가 발표하도록 하되 사회도 아이들이 맡도록 한다. 발표할 내용은 미리 찾도록 하는데 뉴스 가운데 짚고 넘어가야 할 일이나 평소에 자신이 깊이 생각한 것, 저런 것은 이렇게 해야 하는데 싶은 것, 꼭 고쳐야 할 일, 그 밖에 주장하고 싶은 것을 자세하게 생각할 수 있게 안내해 준다.

그리고 발표할 내용을 미리 정리해서 써 오도록 하는 것이 좋지만, 아이들이 그것도 아주 싫어하면 간단하게 메모 정도만 하도록 하면 되겠다. 그렇지만 발표할 때는 될 수 있는 대로 쓴 것을 보지 않도록 한다. 보고 발표하게 하면 자기 감정 표현 없이 그냥 읽어 버리기만 해서 좋지 않다. 그러나 발표 내용의 차례나 통계 자료, 꼭 보아야 할 것은 간단하게 적어 와서 필요할 때 보도록 하는 것이 좋다.

깊게 조사해서 밝혀야 할 것들이나 모아야 할 자료가 있다면 며칠을 두고 조사하고 모으도록 미리 자세하게 일러 주어야 한다. 또 실제 증거물이나 사진 자료나 행동으로 보여 주어야 할 것도 미리 준비해서 보여 줄 수 있도록 그 방법을 자세히 일깨워 주어야 한다.

주장 발표 능력이 모자라는 아이, 또는 저학년 아이는 오늘 아침에 본 일, 어제 있었던 일 가운데 쉽고 아주 짧은 이야기라도 할 수 있도록 해서 힘을 돋우어 주어야 한다. 한꺼번에 너무 많은 기대를 하거나 능력이 뛰어난 아이와 견주면 오히려 주눅이 들어 말문을 열지 못한다.

한 사람이 발표가 끝날 때 교사는 주장한 내용에 대해 깨우칠 점이 있는 내용은 한 번 더 되짚고 넘어가며, 혹시 잘못 알고 있는 것은 발표자의 사기를 꺾지 않는 범위에서 고쳐 주고, 보충하면 좋겠다 싶은 내용도 한 마디 해 주는 것도 괜찮다. 그러나 될 수 있는 한 교사는 끼어들지 않는 것이 좋겠고 아이들 스스로 옳은 생각을 할 수 있도록 도와 주는 정도만 해야 한다.

한 가지 덧붙여 말할 것은 웅변에 대한 이야기다. 더구나 초등 학교 아이들에게 시키는 웅변은, 내 생각은 조금도 없고 남의 말, 남의 생각, 남의 짓을 앵무새처럼, 꼭두각시처럼 흉내내도록 해서 별로 옳다고 볼 수 없다. 아무리 서툴고 어설프더라도 자기가 하고 싶은 말, 자기의 생각을 당당하게 말할 수 있도록 해야 한다.

내용이 좀 모자라고 이게 주장하는 글인가 싶은 것도 있지만 우리 아이들이 발표한 주장을 보자.

호화 별장과 우리

경상 북도 경산시 부림 초등 학교 6학년 이유찬

밤 9시에 뉴스를 보았습니다. 그 중에서 '불법 호화 별장'이란 제목으로 새 소식이 나왔습니다. 법을 어기고 호화 별장을 지은 사람이 12명이나 무더기로 적발되었다고 합니다. 그것도 땅값이 비싼 경기도 지방이라고 합니다. 그 사람들은 주로 돈 많은 사장이나 간부라고 합니다. 그 사람들은 농지를 전용해 별장을 짓고는 넓은 골프장까지 만들어 놓았다고 합니다. 그런데도 그 사람들은 불구속 입건밖에 되지 않았다고 합니다. 난 다시는 그런 짓을 못 하도록 심한 벌을 주었으면 싶었습니다.

집이 없어 세들어 살면서 셋값을 못 내어 쫓겨난 사람도 많고, 자살한 사람도 있다는데 참 기가 막힙니다. 전에 집 없는 사람을 통계 내는 걸 보았는데 백만 명도 넘었습니다. 그런데 그 사람들은 정식도 아니고 불법으로 호화 별장을 지었습니다. 별장이란 진짜 사람이 사는 집도 아니고 한때 왔다 가는 건데 그렇게까지 해서 집 없고 가난한 사람을 울리게 해서 되겠습니까?

난 돈 많은 사람이 사치스러운 일을 많이 하고 있는 줄은 알지만 이렇게까지 하고 있는 줄은 몰랐습니다. 이건 단지 추측이라 틀렸는지는 모르지만 그런 사람들이 부동

산 투기, 사기치는 일을 했지 싶습니다.

우리 나라의 1년 국민 소득은 평균 5,000불, 즉 350만 원밖에 되지 않습니다. 그 이하의 소득을 얻는 사람도 수백만 명이 될 것입니다. 또 누구에게인지는 몰라도 들었는데 중국에서는 한국 사람이 우황청심환이다 보약이다 하여 제일 많이 소비를 한다고 합니다.

여러분, 이걸 어떻게 하면 좋겠습니까? 한 마디만 딱 하고 마치겠습니다. 우리 절대로 이런 거 본받지 맙시다. (1991년 8월 30일)

교통 사고는 정말 끔찍합니다
경상 북도 경산시 부림 초등 학교 6학년 장정순

지난 토요일은 정말 온 마을 전체가 슬픔에 잠긴 날이었습니다. 왜냐하면 우리 마을에 여섯 살 난 배진국이라는 아이가 사고가 나서 죽었기 때문입니다.

진국이가 진국이 아빠에게 통닭 사 달라고 졸라서 오토바이를 타고 갔습니다. 올 때 진국이와 진국이 엄마는 버스를 타고 오고, 진국이 아빠는 오토바이로 먼저 집에 왔습니다. 진국이 엄마는 진국이를 먼저 버스에서 내려놓으며 그 자리에 서 있으라고 하고, 짐을 내리고 있는데 진국이가 차가 오는지도 모르고 갑자기 건너가다가 노란색 레미콘 차의 앞바퀴에 치었습니다. 그런데 너무나 끔찍하게도 진국이의 엉덩이가 터지고, 피가 많이 나고, 얼굴이 없을 정도로 상처가 많이 나 있었습니다. 진국이 엄마는 그 자리에서 짐을 떨어뜨리고 진국이에게 달려가서 끌어안고 울었습니다. 피를 너무나 많이 흘려서 진국이 엄마의 옷에도 피가 많이 묻었습니다.

그런데 불쌍하게도 진국이는 그 자리에서 죽었습니다. 그래도 부모님들은 진국이를 영천 병원으로 옮겼습니다. 죽었는데 옮기면 뭘 하겠습니까? 그렇지만 오죽하면 그렇겠습니까? 영천 병원에는 영안실이 없어서 대구 병원 영안실에 있습니다. 모레쯤에는 장례를 치르고 진국이를 묻는다고 합니다.

진국이 할머니는 진국이가 사고났다고 하니까 진국이를 부르며 울었는데 누군가가 죽었다고 하니 할머니는 그 자리에서 막 뒹굴며 울었습니다. 진국이의 할머니는 진국이의 엄마를 보고,

"아이구 이년아, 아를 왜 시장에 데려가 이카노!"

하면서 욕을 하였습니다.

진국이 부모는 집에 와서 막 울었습니다. 그런데 진국이의 누나 수진이는 그런 일이 있는지도 모르고 집에서 노래를 불렀습니다. 진국이의 아빠가 수진이와 진국이 밑에 낳은 지 얼마 안 되는 아기를 끌어안고 막 울었습니다.

너무나 끔찍한 일입니다.

난 이번 진국이의 죽음으로 차조심을 해야 되겠다고 깊이 깨달았습니다. 우리 반 중에서도 자기 밑에 동생이 있는 사람들은 잘 데리고 다니고, 동생에게 언제나 차조심하라고 일러 두도록 합시다. 언제 갑자기 이런 일이 생길지 모르는 일입니다.

모두 차조심을 하여 다시는 이런 끔찍한 일이 어디에서라도 일어나지 않도록 해야겠습니다.

우리 모두 진국이가 차 없는 하늘나라에서 행복하게 살길 빕시다. (1991년 11월 9일)

정순이가 이 일을 발표하며 많이 울었던 기억이 난다. 정말 가슴 뭉클한 이야기다.

그 밖에도 아이들이 쓰레기 분리 수거에 대한 이야기를 할 때는 실제로 여러 가지 종류의 쓰레기를 가져와서,

"……이와 같이 병뚜껑은 병뚜껑대로 분리해서 따로 담습니다. 여기 깡통이 있는데 이렇게 자석을 붙여 보아서 붙는 것은 붙는 것대로 담고 안 붙는 것은 안 붙는 것대로 따로 담습니다. 그냥 담는 것이 아니라 요렇게 발로 밟아서 납작하게 하면 부피가 줄어서 좋습니다. 우유 팩은……."

이렇게 분리하는 방법을 행동으로 보이기도 했다.

또 연예인 사진 모으는 데 정신이 빠진 동무를 보다못해 예를 들어 이야기하기도 했다.

"……여러분. 여러분들은 자기의 영혼과 육체가 바르게 존재해 있다고 생각하십니까? 우리 반에도 자기의 참모습을 잃어버린 친구들이 있다고 생각합니다. '서태지와 아이들'의 옷만 입고, 노래를 듣고, 노래를 부르고 춤을 춘 적은 없습니까? 자, 이 사진들을 보십시오. 얼마나 자랑스럽게 모았습니까? 그런데 이렇게 정성스럽게 모으는 동안에 제정신이 빠져 나간다는 것을 아십니까?

저번에 선생님이 연예인한테 사인 받으려고 몇 시간 전부터 기다렸다는 이야기를 듣고 한 말씀 생각나십니까? '직장에서 뼛골빠지게 일하고 오는 저거 아버지를 그래 기다려 봐라. 세상에 없는 효자 될 끼다.' 이 말입니다. 그 말처럼 여러분 식구들 사진을 그래 소중하게 보관하면 얼마나 좋겠습니까? 여러분, 연예인들이 나오면 미친 듯이 소리를 지르고, 우리 민요가 나오면 짜증을 내다가 랩이나 발라드라고 하는 노래가 나오면 그래 미칩니까? 햄버거만 먹고……."

이와 같이 사진, 스티커 자료를 보이면서 이야기하도록 하면 설득력이 더욱 있다.

주장 발표할 때 다음과 같은 주제들을 해 볼 수 있다.

• 놀 장소가 없어요.
• 어른들의 담배와 어린이들.
• 내가 어른(선생님, 대통령)이라면.
• ( )일 전에 일어난 ( )에 대한 나의 생각.
• 헌 옷 바꿔 입읍시다.
• 우리 농산물을 먹읍시다.
• 버리는 광고지 이렇게 씁시다.
• 내가 만들어 낸 ( ) 놀이 해 보세요.

집중 토론

어른들은 아이들의 생각이나 일을 어른의 생각으로만 "그건 틀려.", "이건 맞아.", "그건 안 돼." 하며 한 마디로 잘라 버리기가 쉽다. 어른의 생각이 아무리 옳다고 해도 그렇게 하는 것은 아이들의 자유로운 생각이나 행동을 막아 버리는 어른들의 독선이다. 또 어른이 그렇게 한다고 해서 아이들의 생각이나 행동이 쉽게 바뀌는 것이 아니다. 그렇게 하면 오히려 반발하는 감정만 쌓게 되어 일을 그르치게 된다. 무슨 일이든지 아이들 일은 아이들 스스로 갈등과 고민을 거쳐서 나와야만 그 생각이나 행동이 제대로 제 것이 될 수 있다.

또 어떤 일을 혼자 갈등을 안고 고민하는 것보다 여럿이 함께 고민하는 것이 더 쉽게, 더 빨리, 더 옳은 방향으로 결론을 얻을 수 있다. 그래서 아이들 스스로 이야기를 나누면서 문제를 찾고 스스로 갈등과 고민을 겪으면서 올바른 생각을 걸러 내는 '집중 토론'을 한다.

보통 학교에서 주마다 한 번 하는 어린이회 시간에는 정해진 일 년 생활 계획에 따라 몇 가지 '실천 사항'을 '~하자' 정도로 끝낸다. 그리고 회의는 몇몇 아이들 중심으로 이끌어 나가 다른 아이들은 구경꾼이 되기 쉽다. 그렇게 되면 실천력도 떨어져서 흐지부지 한 주가 끝나 버린다. 그래도 활동이 되도록 하자면 교사가 억지로 끌고 나가야 하는데, 교사가 관심을 기울이지 않으면 그것으로 끝나 버린다.

내 주장 발표는 자기만의 생각이나 관점에 맞추어 말하는 것이기 때문에 한쪽으로 기울어진 틀을 만들기 쉽고, 듣는 이도 자기 생각은 없이 따라가기만 하기 쉽다. 따라서 '집중 토론'을 많이 했으면 한다.

내가 말하는 '집중 토론'은 처음부터 서로 반대 생각을 가진 사람을 정하여 토론하는 것이 아니라 그냥 여러 아이들이 둘러앉아 이야기를 나누는 형식이다. 꼭 서로 의견이 다른 주제뿐 아니라 같은 생각을 가진 주제라도 깊이 파고들어가며 따져 보는 가운데 올바른 가치관을 갖게 된다. 또 이런 활동을 통하여 민주를 배우고, 자아를 발견하고, 논리에 맞게 생각하는 힘을 기르게 된다.

보통 바른 생각을 갖고 있어도 행동으로 나타날 때는 자기 생각이 무너지는 경우가 많다. 어른들도 그런데 아이들이야 더 말할 것도 없다. 하나 예를 들면 전자 오락은 폭력이 나오고 눈을 나쁘게 만들고 도박하고 싶은 마음을 길러 준다는 것 따위로 나쁜 점이 많다고 생각을 하면서도 다시 하게 되는 경우가 많다. 이런 때 전자 오락이 나쁜 까닭을 깊이 따져 나가는 토론을 하면 '전자 오락은 하지 않겠다.'는 의지가 길러져서 스스로 하지 않으려고 애쓰게 된다.

토론은 한 주에 한 번 하는 것이 알맞은 것 같고 어린이회 시간에 하는 것이 좋겠다. 형식을 갖춘 어린이회를 하지 않으면 안 될 형편에 있다면 한 주 건너 한 번이라도 꼭 해 보았으면 한다.

주제는 아이들의 생활과 가까운 것들로부터 사회로 넓히며, 스스로 찾아 정하도록 하는 것이 좋다. 그러나 교사가 계획을 갖고 주제를 정해서 내어놓기도 한다. 다음과 같은 주제로 토론을 할 수 있다.

- 코미디언 흉내내는 문제에 대하여.
- 텔레비전과 우리.
- 샤프 사용, 어떻게 생각하나?
- 전자 오락과 우리.
- 어린이 잡지 내용은?
- 만화 실태와 그 문제점.
- 쓰레기를 왜 함부로 버리는가?
- 우리가 쓰는 물건에 있는 글자와 그림 어떻게 생각하나?
- 우리가 부르는 노래, 무엇이 문제인가?
- 시험(점수 따기), 어떻게 생각하나?
- 환경 문제.

- 선도, 필요한가?

- 컴퓨터와 사람.

- 손 전화(핸드폰), 어떻게 생각하나?

주제는 토론하기 일 주일 전에 정하여 한 주 동안 아이들 스스로 현실을 조사하고 원인도 찾아보도록 한다. 자기 생각에 맞는 자료를 찾는 과정만으로도 좋은 공부가 된다.

토론할 때는 사회자도 교사도 모두 함께 빙 둘러앉아 편안한 마음을 갖도록 한다. 사회자는 토론회를 잘 이끌어 나갈 수 있는 아이로 뽑되 될 수 있는 대로 학급 아이 모두 고루 해 볼 수 있도록 하는 것이 좋겠다. 처음 사회를 맡은 아이에게는 어느 만큼 익숙해질 때까지 상황에 따라 토론을 이끌어 가는 방법을 가르쳐 주면서 사회를 할 수 있도록 한다. 처음 한두 번은 교사가 시범을 보이는 것도 좋다. 어쨌든 사회자나 발표자나 지나치게 형식에 얽매이거나 어려워하지 않도록 부드러운 분위기를 만들어 주어야 한다. 꼭 잡담 나누는 듯한 분위기로 말이다.

교사도 토론에 참여할 때는 한 사람의 토론자 자격밖에 없다. 발표는 고루 시키도록 하고 발표를 할 생각이 별로 없는 아이들도 한 번씩 시켜서 기회를 만들어 주어야 한다. 스스로 자신의 생각을 주장하지 못하는 아이들은 마음이 여리고 부끄러움이 많은 아이이므로 이런 자리에서 실수를 많이 하는 것을 오히려 자랑으로 생각할 수 있도록 해야 한다.

때로는 의견이 팽팽히 맞서서 반대를 위한 반대로 흘러가는 경우와 토론의 흐름이 주제와 다른 방향으로 흘러가서 사회자도 어쩔 수 없을 때, 교사가 말할 수 있는 기회를 얻어 바르게 흘러갈 수 있도록 해야 한다. 물론 이 때 교사의 권위를 조금도 내세우지 않아야 한다. 어떤 토론은 밑도끝도없이 이어지는 수도 있는데 그래도 좋다. 그러는 가운데도 무엇인가 크게 얻는 것이 있기 때문이다. 좀더 오래 토론을 이어 가야 되겠다 싶으면 다음 번에 이어서 할 수 있도록 한다. 그러면 어떤 아이는 다시 자료를 모아 토론에 참여하기도 한다.

한 주 앞서 주제를 정해 주지 않아도 어떤 일이 생겼을 때 바로 토론을 하도록 하면 또 큰 효과를 얻을 수도 있다.

어느 해에 우리 학급은 피아노가 있어서 모두 아주 좋아했다. 아이들은 피아노를 가져가기 전까지만 해도 틈만 나면 피아노에 매달려 연주하고 노래도 부르며 정이 꽤나 들었던 모양이다. 그것은 담임인 나도 그렇다. 그런데 음악실을 새로 만드는 바람에 그만 그 피아노를 빼앗기게 되었다. 아이들은 몹시 아쉽고 억울한 모양이었다. 아무 말도 없이 강제로 빼앗아 갔다느니, 교장 선생님께 항의하러 간다느니 하며 화를 참지 못하여 야단들이었다. 아무래도 그냥 덮어두는 것은 옳지 않겠다 싶어 토론에 부쳤다.

"우리가 화를 내어 이렇게 떠들어 대기만 한다고 해서 무슨 해결이 나겠나? 이럴 것이 아니라 우리 다 같이 정식으로 이야기를 나누어 보는 것이 어떻겠노?"

아이들은 하나같이 "예!" 하며 큰 소리로 대답했다.

"그러면 모두 빙 둘러앉아 봐라. 사회는 누가 하면 좋겠노?"

"지은이요!"

이렇게 해서 피아노 문제에 대한 토론이 시작되었다.

아이들 대부분은 우리 교실 피아노를 가져가는 것은 아주 옳지 않은 일이며, 우리 반을 아주 업신여기는 일이라는 의견 쪽으로 기울었다. 그 해결 방법으로는 가져갔던 피아노를 다시 찾아와야 한다는 것과 그것이 안 되면 2학년은 우리보다 피아노를 많이 쓰지 않을 테니 2학년 교실에 있는 피아노를 가져와야 한다는 것이었다. 물론 어른의 생각으로 보면 아주 우스운 일일지는 몰라도 아이들에게는 그렇지가 않은 모양이다. 열을 올려 가며 토론을 하고 있는 모습만 보아도 얼마나 큰 문제인가를 알 수 있다.

해원이가 말할 기회를 얻어 일어섰다.

"모두들 그 피아노를 가져와야 한다고 했는데 저는 그게 아니라고 생각합니다. 그리고 2학년 교실에 있는 피아노도 가져와서는 안 된다고 생각합니다."

아이들은 눈이 둥그레졌다. 해원이는 다시 말을 이었다.

"왜냐하면 그 피아노를 우리 교실에 두면 우리 반만 쓰지만 음악실에 두면 5, 6학년 모두가 쓸 수 있기 때문입니다. 또 2학년 9반 교실의 피아노를 가져와야 한다고 말했는데 누가 피아노를 줄라 하겠습니까? 그리고 2학년 9반의 피아노를 가져오면 그 아이들도 우리처럼 되는데 되겠습니까?"

그러자 아이들이 잠시 웅성거렸다. 그러면서 무조건 피아노를 가져와야 한다는 열기를 가라앉혔다. 사회자가,

선생님과 아이들이 함께 '집중 토론'을 하고 있다.
꼭 서로 의견이 다른 주제뿐 아니라 같은 생각을
가진 주제라도 깊이 파고들어가며 따져 보면
올바른 가치관을 갖게 된다.

"그러면 우리는 어떻게 하면 좋겠습니까?"

하고 묻자,

"다른 방법을 찾아야 합니다."

하는 말이 나왔다. 사실 4학년 아이들이 한쪽으로 기울어진 감정을 이만큼 바꾸는 것도 쉽지 않은 일이다.

"그러면 어떤 방법이 좋겠습니까?"

"예, 대신 오르간 한 대를 달라고 해야 합니다."

"그것도 좋겠습니다만 다른 방법은 없겠습니까?"

몇몇 남자 아이들은,

"와아! 피아노하고 오르간하고 우예 같노!"

"그래 맞다! 자들 돌았다!"

하며 투덜거리기도 했지만 다시 토론이 이어졌다.

"그것은 우리의 욕심이라고 생각합니다. 왜냐하면 다른 반은 두 반 아니면 세 반이 오르간 한 대를 가지고 사용하는데 우리 반만 한 대 달라고 하는 것은 안 되는 일입니다."

"그러면 아무 일도 안 되는데 어떻게 하면 좋겠습니까?"

"우리도 7반, 8반이 쓰는 오르간을 같이 쓸 수밖에 없습니다."

"그러면 우리는 두 시간 마치고 노래 부를 때는 어떡합니까?"

"어떡하긴 어떡합니까? 노래 부를 때마다 가져와야지요."

"그러면 힘이 너무 안 듭니까!"

"힘들면 누가 갖다 줍니까? 우리가 가져와야지요."

"예, 당번을 정합시다."

이렇게 해서 피아노 문제를 스스로 풀어 갔다.

비디오 문제에 대한 토론도 있었는데 한 번에 끝내지 못해 두 번으로 이어졌다. 왜냐하면 해로운 점과 이로운 점을 따져 나가는 데 팽팽하게 맞서서 한 시간이 걸렸고, 보기는 보는데 어떻게 하면 좋은 비디오를 알맞게 볼 수 있을까, 그 해결 방법을 찾아가는 데 또 한 시간이 걸렸기 때문이다. 그 동안 나쁜 비디오는 보지 않아야겠다는 마음 다짐도 했을 터이고, 좋은 비디오를 고르는 것은 담임이 안내해 주기로 했으니 아주 잘 해결한 셈이다.

또 우리 반은 다른 반 아이들보다 아무래도 더 활발해서 다른 반 선생님들로부터 버릇이 없다는 말을 자주 듣는다. 한번은 옆 선생님이,

"너희들은 너희 담임 선생님한테 왜 그렇게 버릇이 없니?"

이랬는데,

"아니라예. 우리는 선생님하고 친해서 그렇지 버릇이 없는 것이 아니라예. 선

생님은 알지도 못하시면서……."

하는 것이었다. 그러더니 그 주의 토론 주제를 '요즘 우리들은 예의를 잘 지키고 있나?'로 정해 열띤 토론을 벌였고, 버릇이 좀 없다 싶었던 아이들 몇 명은 비판도 받았다. 토론이 있고 나서부터는 아이들의 행동이 아주 많이 달라졌다.

도시 아이들도 성격이 여리고 말이 없는 아이들은 토론에서 구경꾼이 되기 쉽지만 시골에 사는 아이들은 아무래도 조금 더하다. 특히 첫 시간은 더욱 그렇다. 첫 시간부터,

"지금부터 '요즘 우리들은 예의를 잘 지키고 있나?' 주제를 가지고 토론을 하기로 하겠습니다. 말할 사람 말해 주십시오."

이렇게 딱딱하게 하면 주눅이 들어, 하고자 했던 말도 그만 쑥 기어들어가고 만다. 그러니 무슨 회의할 때처럼 발표를 한다는 의식을 가지지 않고 아이들 자신들이 골목에서 놀이할 때 지껄이는 것처럼 스스럼없이 말할 수 있는 분위기를 만들어 주어야 한다.

"야들아, 춥지? 난로 가에 빙 둘러앉아 불 좀 쬐라. 보자, 그쪽 뒤에는 춥잖아. 규천이, 앞으로 오너라. 규천이는 동생이 몇 학년에 있니?"

"4학년에 있어예."

"여동생이니?"

"아니요. 남동생이라예."

"참 귀엽겠네."

"미울 때도 많아예."

"자기 동생인데 미우면 얼마나 밉겠나? 그 시간이 지나가면 또 귀여워지는 것이 동생인데……."

"우리 엄마는예 날마다 동생 편만 들어요. 동생이 잘못했는데 형이 그래서 되겠나 하면서 꾸중해요. 우리 아버지는 술만 먹고 오면 이유도 없이 뭐라 하고 어떤 때는 발로 차기도 해요. 동생은 안아 주기도 하면서요……."

대충 이런 식으로 아이들마다 돌아가면서 몇 마디 말을 주고받는다. 예상 밖의 이야기를 스스럼없이 끄집어 내는 아이도 있다. 그러나 아무리 해도 말문을 열지 않는 아이도 있다. 이런 아이는 시간을 두고 마음의 문을 열 수 있도록 해야 하지만 그래도 한 마디 말이라도 할 수 있도록 하자면 장난 비슷하게 하면서 자존심을 조금 건드려 본다.

"아이고 진수, 오늘 옷 좋은 것 입고 왔네. 진수야! 진수야! 진수야!"

아무리 불러도 고개만 푹 숙이고 앉아 대답을 하지 않는다.

"아이고 진수야, 대답 좀 해 봐라. 사나이는 용감하게 대답을 잘 해야지. 진수야! 아이고 우리 진수가 대답을 잘 안 하는 걸 보니 꼬추가 안 달렸는가 보네."

"아이라예. 있어예!"

이렇게 불쑥 입을 연다. 방법이 좀 유치하지만 어쨌든 말문을 열 수 있도록 아이들을 이끌어 내야 한다.

한번은 서로 눈치만 보고 발표를 잘 안 해서,

"그럼 내가 말하겠습니다."

하면서 내가 손을 들어 이야기를 했다. 그래도 아이들은 아무 반응 없이 앉아 있었다.

"아무도 말할 사람이 없으면 또 내가 말하겠습니다."

하고 손을 번쩍 들었다. 그러기를 여러 차례 되풀이했다. 아이들의 자존심을 건드리는 이야기, 아이들과 나와 대립이 될 만한 일을 두고 자꾸 내 방향으로만 이야기를 하니 아이들은 그 때서야 말을 한다.

"선생님, 그런 법이 어디 있습니까? 어떻게 선생님 혼자 생각으로만 밀고 나가십니까?"

"사회자!"

"예, 선생님 말씀해 주십시오."

"하고 싶은 말이 있으면 손을 들어 사회자 허락을 얻어야 되는데 그냥 저렇게 허락 없이 말을 함부로 막 하지 않도록 막아 주십시오."

이렇게 했더니 화가 났던 아이들이 너도나도 서로 손을 들고 말을 하기 시작했다.

토론을 하는데 한쪽에서는 서로 장난을 치기도 하고 저희들끼리 이야기하면서 토론에 참여하지 않는 아이들도 더러 있지만 교사는 좀 느긋하게 마음먹고 이끌어 나가야 한다. 그런 아이들이 있다고 야단을 치고 화를 내기라도 하면 그만 아이들은 말문을 쉽게 열지 않는다. 말문을 연다 해도 속에 있던 생각을 마음껏 다 털어놓지는 않는다.

또 토론을 해 나가다 보면 감정에 치우쳐 잘못된 방향으로 흐르기도 하는데 그때도 조급하게 생각하지 말아야 한다. 사실은 아이들의 감정이 어떤 것인가 알아낸 것만 해도 커다란 수확이다. 잘못된 아이들의 생각은 그 다음 다른 방법으로라도 차츰 지도하면 된다.

어쨌든 집중 토론을 많이 해 보았으면 좋겠다. 시간이 걸리더라도 문제의 답은 이렇게 아이들 스스로 찾도록 해야 한다.

4장
살아 있는 글쓰기 교육

살아 있는 글쓰기 | 생각 주머니
이야기 쪽지 | 아이들 싸움을 글쓰기로 풀기
살아 있는 일기 쓰기 | 과학 교육의 기초, 관찰 기록

살아 있는 글쓰기

글은 왜 쓸까?

나는 글쓰기 지도를 매우 중요하게 생각하고 있다. 그래서 글쓰기를 가르치는데 남다르게 노력을 기울이고 있다. 아이들에게 왜 글을 쓰게 할까? 대답하기가 쉽지 않다. 그래도 그 대답을 생각해 본다면, '글쓰기 대회에서 상을 받도록 하기 위해서', '대학에 들어가자면 논술 시험을 치니까 그것을 대비해서', '장래 문학가를 만들기 위해서' 이런 대답을 떠올릴 수 있겠다. 하지만 아이들에게 글을 쓰게 하는 것은 글짓기 선수를 만들기 위해서도, 좋은 점수를 얻게 하기 위해서도, 문학가를 만들기 위해서도 아니다. 내가 아이들에게 글을 쓰게 하는 목적을 한마디로 말하자면, 아이들의 삶을 참되게 가꾸기 위해서, 사람다운 사람으로 살아가도록 하기 위해서다.

아이들은 본디 마음이 맑고 깨끗하다. 그래서 모든 사람이 그 마음만 가진다면 참으로 살기 좋은 세상이 될 것이다. 그런데 자꾸만 그 마음이 바뀌고 있어 안타깝다. 글쓰기는 이렇게 잃어 가고 있는 아이들의 마음을 찾아 주고 지켜 주는 중요한 일을 한다. 지금 우리가 사는 사회는 썩고 병든 곳이 많다. 그것을 가린다든지 뚝 떼어 버려서 깨끗한 것만 아이들에게 보여 주기는 어려운 일이다. 아이들도 어른들과 어울려 살아가기 때문이다. 그러니 아이들도 사회의 썩고 병든 것들을 바로 보도록 할 수밖에 없다. 아이들 스스로 세상을 바로 보고 진실한 마음으로 살아가도록 하는 데 글쓰기가 중요한 일을 한다.

우리는 가깝게 있는 사물에 대해 아주 그릇되게 인식하는 경우가 많은데 그것은 잘못 받아들인 지식들 때문이다. 그래서 처음부터 사물을 바르게 인식해서 진정한 자기의 생각이나 느낌을 찾아 내고 간직하면서, 새롭게 만들어 가려면 글쓰기는 매우 중요하다.

우리가 사는 것은 남을 짓밟고 혼자 잘 살자는 것이 아니다. 남이야 어찌 되었든 나만 잘 산다고 해서 행복한 것이 아니다. 생명을 귀하게 여기고, 남을 존중하고 서로 받들어 주면서 여러 사람과 더불어 자유롭게 살아야 행복하다. 이렇게 다른 이들과 더불어 살아가는 삶을 배우는 데도 글쓰기는 중요한 일을 한다.

사람은 몸을 움직인다든지 소리를 낸다든지 해서 끊임없이 자기 표현을 하게 된다. 이런 자기 표현이 아주 꽉 막히면 병이 들어 죽는다고 한다. 더구나 아이들은 자유롭게 마음껏 자기 표현을 하면서 자란다. 글쓰기는 자기 표현의 길 가운데 가장 좋은 수단이다.

요즘 우리말이 얼마나 병들어 있는지는 말 안 해도 잘 알 것이다. 우리말이 없어지면 우리의 얼이 빠진 것이나 같고, 얼이 빠지면 죽은 목숨이나 다를 바 없다. 그만큼 우리말을 지키고 살리는 일은 중요하다. 아이들의 순수한 말에서 깨끗한 우리말을 살려야 하고, 글쓰기를 통해 우리말을 지켜 가야 한다.

살아 있는 글

나는 지금까지 신문이나 잡지에 실려 있는 아이들의 시 가운데 살아 있는 시를 한 편도 발견하지 못했다. 이야기 글은 좀 덜한 편인데도 그것 또한 펄떡펄떡 뛰는 물고기처럼 살아 있는 글은 못 봤다. 무슨 대회에서 큰 상을 받은 글도 '매끄럽게 참 잘 꾸며 썼구나!' 하는 놀라움을 갖게 하는 글은 많으나, 살아 있는 글은 찾아보기 힘들었다. 왜 그럴까? 아직도 많은 사람들이 어른들의 글을 흉내내고 온갖 재주를 부려 묘하게 쓴 아이들 글을 좋은 글로 알고 있기 때문이 아닐까.

'죽은 글', '좋지 않은 글', '거짓 글' 은, 실제로 겪지 않았으면서 겪은 것처럼 꾸며 쓴 글, 겪고 느낀 것보다 부풀리거나 꾸며 쓴 글, 자기 말이 아닌 말을 가지고 관념으로 쓴 글이다. 별 느낌이 없는 글, 또 이런 글을 썼구나 하는 말이 나오는 글, 말하자면 감동이 없는 글이 죽은 글이다.

그러면 '살아 있는 글', '좋은 글', '참글' 이란 어떤 글일까? 무엇보다 어른이 쓰라고 해서, 어른이 주는 글감으로 억지로 쓴 글이 아니라 쓰지 않고는 못 견뎌서, 쓰고 싶은 마음이 철철 넘쳐서 쓴 글이다. 그런 마음으로 글을 쓰면 정성껏 쓰게 마련인데 그런 정성이 담겨 있는 글이 좋은 글이다.

그리고 살아 있는 글은, 누구나 알 수 있도록 쉽게 쓴 글이다. 괜히 어른들이 쓰는 어려운 말을 넣어 어렵게 쓰거나, 말장난을 해서 고상하게 보이려고 쓴 글은 좋지 않다. 그냥 일이 일어난 차례대로 자기 생각대로 자기가 느낀 대로 자기가 하는 쉬운 말로 쓰되 꼭 말하고 싶은 알맹이가 나타나 있어야 한다.

글은 꼭 누구에게 보이기 위해서만 쓰는 것은 아니다. 하지만 어떤 글이든 남에게 흥미를 끌지 못해서 누구도 잘 읽지 않는다면 좋은 글이라 하기 어렵다. 그러니까 글은 읽고 싶은 마음이 일어나야 한다. 코미디처럼 실없이 웃겨서가 아니라, 글마다 글맛이 살아 있어서 읽을 맛이 나야 한다. 또 누구나 다 알고 있는 일을 알고 있는 그대로 쓴 글이 아니라, 자기가 겪은 생생한 삶이 나타나 있고, 자기만의 생각이 나타나 있어 진짜 자기 냄새가 나는 글이 살아 있는 좋은 글이다. 꾸며 쓰지 않고 사실 그대로 쓰되 글에 나타난 행동이나 생각이 옳아서 다른 사람이 읽어도 무엇인가 얻을 수 있는 가치 있는 글이라야 한다. 또 겉보기에는 서툴러 보여도 다른 사람의 마음을 찡하게 울려서 '아, 그렇지!' 하는 감동을 줄 수 있어야 한다.

글쓰기 지도

글쓰기를 지도할 때는 글쓰는 방법만 가르치는 것으로 생각하기 쉬운데, 글쓰기 이전에 아이들이 참되게 살아갈 수 있도록 깨우쳐서 행동으로 옮길 수 있도록 하는 '삶 지도'부터 먼저 해야 한다. 그러니까 학급에서는 학급 운영 전부가 글쓰기와 관련을 가지고 있다는 말이다. 학급 운영을 제대로 하지 않고 글쓰기 방법만 열심히 가르쳐서는 살아 있는 좋은 글이 나오지 않는다.

나는 오랫동안 아이들과 시 쓰기, 산문 쓰기 같은 글쓰기 지도를 해 보고《살아 있는 글쓰기》(보리)를 냈다. 또 여러 선생님들이 같이 써서 엮은《아이들과 함께 하는 갈래별 글쓰기》(우리교육)에 관찰 기록문과 주장 글에 대해 썼다. 자세한 글쓰기 지도 방법은 이 책들이나 다른 여러 책을 참고하면 좋겠다.

아이들이 글을 보는 눈을 바르게 길러 주려면 살아 있는 글과 죽은 글을 견주어 가면서 읽어 보게 하고, 살아 있는 글이 갖추어야 할 조건을 얼마나 갖추고 있는지 같이 따져 보도록 하는 것이 좋다. 대부분 아이들은 지금까지 어른들이 그릇되게 가르쳐 준 감동의 틀을 가지고 있는데, 그것이 잘못된 것이구나 하는 깨우침도 함께 주도록 한다.

글쓰기 지도 시간은 어떻게 마련하나 하겠지만 그것은 교사가 가르치고자 하는 마음만 단단히 가진다면 얼마든지 낼 수 있다. 나는 1, 2, 3, 4학년 경우에는 학과 시간표에 글쓰기 시간을 두 시간 더 넣어 놓는다. 5, 6학년도 따로 시간을 더 넣어서 한다. 그렇게 전체 지도를 한 다음, 날마다 한 모둠(4~6명)씩 오후에 남겨서 한 명씩 가르쳐 준다. 그리고 가정 학습 시간을 쓰기도 하고 방학 때는 인터넷으로 지도하기도 한다. 그 밖에도 잘 찾아보면 시간은 많다.

평소에 나는 또래 아이들이 쓴 시나 산문을 많이 읽어 준다. 읽어 주는 시간은 어느 때나 관계 없지만 시간을 정해 두지 않으면 바쁠 때 그냥 지나치는 날이 많다. 따라서 둘째 수업 시간 들어가기 바로 앞이나 또 어느 시간을 못박아 정해 두는 것이 좋다. 읽어 주는 글은 좋은 글이어야 한다. 그러면서도 '쉽구나!', '나도 저쯤은 얼마든지 쓸 수 있어!' 하는 마음이 드는 그런 글이 좋겠다.

아이들이 쓴 글은 그냥 썩히기보다 학급 문집으로 엮어 다른 어린이들도 즐겨 읽을 수 있도록 해 주는 것이 좋겠다. 그것은 글을 쓰는 아이들의 힘을 북돋우어 주기도 한다.

아이들 글의 가치

아이들의 글쓰기에 대해 바로 알고 있는 어른이라면 아이들에게 글을 쓰게 할 때는 사실 그대로 정직하게 쓰도록 하는 것이 가장 중요하다는 것은 다 알고 있을 것이다. 어른들이 꾸며 내는 이야기도 사실에 바탕을 두지 않고는 나올 수 없고, 나왔다 해도 공감을 얻지 못한다. 그 다음 중요한 것은 가치 있는 글을 쓰게 하는 것이다. 가치 있는 글은 삶을 가치 있게 살지 못하면 나올 수가 없다. 읽는 사람으로 하여금 가치 있는 생각을 가지게 하고, 가치 있는 삶을 살아가게 하는 글이 가치 있는 글이다.

그러나 어른들이 아이들 글의 가치를 말할 때는 달리 생각해야 할 것이 많다. 말하자면 내용이나 형식에서 글의 가치를 한 가지로만 따져서는 안 된다는 것이다.

어떤 아이가 이런 글을 썼다.

학교 공부를 마치고 집에 돌아와서 휴지 버리로 나왔는데 뱀이 한 마리 있었다. 나는 그걸 사람한테 골탕먹일라고 뱀을 잡을라고 다가갔다. 그래서 도끼로 대가리를 탁 찍었다. 뱀은 직발로 죽어 버렸다. 나는 내 동생을 골탕먹일라고 우리 집 골목에 던져 놓았다. 한 30분 있으니까 밖에서 "악!" 카는 비명 소리가 들렸다. 나는 내 동생한테 할 말까지 준비해 놓았다. 나는 문을 밀면서 "놀랐제, 메롱!" (글 뒷부분 줄임)

이 글은 또래 아이들이 보았을 때는 오히려 해로울 수도 있는 글이어서 또래 아이들이 볼 것으로 보자면 가치가 없다. 그러나 어른이 보았을 때는 이 아이의 정서나 생활 습관, 심리 같은 것을 살필 수 있어 또다른 가치를 지니고 있다. 그러니까 가정이나 사회의 환경, 그 환경으로부터 오는 아이들의 걱정, 아이들이 어떤 대우를 받고 있는지를 또렷이 진단해 낼 수 있고, 문제가 있을 때는 문제 해결의 실마리를 찾아 낼 수 있다.

아이들의 글은 내용으로나 형식으로나 어른들의 틀에 박힌 생각 한 가지로 볼 때는 가치가 없는 글로 보여도 나름대로 다 가치를 지니고 있다는 것을 알 수 있다. 한 가지 덧붙여 말할 것은 아이들의 글 가운데 어른의 자존심을 상하게 하는 글이라도 그 책임을 아이에게 물어서는 안 된다. 왜냐하면 모든 것은 어른들의 잘못으로부터 나온 것이기 때문이다. 그러니까 어른들은 아이들의 글을 끝없이 받아들이는 마음 수양이 필요하다. 그래야만 아이들은 조금도 거짓 없이 정직하게 글을 쓸 것이기 때문이다.

글쓰기 지도에 도움이 되는 책

■ 글쓰기 이론
《글쓰기 어떻게 가르칠까》, 이오덕 씀, 보리
《살아 있는 글쓰기》, 이호철 씀, 보리
《학대받는 아이들》, 이호철 씀, 보리
《아이들과 함께 하는 갈래별 글쓰기》, 강승숙 외 8명 씀, 우리교육

■ 시
《일하는 아이들》, 이오덕 엮음, 보리
《나도 쓸모 있을걸》, 이오덕 엮음, 창작과비평사
《비 오는 날 일하는 소》, 이호철 엮음, 산하
《엄마의 런닝구》, 한국글쓰기교육연구회 엮음, 보리
《까만 손》, 탁동철 엮음, 보리

■ 산문
《우리 반 순덕이》, 이오덕 엮음, 창작과비평사
《공부는 왜 해야 하노》, 이호철 엮음, 산하
《아무도 내 이름을 안 불러 줘》, 한국글쓰기교육연구회 엮음, 보리
《아주 기분 좋은 날》, 한국글쓰기교육연구회 엮음, 보리
《주먹만한 내 똥》, 한국글쓰기교육연구회 엮음, 보리
《할매, 나도 이제 어른이 된 거 같다》, 이승희 엮음, 굴렁쇠

생각 주머니

조그만 수첩과 볼펜을 주머니에 넣거나 끈에 매달아 목에 걸고 다니면서 순간의 감동이 있을 때 적어 두는 것이 '생각 주머니'다. 누구나 어떤 일이 일어난 뒤에 시간이 좀 지나면 순간의 느낌, 감동, 감흥을 잊어버린다. 이런 것은 제때 붙잡아 두어야 한다. 순간의 사실이나 느낌, 감동, 감흥은 갓 잡아 올린 물고기처럼 싱싱하다. 그래서 그것을 바탕으로 쓴 글도 또한 싱싱하다. 무엇을 눈여겨보고 적어 두는 태도는, 어떤 사물이나 일을 예사로 보아 넘기지 않고 살피도록 한다. 그리고 자기의 생각이나 느낌을 귀하게 여기는 마음도 기를 수 있어 좋다.

생각 주머니에 적는 내용은, 순간에 일어나는 사실이나 그 사실에서 느끼는 순간의 감동이다. 또 잠깐 동안 일어나는 일을 사생글로 적어 보는 것도 좋다. 그 밖에도 온갖 것을 생각 주머니에 적을 수 있다.

생각 주머니 가지고 다니기를 귀찮아하는 아이들도 있고, 잘 해 나가다가도 그만 안 하는 아이도 있다. 아이들이 조금 귀찮아해도 그 뜻을 잘 이해시켜서 할 수 있도록 한다. 그리고 잊어 먹지 않도록 자주 깨우쳐 주어 꾸준히 하도록 한다. 아이들이 적어 둔 것을 가끔 살펴보고 자기만 새롭게 느낀 말이 한 마디라도 있으면 칭찬해 준다. 내용 지도도 예를 들어 가며 아주 자세하게 한다. 아이들이 생각 주머니에 적은 내용을 보면 대체로 이렇다.

• 포도송이의 포도 알이 움직인다. 아이들이 시끌벅적 떠드는 것 같다. 아이들의 대가리가 모여 있다. (1993년 9월 10일, 6학년 박정미)

• 소 두 마리가 트럭 위에서 벌벌 떨고 있다. 아기를 낳으려는지 왕구슬만 한 눈을 끔뻑대기만 한다. 엄마는 "어구 춥겠데이." 한다. (1993년 11월 29일, 6학년 박정미)

• 지붕 위에서 소리도 없이 가만히 있는 고양이. 말이라도 한번 해 봐. (1993년 12월 8일, 6학년 김형휘)

• 누가 쌓아 놓았는지 자갈 탑이 예쁘다. 발로 차 보고 싶다. 차면 와르르 무너지겠지. 바람이 때리고 지나간다. 아니 살짝 건드리고 간다. 자갈 하나가 똑 떨어진다. (1993년 5월 2일, 6학년 소미령)

• 제비가 날아가다가 똥을 찔끔 싼다. 제비는 나는 것이 참 아슬아슬하다. 어디 탁 박을 것 같다. 가슴이 조마조마하다. 손을 뻗으면 잡힐 것 같은데 바람같이 삭 지나간다. (1993년 4월 23일, 6학년 소미령)

• 땅바닥에 신문 조각을 깔고 자는 할아버지가 있다. 팔을 베고 자는데 배꼽이 삘쭘이 보인다. 배가 올라갔다 내려갔다 한다. 추운데도 세상 모른다. (1993년 11월 26일, 6학년 소미령)

• 아파트는 도미노같이 한 개가 쓰러지면 모두 다다다 쓰러질 것 같다. (2004년 3월 9일, 6학년 김성민)

• 집에 가는 길에 개미 두 마리가 땅에 냄새 맡는 것처럼 가만히 있다. 혹시? 혹시! 내 발 꼬랑내 맡는 건 아니겠지? (2004년 3월 16일, 6학년 박다솜)

• 남자 아이들이 찬 축구공이 내게 무섭게 눈을 뜨고 달려온다. 나는 겁이 나 달아났다. (2004년 3월 13일, 6학년 김현미)

•괴롭다, 아주 많이! 펑펑 울고 싶다! 그런데 울 수가 없다. 엄마가 걱정하니까. (2004년 3월 19일, 6학년 박채원)

아이들의 생각 주머니 속에 적힌 내용을 어른들이 보았을 때는 아주 우스워 보이는 내용도 있다. 힘센 아이에게 분함을 참지 못해 터트린 말도 있고, 저희들끼

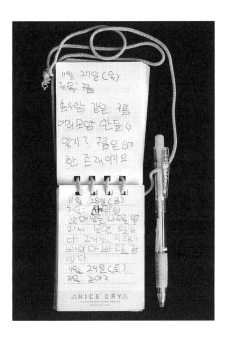

생각 주머니 :
아이들이 주머니에 넣거나
끈에 매달아 목에 걸고
다니면서 순간의 감동이
있을 때 글을 적는다.
무엇을 눈여겨보고
적어 두는 태도는,
어떤 사물이나 일을
예사로 보아 넘기지
않고 살피도록 한다.

리 주고받은 말도 있다. 주소나 전화 번호를 적는 아이도 있고 알아먹지 못할 낙서를 적는 아이도 있다. 여행 갔을 때는 여행 장소나 여러 가지 본 것도 적고 학급 회장은 사회 보는 차례도 적는다. 또 우리 반에서는 학급 신문을 만들기 위해 용돈을 절약해서 모으는데, 그것을 모으는 일을 맡은 아이의 생각 주머니 속에는 돈을 누가 얼마나 냈다는 표시도 있다. 이런 모든 것들은 아이들 나름대로 뜻을 가지고 있어 소중한 것이다.

이렇게 무엇인가 적다 보면 저절로 사물을 눈여겨 살펴보게 되고 새로운 것을 발견하게 된다. 그리고 다시 저절로 생각 주머니에 적게 된다.

이야기 쪽지

아이들이 학교나 학급에 대해서, 또 선생님에 대해서 불만이 있을 때나 요구할 일이 있을 때는 바로 말하기가 쉽지 않다. 그럴 때 아이들이 마음놓고 말할 수 있는 기회를 만들어야 한다. 나는 환경 정리판에 그런 자리를 마련해 주고 있다. 아이들이 내게 할 말을 쪽지에 써서 '우리들의 이야기' 환경 판에 붙여 놓으면 나는 그것을 읽어 보고 답장을 써 붙인다. 그러면 아이들은 거기에 또 할 말을 쓴다.

아이 1 : 선생님, 아침에 그림 그리기 할 때 큰 소리로 말하니까 너무 무서워요. 오늘 아침에도 그래요. 제가 아무렇게나 그린 게 아닌데 마치 제가 일부러 아무렇게나 그린 것처럼 말했잖아요. 정말 속이 많이 상했어요. 다른 아이들이 다 보는 데서 그렇게 말하면 얼마나 자존심이 상하는지 알아요? 언제나 다정한데 무얼 가르치기만 하면 좀 그래요. 선생님, 앞으로는 좀 다정하게 말해 주세요.

교사 : 그래, 정말 미안하다. 사실은 못 그렸다고 그런 것은 아니다. 너도 잘 알잖니. 나는 무엇을 가르칠 때는 너무 열을 올려 가며 가르치잖니. 그게

너희들한테는 기분 나쁘게 들리는가 보다. 그러지 않도록 노력할게.

아이 2 : 선생님, 저도 그래요. 제가 발표를 잘 못 하잖아요. 그런데 선생님은 답답해서 그러시는지는 몰라도 막 다그치잖아요? 그러면 더 말이 쑥 기어들어가요. 그런데 선생님은 좀더 기다리지 않고 빨리 발표해 보라고 하니까 정말 힘들어요. 발표를 좀 못 하더라도 다그치지 말아 주세요. 저도 노력하고 있으니까요. 아셨죠, 선생님?

교사 : 내가 그랬어? 그랬다면 미안하다. 성격이 좀 급하다 보니 그렇게 되는가 보다. 앞으로는 좀 느긋하게 기다리도록 할게. 그런데 너도 집에서 발표 연습을 좀 했으면 좋겠다. 들판에 나가서 소리지르기도 하고 들판에서 하고 싶은 말도 큰 소리로 해 보면 도움이 될 거다. 알았지?

아이 3 : 선생님, 숙제를 좀 줄여 주세요. 요즘은 학원 갔다 와서 숙제를 하려면 참 힘들어요.

교사 : 그러니? 그러면 어떤 숙제를 줄여 주면 좋겠니?

아이 3 : 아니오. 찾아봐도 줄일 것은 없네요. 그냥 할게요.

동무끼리 싸울 일이 있을 때도 쪽지 글로 싸우도록 하는 것이 좋다. 단둘이 몰래 싸우는 것보다 드러내 놓고 싸우는 것이니까 객관성을 잃지 않아 좋은 점이 있다.

방법이 한 가지 더 있다. 정말, 아이들은 말 못 할 자신의 고민이나 집안 걱정이 있어도 드러내어 말하기가 어렵다. 이럴 때는 일기장에 숨기지 말고 그대로 쓰도록 하되, 그렇게 하지 못할 때는 일기 끝에 쪽지를 써서 따로 붙여 놓도록 한다. 그러면 교사가 읽어 보고 답을 써 붙여 준다. 자신의 걱정을 속에 넣어 놓고만 있으면 병이 된다. 그런 걱정을 교사에게라도 풀어 놓도록 해 주어야 한다.

아이 4 : 선생님, 어젯밤에 엄마, 아빠가 싸웠어요. 그래서 지금 엄마가 어디에

나가고 없어요. 너무너무 무서워요. 그리고 일기도 못 쓰고 숙제도 못

했어요.

교사 : 미숙아, 걱정이 크겠구나! 그렇지만 너무 걱정하지 마라. 엄마는 화가

풀리면 곧 오실 거다. 무슨 일인지는 모르겠지만 엄마, 아빠가 몹시 속

상한 일이 있나 보구나. 엄마, 아빠가 너희들을 생각하고 싸우지 않았으

면 좋겠는데 화가 많이 나면 그런 생각도 잊어버리는가 보다. 너는 다른

아이들보다 마음이 넓고 깊으니까 엄마, 아빠 이해할 수 있겠지?

아이들의 인격을 존중해 주면서 아이들의 걱정을 조금이라도 덜어 주기 위해

더 좋은 방법을 생각해 보면 좋겠다.

아이들 싸움을 글쓰기로 풀기

아이들은 흔히 별것 아닌 일로 다투기도 한다. 누가 무엇 때문에 옳고 그른지 몰라서도 그렇지만 상대방이 받아들일 수 있도록 조리 있게 말을 잘 할 줄 몰라서도 그렇다. 또 자기 좋은 쪽으로만 생각하려는 기울어진 마음 때문이기도 하다. 무엇보다 싸운 아이는 잔뜩 흥분이 되어 있어, 옳고 그른 것을 제대로 판단할 마음의 여유가 없다. 그러니 아이들은 서로 자신이 옳다고 무조건 우긴다. 이 때는 교사도 어떻게 풀어 나가야 할지 참 어려운 때가 많다.

"이놈 자식, 싸운 놈은 둘 다 똑같아! 서로 사과해!"

이러면서 알밤을 주어 해결하는 것은 옳지 않다. 틀림없이 억울한 아이가 있기 때문이다. 그렇다고 교사가 명판관이라도 되는 듯이 따져 물어서,

"그것 봐, 네가 잘못했네! 그런데 왜 잘했다고 우겨, 우기길!"

이렇게 끝내면 틀림없이 아이는 나름대로 억울한 마음이 응어리로 남는다. 그래서 나는 싸운 아이들이 서로 끓어올랐던 감정도 가라앉히고 교사도 문제를 풀어 가는 실마리를 찾기 위해서, 싸운 일을 그대로 글로 적어 오라고 한다.

6학년을 맡았을 때인데, '늘봄이(여자 아이)'와 '영석이(남자 아이)'가 싸워

늘봄이가 울고 있었다. 그래서 왜 그러느냐고 물었더니 서로 자기 이야기를 하는데 감정이 북받쳐 하는 말이라 도무지 무슨 말인지 알아들을 수가 없었다.

"누가 무슨 말을 하는지 도무지 못 알아듣겠다. 서로 자기가 잘했다고 하니까 내가 어떻게 해결하겠나? 그러면 싸운 내용을 글로 그대로 적어 오너라."

이렇게 해서 아이들이 글을 썼다.

지우개 사건
—늘봄이의 첫 번째 글

오늘 아침에 나랑 영석이가 싸웠다. 아주 작은 일로 말이다.

나는 어제 아주 물렁한 4B 연필 가루로 다시 지우개를 뭉쳐서 새로 지우개를 만들었다. 어제 도서관 앞에서 점보 지우개를 발견했다. 나는 그 지우개가 물렁하길래 그걸로 지우개를 만들었다. 그 때 다 만들지 못해서 어젯밤 집에서 만들었다. 모두 가루로 내어서 뭉쳤다. 아주 물렁했다. 색깔은 아주 더러웠다. 나는 그 지우개 가루를 뭉친 걸로 다시 지우개를 만들어 재활용하려고 물이 끓는 냄비 속에 넣었다. 향기가 날 수 있도록 만들려고 크림을 조금 넣고 토마토 조각도 넣었다. 5분쯤 지나자 부글부글 끓어서 보니까 더 시꺼메지는 것 같았다.

오늘 아침에 나는 재활용하려고 만든 지우개를 우리 모둠 아이들에게 막 자랑을 했다. 그런데 영석이가 필통을 뒤적거리더니,

"어? 내 지우개 가루 뭉쳤는 거 없다."

하는 것이다. 그래도 나는 그냥 앉아 있었다. 그러니까 영석이가,

"너 내 지우개 갖고 갔제?"

하는 것이다.

"내가 뭘? 내가 언제 갖고 갔는데. 나는 그런 것 갖고 간 적 없다."

"니가 갖고 갔다 아이가?"

"내가 언제! 증거 있나? 증거 있나?"

영석이가 난데없이 의심을 하는 것이었다.

"니 지우개 없어지면 꼭 내가 가지고 가는 거가?"

난 이렇게 따졌다.

"그라마 니 그 지우개 어떻게 만들었는데?"

"어떻게 만들긴, 저기 도서실 앞에 점보 지우개가 떨어진 것이 있길래 아이들한테 누구 꺼냐고 물어 봐도 자기 꺼 아니다 해 갖꼬 내가 그 점보 지우개로 지우개 가루 내 가지고 이 지우개 만들었지."

그러니까 영석이가,

"그 지우개로 이렇게 만들 수는 없다. 시간이 얼마나 많이 걸리는데……. 니 어제 만드는 꼴 조금도 못 봤다."

하며 계속 우겼다. 난,

"어젯밤에 집에서 만들었으니까 그렇지."

이렇게 말했다.

영석이는 계속 자기 걸 훔쳤다며 우겼다. 나는 영석이의 근거 없는 주장이 너무 싫었고 화가 났다. 그래 나는 막 울었다. 눈물이 막 흘러내렸다. 내가 태어나서 도둑놈 취급받는 날은 오늘뿐일 것이다. 정말 화가 나고 억울하고 분했다. 계속 눈물이 났다. 그치려고 해도 그쳐지질 않았다.

나와 친구들이 좀 친해지려고 하면 계속 눈물이 나올 싸움이 일어난다. 왜 이렇게 슬픈지 모르겠다. 영석이는 근거도 없으면서 계속 내가 도둑놈이라고 우겼다. 전번에는 나보고 다방 가시나라고 카면서 날 울려 놓고 이제는 도둑놈으로 취급해서 정말 분통이 터진다.

지우개 사건
—영석이의 첫 번째 글

나는 아레 밤에 지우개를 만들려고 세 시간 동안이나 고생했다. 그런데 어제 학교에서 보니까 늘봄이는 나의 지우개보다 영 작게 만들어 왔다. 늘봄이는 지우개가 나보다 작으니까 계속 조금만 달라고 했다. 나는 주지 않고 필통 안에 넣어 두었다. 분명히 넣고 필통을 닫고 시를 적고 있는데 늘봄이가 필통을 빌려 갔다. 쓰고 가지고 왔다. 지우개가 있는지는 보지도 않고 계속 시만 썼다.

수업을 마치고 집에 가서 지우개를 더 만들려고 필통을 꺼내 보니 지우개가 보이지 않았다. 가방을 다 털어놓고 찾았는데도 보이지 않았다. 그래서 누나 지우개로 지우고 오늘 아침에 와 보니까 늘봄이는 거의 주먹만 한 지우개를 가지고 왔다. 나는 그때부터 늘봄이가 의심스러웠다. 늘봄이가 가져온 지우개의 양은 다섯 시간은 만들어야 만들 수 있는데 늘봄이는 어제 다섯 시에 집에 가서 학원 갔다가 거의 여덟 시에 왔는데 어떻게 만들었는지 의심이 갔다. 그리고 늘봄이는 나보다 힘도 모자라는데 어떻게 다섯 시간이나 손으로 만들었는지, 손이 아파서 어떻게 만들었는지 계속 의심이 갔다. 그래서 나는 늘봄이에게 자신 있게,

"내 꺼 훔쳐갔제?"

하니까 늘봄이는, "뭐?" 하면서 계속 아니라고 잡아뗐다. 눈치가 훔쳐 간 것 같은데 아니라고 했다. 안 가져갔으면 말로 하면 되는데 막 울어 댔다. 그것도 선생님이 들어오니까 더 울어 댔다. 얼마나 속이 답답한지 한 대 때려 주고 싶었다.

나는 그 지우개 하나 때문에 이렇게까지 해야 되는지 내가 한심스러웠다. 나는 그저 늘봄이의 속마음을 알고 싶어서다. 같은 친구끼리 작은 일로 싸우다니 속이 정말 답답하다. 나는 늘봄이가 제발 지우개를 안 가져갔으면 좋겠다. 하지만 진실만은 밝히고 싶다. 만약 늘봄이가 훔쳐 갔으면 나는 늘봄이를 친구라고 생각하지 않을 꺼다.

이렇게 두 아이가 서사문을 썼다. 두 아이가 쓴 글을 내가 먼저 읽어 보긴 해도 아무 말 하지 않고, 두 아이가 서로 바꾸어 읽어 보라고 했다. 서로 어떻게 생각하고 있는지 먼저 알아야 하기 때문이다. 그러고 난 다음 자기 생각을 다시 글로 써 보라고 했다.

영석이의 글을 읽고
—늘봄이의 두 번째 글

나는 영석이의 글을 읽고 또 억울하고 분하다. 증인도 없고 증거도 없는데 어떻게 나를 도둑놈으로 취급하는 걸까? 난 정말 영석이의 마음을 이해 못 하겠다. 난 정말 영석이의 지우개를 가지고 가지 않았다. 어제 저녁에 일기도 다 쓰고 숙제도 다 했는데 시간이 남아 지우개를 만들었다. 난 정말 그것뿐이다. 뭔가 영석이가 오해한 것 같은데 도무지 나의 말을 믿으려고 하지 않는다. 정말 나는 답답하다.

나는 영석이가 마음을 바꾸지 않는 한 절대 지지 않겠다. 괜히 사람을 의심하는 그 나쁜 버릇을 고쳐 주겠다.

늘봄이의 글을 읽고
—영석이의 두 번째 글

곰곰이 생각해 보니까 증거도 없고, 늘봄이가 훔쳐 간 걸 보지도 못했다. 무엇보다 진짜 내 꺼 가져간 것 같지가 않다. 그래서 이번 지우개 사건은 무조건 내가 잘못했다. 늘봄이에게 미안하다고 하고 싶다.

두 번째 쓴 글은 감상문이 되었는데 이 글도 서로 보여 주었다. 그랬더니 늘봄이가 먼저 영석이에게 편지를 썼다. 그리고 영석이도 늘봄이에게 답장을 썼다.

영석이에게

—늘봄이의 세 번째 글

영석아, 안녕? 감기 조심해.

우리 싸운 적 참 많지. 그보다 오늘 일은 정말 화났어. 괜히 니가 날 의심하니까 기분이 나쁘고 분통이 터질 것만 같아서 울었던 거야. 니가 그렇게 미안하다고 하니까 이 인심 좋은 누님이 또 봐준다. (장난이야.)

영석아, 우리 이제 싸우지 말고 친하게 지내자. 나도 미안해.

그럼, 안녕.

1997년 4월 4일

너의 친구 늘봄이가

늘봄이에게

—영석이의 세 번째 글

늘봄아, 고맙다. 앞으로는 그렇게 의심하는 짓은 안 할게. 이 오빠의 마음을 믿어다오.

안녕.

1997년 4월 4일

영석이가

아주 짧지만 끝에는 이렇게 편지글을 썼다. 이렇게 해서 싸운 일을 글로 풀었다. 화가 끓어오르는 일을 참을 수 없어 주먹다짐으로 싸울 때도 이렇게 글로 풀 수 있도록 하는 것이 좋다. 하고 싶은 말을 마음껏 하는 것만으로도 마음이 한결 풀어지는데, 문제까지도 풀 수 있으니 좋다.

글을 쓰게 하지 않으면 말로라도 풀어 나가야 한다. 교사가 멋대로 판단하지 말고 먼저 아이의 억울한 마음을 받아들여 주는 것부터 해야 한다. 먼저, 흥분해 있는 두 아이를 나란히 앉힌다. 그리고 누가 먼저 말할 것인지 차례도 아이들 스스로 정하도록 한다. 아이들 스스로 정하지 못하면 가위바위보를 해서 하든지 두 아이 모두 불평이 없도록 하면 된다. 그리고 차례로 하고 싶은 말을 다 하도록 한다. 다만 한 아이가 말할 때 절대로 상대 아이가 끼어들지 않도록 규칙을 정해 두어야 한다. 그렇게 해서 문제가 풀릴 때까지 자꾸 말하게 하면 된다.

이렇게 하면 거의가 얼마 안 가서 잘못한 아이가 밝혀지고 잘못한 아이가 먼저 미안하다고 하면서 일이 모두 풀리게 된다. 그런데 때로는 잘 안 풀릴 때도 있다. 그 때는 어느 한 아이도 억울해하지 않는 선에서 끝낼 수 있도록 슬기롭게 풀어야 한다. 잘못이 확실한데 반성을 하지 않는다든지 버릇처럼 약한 아이를 이런저런 방법으로 누른다든지 못살게 구는 아이는, 학급 재판을 한다든지 해서 잘못을 뉘우칠 수 있도록 해 주어야 한다.

살아 있는 일기 쓰기

일기 쓰기 지도는 어떻게 할까?

나는 아이들을 처음 만나는 날부터 일기를 쓰도록 하되 처음에는 쓰든 안 쓰든 마음대로 해도 좋다고 일러 둔다. 쓴 일기는 아이가 교사에게 스스로 펼쳐 보이도록 하되 쓴 날짜와 제목만 보겠다고 하고, 허락을 한다면 내용도 읽어 보겠다고 한다. 그리고 보여 주기 싫으면 보여 주지 않아도 좋다고 한다. 아무 지도 없이 그냥 쓰도록 했을 때 어떻게 쓰고 있는지 그 경향을 알아보기 위한 것이다. 이것은 대체로 2주쯤이면 되는데 아이들 하나하나의 특징이나 학급 전체의 경향을 알아 두어야 한다.

아이들에 대해 어느 정도 알았으면 일기 쓰기에 바탕이 되는 기초 지도를 한다. 이 때 잔소리처럼 이야기해서 처음부터 일기 쓰기에 질리도록 해서는 안 된다. 가볍게 이야기하면서도 또렷하게 머리에 남도록 해 주어야 한다.

• 먼저 일기를 쓰면 어떤 좋은 것을 얻는지 아이에 맞게 잘 알아듣도록 이야기해 주어야 한다. 일기 쓰기 싫어질 때가 있어도 얻는 것이 많다는 것을 잘 알면 그 어려움을 이겨 내며 열심히 쓰게 되는 아이들이 많다.

• 일기장은 그냥 줄 공책이 좋다. '일기장'이라고 되어 있는 공책을 살 필요가

없다. 일기는 길게 쓸 수도 있고 짧게 쓸 수도 있기 때문이다. 그러나 띄어쓰기를 하지 않는 버릇이 있는 아이에게는 원고지처럼 만든 공책을 쓰게 하면 더 좋다.

• 날짜나 날씨를 쓰는 일도 따로 가르쳐 주는 것이 좋다. 날짜는 꼭 쓰고 날씨는 될 수 있는 대로 자세하게 쓰도록 하는 것이 좋다. '사흘 동안 따뜻하더니 오늘은 몹시 춥다. 오전에는 구름 한 점 없더니, 오후 들면서 검은 구름이 하늘을 덮었고, 바람이 불어 먼지가 날렸다.' 이렇게 그 날 하루 동안의 날씨 흐름을 알 수 있게 쓰도록 하는 것이 좋다.

• 일기 쓸거리를 쉽게 찾으려면 그 날 겪은 일들을 잘 떠올리도록 해야 한다. 아침부터 일기 쓰기 바로 전까지, 보고 겪은 일 가운데 떠오르는 일의 제목을 열 가지나 스무 가지 넘게 적어 보도록 한다. 풀잎에 맺힌 이슬, 방구, 동상 걸린 발, 사람 차별하는 해순이, 책 가지고 가지 않아서, 난폭 운전하는 아저씨, 깜박 잊은 심부름…… 이렇게 적어 가다 보면 떠오르지 않던 일도 떠오르게 되고 하루를 차근차근 뒤돌아볼 수도 있다.

• 일기는 짧게 쓰든 길게 쓰든 관계 없다. 다만 언제, 어디서, 무엇을, 어떻게, 왜 하였는지 잘 알 수 있도록 쓴다. 할 수만 있다면 일 주일에 두세 번쯤은 마음먹고 아주 자세하게 써 보도록 권한다.

• 일기는 단 한 줄을 써도 날마다 꼭 쓰도록 하는 것이 좋다. 한두 번 거르기 시작하면 나중에 쓰기 싫어지기 때문이다. 그러나 꼭 쓰기 싫으면 단 몇 줄을 써도 좋고, 쓸 것이 없으면 '일기 쓸 것이 없다.' 고 써도 좋다.

• 일기는 저녁밥 먹기 좀 전이나 먹고 난 뒤에 쓰는 것이 좋다. 흔히 잠자기 바로 전에 쓰다 보면 잠이 와서 못 쓰는 경우가 많다.

• 지도 교사가 일기를 보는 것은 아이와 충분히 믿음 관계가 이루어졌을 때 허락을 받아 하는 것이 좋다. 일기는 아이들이 집으로 돌아가기 전까지 다 보아야 하며, 아이들 하나하나마다 지도해야 할 것, 문제점, 학급 전체 경향 따위를 적어 놓아야 한다.

일기 쓰기 방법 쪽지표

일기 쓰기 방법 쪽지표는 코팅해서 일기장 사이에 끼워 두고 일기를 쓸 때마다 읽고 나서 쓰도록 한다.

예) 일기 쓰기 방법 쪽지표

일기는 이렇게 씁니다.
(   ) 초등 학교 (   )학년 이름 (   )

(1) 날짜 쓰기 : 어제 쓴 일기와 한 줄 띄우고, 붉은 볼펜으로 또박또박 씁니다.
예) 1998년 4월 8일 (수)

(2) 날씨 쓰기 : 날짜를 쓴 다음 줄에 아침부터 일기 쓰기 전까지 하루의 날씨 (기온, 구름, 바람, 비, 눈 따위)를 자세히 씁니다.
예) (날씨) 아침에 바람은 불지 않았으나 조금 쌀쌀했다. 내의를 입어도 떨렸다. 아침 햇살이 퍼지면서부터 따뜻해지기 시작해서 낮에 점심 먹을 때쯤에는 아주 따뜻했다. 5교시 체육 시간에는 땀이 났다. 오후 저녁 무렵에는 바람이 조금 불었다. 수양버들이 일렁일렁하였다. 밤 열 시쯤에는 비가 오기 시작했다.

(3) 겪은 일: 조용히 눈을 감고 아침부터 보고 겪은 일을 생각해 보면서 좀 특별하게 생각나는 제목을, 날씨를 쓴 다음 줄에 열 가지 이상 적습니다.
예) (겪은 일) 아침에 풀잎 이슬 봄, 까치를 봄, 귀여운 염소를 봄, 아버지가 밭 가는 것을 봄, 고기를 잡음, 거지 할아버지를 도와 줌……

(4) 일기 감 고르기 : 일기 감 고르는 잣대에 맞추어 보고 꼭 맞는 것을 하나 골라 붉은 볼펜으로 동그라미를 칩니다.

＊일기 감 고르는 잣대

①누구에게 꼭 말해 주고 싶은 일.

②누구에게도 말하고 싶지 않은 꼭꼭 숨기고 싶은 일.

③억울하고, 답답하고, 괴롭고, 속상하고, 슬프고, 따지고 싶은 일.

(5) 제목 다음 줄에 동그라미 친 겪은 일로 제목을 씁니다.

예) 거지 할아버지

(6) 일기 쓰기

①일기를 쓰기 전에 먼저 그 때 일로 돌아가 '겪어 보기'를 합니다. 겪어 보기는 그 때 겪었던 일이나 생각했던 것, 그 때의 느낌을 생생하게 찾아 내기 위해서입니다.

②겪어 본 다음, 겪은 차례대로 자세하게 씁니다.

③잠깐! 쓰기 앞서 자세하게 쓸 내용의 알맹이가 뭔가를 생각해 봅시다.

＊자세하게 쓰는 방법 : 모습, 모양, 표정, 행동, 주고받는 말, 중얼거리는 말, 둘레 분위기(배경), 생각, 느낌 따위를 자세하게 써서 다른 사람이 보았을 때 궁금한 것이 없도록 쓰는 것입니다.

(7) 다시 읽어 보고 보태 쓰고 다듬어, 모자라는 곳이 없도록 합니다.

①보태 쓸 곳에는 번호를 매겨서 그 부분만 자세하게 씁니다.

②보태 쓰기를 다 했으면 필요 없는 부분 빼 버리기, 말이 잘 안 되는 곳 바로잡기, 띄어쓰기, 틀린 글자 바로쓰기, 부호 바로쓰기, 우리말 살려 쓰기 따위를 합니다.

(8) 일기 끝에 일기 쓴 시간을 씁니다.

예) 오후 6시 20분 ~ 7시 12분

(9) 날마다 꾸준히 씁니다.

예 1) 일기

닭 잡아먹는 산짐승들
경상 북도 청도군 청도 초등 학교 문명분교 3학년 김성원

2001년 12월 15일 (토)

(날씨) 아침에는 바람이 안 불고 조금 춥기만 하더니 오후에는 바람도 조금 불고 춥다.

(겪은 일) 늦잠을 잠, 학교에 늦게 감, 토요일이라 일찍 집에 옴, 엄마 마을 갈 때 가게를 봄, 닭 잡아먹는 산짐승들.

(닭 잡아먹는 산짐승들) 오늘 오후에 우리 집 아래 사는 아저씨가 우리 집에 왔다. 아저씨는 우리 아빠에게 닭이 한 마리 없어졌다고 하셨다. 아빠는 깜짝 놀랐다.

"왜 닭이 없어졌어요?"

"산에 사는 짐승들이 잡아먹었어, 잡아먹어."

"오소리가?"

"아니라요. 저기 저 산에 사는 족제비가 닭을 물고 갔어요."

"그 큰 닭을?"

"밤중에 와 갖고 물고 갔어요."

"그것 참."

"닭 여섯 마리 키웠는데 이제는 두 마리밖에 없어요."

"족제비 그놈 참 나쁜 놈이네."

하지만 내 생각은 다르다. 사람들은 족제비가 닭을 잡아먹는 것은 나쁘다고 하겠지만 자기도 어쩔 수 없어 그런 거다. 원래 동물들은 잡아먹고 잡아먹히기도 하며 사는 거다. 족제비는 욕심부린 것도 아니고 살려고 그런 것이니까 나쁘다고만 할 수 없다.

예 2) 일기

점심 굶기

경상 북도 경산시 중앙 초등 학교 5학년 김광태

2003년 6월 29일 (일)

(날씨) 맑고, 아침부터 조금 더웠고 낮에는 무더웠으며 밤에는 아침과 비슷하였다.

(겪은 일) 아침 많이 먹음, 책을 읽음, 점심 굶기를 함, 축구를 함, 떠돌이 강아지 봄.

(점심 굶기) 요번 주 재미있는 숙제는 점심 굶기다. 나는 처음에 그 숙제가 못마땅했는데 선생님의 말씀을 듣고 이해를 했다. 선생님께서 아프리카에는 못 먹어 죽는 사람이 많은데 우리는 너무 먹어서 살 뺀다고 난리라고 아주 꽉 꼬집으셨다. 그러니 밥 굶기를 하면서 배고픈 것이 어떤 것인지를 알아보자고 하셨다. 그래서 나는 처음에,

'뭐, 한 번은 할 수 있지.'

생각했다. 그래도 배가 고플까 봐 아침을 많이 먹기로 했다.

"엄마, 내 밥 좀 마이 도이(많이 줘 응). 내 오늘 점심 안 물 끼다."

"와 안 먹는데?"

"오늘 밥 한 끼 굶기가 숙제다."

엄마는 알았다는 듯이 고개를 끄덕이며 밥을 한 그릇 가득 주었다. 끼마다 이렇게 먹으면 뚱보 돼지가 될 거다. 그런데 나는 그걸 먹고 더 먹었다.

몇 시간이 지났다. 11시다. 그런데 벌써 배에서 꼬로록꼬로록 신호가 왔다.

"아이고 배고파. 아이고 배고파 죽겠네."

다른 날보다 배가 더 고팠다. 그래도 꾸욱 참았다.

'버티자! 버티자!'

이 생각밖에 안 했다. 만약 그 생각을 떨쳐 버렸으면 벌써 밥을 먹었을지도 모른다.

이제 막 식은땀도 나려고 했다. 전 번에는 밥 한 공기 안 먹어도 이렇지는 않았다. 이제는,

"밥 안 묵나? 밥 묵어도 괜찮다, 먹어!"

하는 소리도 자꾸 내 귀에 들리는 것 같았다.

'에라이 모르겠다. 밥 묵어 뿌자."

하고 부엌으로 달려갔다.

밥통을 열었다. 하지만 밥이 한 알도 없었다.

"어이구 미치겠데이! 배고파 우예 사노!"

이제는 배가 고픈 게 아니라 아픈 것 같았다.

"아이고오, 배 아파라! 갑자기 더 아프노. 창자가 막 쑤시는 것 같네."

나는 한 끼 굶는데 이렇게 배가 고픈 줄은 꿈에도 몰랐다.

"아이고 선생님, 이제 알았습니다. 그만 밥 먹을랍니다."

이런 소리가 막 나왔다. 정말 큰 경험을 했다. 아프리카나 다른 못사는 나라에는 이렇게 고통스럽게 사는 사람이 엄청 많다니 정말 안타깝다.

저녁에는 밥이 입으로 들어가는지 코로 들어가는지 몰랐다.

일기 쓰기 지도에 도움이 될 만한 책
《일기 쓰기 어떻게 시작할까》, 윤태규 씀, 보리
《새롬이와 함께 일기 쓰기》, 이새롬 씀, 이성인 엮음, 보리
《내가 처음 쓴 일기》, 금포 초등 학교 아이들 씀, 윤태규 엮음, 보리

과학 교육의 기초, 관찰 기록

우리는 상상하기 어려울 만큼 발달된 과학 시대에 살고 있다. 그러나 그것이 단번에 무슨 큰 것에서 이루어진 것이 아니다. 아주 조그마한 것에서부터 시작된 것이다. 말하자면 우리와 가까운 자연이나 사물, 그리고 현상을 있는 그대로 살펴보는 것에서부터 시작된다는 말이다. 그러나 우리는 너무 커다란 결과에 매달린다. 그러다 보니 그 기초를 좀 우습게 생각하고 있는 것 같다.

더구나 초등 학교 어린아이들에게는 자연과 사물, 그리고 현상을 잘 관찰하는 것으로부터 과학 교육이 시작되어야 한다. 4월이 되면 과학의 달이라 해서 과학 상상 그림 그리기 대회, 모형 항공기 대회, 로켓 과학 대회 같은 대회를 많이 열고 있다. 마치 이런 대회들이 과학 발전에 크게 이바지하는 것처럼 생각하게 만든다.

그러나 나는 그런 대회를 그렇게 좋게 받아들이지 않는다. 그런 대회들은 아이들에게 허공에 뜬 생각을 갖게 할 때가 많다. 또 단순한 요령을 배우고 넘어가는 때가 많다. 그래서 그런 대회를 다른 것으로 좀 바꾸었으면 싶다.

나는 우리 학급만이라도 다르게 해 보고 있다. '과학 상상 그림 그리기 대회'를 '관찰 기록 대회'나 '기계 그림 그리기 대회'로, '모형 항공기 대회'나 '로켓 과학 대회'를 '움직일 수 있는 것 만들기 대회'로 바꾸어 해 보는 것이다. '움직일 수 있는 것 만들기 대회'는 못 쓰는 기계, 기구들을 써서 물에서, 땅에서, 하늘에서 움직이는 것을 자유롭게 만들도록 하는 것이다. 아이들은 온갖 재료를 써서 상상 이상의 것들을 만들어 낸다. 만들다가 실패하더라도 그 과정만으로도 아주 좋다.

어쨌든 나는 해마다 관찰 기록 지도를 열심히 하고 있다. 단순하게 생각해 보더라도, 눈에 보이는 자연과 사물의 모습이나 현상도 제대로 볼 줄 모르면서 어떻게 새로운 것을 발견해 낼 수 있을까.

3월, 바쁜 달이 지나고 4월이 되면서부터 나는 관찰 기록 지도를 시작한다. 처음 며칠은 아침 자습 시간에 지도했다. 관찰 대상은 연필, 지우개, 칼 같은 아주 간단한 물건으로, 번호를 붙여 가면서 관찰한 것을 기록하게 했다. 4월 2, 3주 동안은 날마다 한 가지씩 관찰 기록을 하도록 했고, 3, 4주 되면서부터는 한 주에 3~4번 정도(수요일, 토요일, 일요일과 아침 자습 시간에 한 번) 하도록 했다. 그러면서 차츰 좀더 복잡한 물건, 그리고 식물, 곤충 차례로 관찰하게 했다. 곤충을 관찰할 때는 곤충이 다치지 않도록 자연 상태에서 관찰하거나 투명한 통에 넣어서 관찰하고 다시 놓아주도록 했다.

어느 정도 관찰 능력이 붙기 시작하는 4월 중순이나 하순부터는 씨를 뿌려 계속 관찰을 하도록 했다. 시골 분교에 있을 때는 아이들과 같이 빈 밭을 파 일구고 상추, 쑥갓, 강낭콩, 가지, 오이, 호박 같은 것들을 가꾸어 가면서 관찰하도록 했다. 이 식물이 자라서 꽃이 피고 열매가 맺기 시작하고 관찰하기가 복잡하게 되면 전체 관찰보다는 열매 하나가 맺혀서 다 자랄 때까지 과정에 더 중심을 두고 관찰하게 했다. 계속 관찰할 때는 일기처럼 기록하되 그림을 그려야 할 것은 그림도 그리도록 했다. 이 때는 글 속에 관찰할 때의 놀라움이나 느낌이 들어가도 좋다.

이렇게 한 가지 관찰을 어느 정도 하고 나서는 10일, 또는 15일씩 관찰 대상을 바꾸어 가며 관찰하도록 했다. 여러 가지 경험을 해 보게 하기 위해서다. 이 때는 관찰 대상물을 아주 여러 가지로 한다. 구름 관찰, 바람 관찰, 고양이 관찰, 개미 관찰, 개 관찰 같은 것이다.

'재미있는 숙제'로 해 본 것인데, 곤충을 30분 동안 자연 상태로 두고 따라가 며 관찰하는 것도 해 보았다. 처음에는 시큰둥하게 시작했으나 뒤에 가서는 아주 재미있어하는 아이들도 많았다. 이 관찰 기록은 관찰한 메모를 바탕으로 나중에 긴 글로 다시 쓰도록 했다.

때로는 어떤 조건을 주면서, 서로 견주어 보면서, 분석을 해 보면서 관찰하도 록 해야 하고 실험 관찰 기록도 할 수 있도록 해야 한다.

한 가지 말할 것은 아이들이 그냥 관찰 기록하는 대로 두지 말고 관찰 내용을 끊임없이 살펴보면서 기록 지도를 해야 한다. '길이가 길다.'가 아니라 '길이가 새 연필 길이만 하다.', 자를 쓸 줄 알면 '길이는 18센티미터 10밀리미터이다.' 이렇게 말이다.

관찰 기록문 쓰기 지도 방법에 관한 이야기를 《아이들과 함께하는 갈래별 글쓰 기》(우리교육)에 해 놓았으니 좀더 알아보려면 참고하기 바란다. 또 오래 전 (1988년)에 나온 책이라 찾기는 어렵겠지만 '경상 북도 교육위원회 과학 기술 과'에서 내었던 《자연과 기록 지도의 이론과 실제》라는 책도 참고하면 좋겠다.

쑥 관찰

경상 북도 청도군 덕산 초등 학교 6학년 윤영웅

서기 19 97 년 4 월 13 일 일 요일			
기상관제	날씨 **맑음** 기온 ℃	태풍 풍향 폭우 폭설	mm mm
관찰대상	쑥		
관찰장소	우리집 방	관찰시간	오후 6시
관찰내용	쑥의 생김새	관찰방법	5관으로

※ 관찰발견변화된 그림과 글

잎
5.9cm(전체 길이)
2.4cm (뿌리의 깊이)
뿌리

①길쭉한 면이다.
②납짝하다.
③앞쪽은 청 록색 비슷한 녹색이다.
④잎맥이 있다.
⑤잎맥이 마른 논 바닥의 갈라진 것처럼 갈라져 있다.
⑥잎맥은 길쭉한 가운데의 큰 잎맥을 중심으로 다른 잎맥이 뻗어있다.
⑦잎쪽은 아주 진한녹색이다
⑧뒷쪽의 잎색깔은 연한 녹색이다.
⑨하얀 아주작은 털이 많이 있다.
⑩돌로 자꾸 찧으면 씁쓸하고 진한 녹색의 물이 나온다.
⑪부들 부들하다.

⑬잎맥을 만지면 볼록 하다.
⑭뒷면이 더 볼록 하다.
⑭부드럽다.
⑮잘 찢어진다.
⑯손 톱으로 누르면 누른 곳이 진한 녹색으로 된다.
⑰쑥 냄새가 난다.
⑱맛이 씁쓸하다.
⑲줄기가 층층으로 되어있다.

②하얗다.
②흙이 붙어있다.
②미로 같다.
②아주 복잡하다.
②주름이 있다.
②끝으로 가면 갈수록 가늘다.
⑯길쭉하다. ②아주약간 까끌까끌 하다. ②물렁물렁하다.
②잘 휘어진다. ③잘 안 끊어진다.

나 의 의 문 점 과 의 견	선 생 님 의 견
	4·14

살아 있는 글쓰기 교육 135

땅강아지 관찰

경상 북도 경산시 부림 초등 학교 6학년 이유찬

학교에 갔다 와서 가정 연락부를 보니 '관찰 30분'이라는 게 있었다. 밥을 먹고 나서,

"아이 씨, 이거 뭐 관찰하꼬. 식물은 별로 관찰할 거 없고……"

하며 짜증을 내었다. 그런데 거름에서 땅강아지가 기어 나왔다. 흙 쪽으로 갔다. 돌이 옆에 있으니 계속 올라가려고 서서 발을 움직이더니 안 되겠다 싶었던지 옆으로 돌아 갔다. 조그만 흙은 잘 넘어갔다. 그러더니 바위 같은 큰 돌 새에 들어가 돌을 들쳤다. 공 벌레 같은 게 있었다. 땅강아지는 상관하지 않고 계속 어디론지 갔다. 모래와 흙이 섞인 곳에 와서는 땅을 파고 들어갔다. 땅을 파는데 앞발은 빨리 위로 쳐올려서는 밑으로 내 리찍고 머리부터 집어 넣었다. 뒷다리는 안 미끄러지려고 뒤로 내밀었다. 그러다가 몸이 들어가니 가만 있었다. 난 그 동안,

'뭐 하노, 한 번 들춰볼까?'

하다가 그만뒀다.

난 그 동안 엄마 심부름이나 했다. 40분쯤 지나 왔더니 어둑어둑했다. 땅강아지가 나오더니 날개를 펴서 '붕' 날았다. 난 놀라서 퍼뜩 뛰어 따라갔다. 옆집 대문 앞에서 몇 번 돌더니 내려앉았다. 그러곤 또 그 주위를 막 걸어다니다가 또 몸을 숙이더니 '붕' 날아올랐다. 높게는 안 날고 1미터쯤밖에 안 날았다. 그러다가 어두워서 땅강아지를 놓쳐 버렸다.

"으이구, 놓쳐뿟다."

어, 땅강아지가 수돗가 세멘에 있었다. 내가 가서 더듬이를 건드리니 거름 쪽으로 막 기어갔다. 높은 데서 떨어져도 계속 갔다.

난 이제 그만 했다. 땅강아지는 밤에도 활동하고 날아다닌다는 걸 알았다. 그런데 자연 상태에서 관찰하긴 너무 어렵다. (1991년 11월 9일)

5장
살아 있는 미술 교육

살아 있는 그림 그리기
재미있는 조형놀이
공동 작품 만들기

살아 있는 그림 그리기

나는 '살아 있는 그림'이라는 말을 많이 쓴다. 그림에 생명도 없고 개성도 없고 내용도 없고 머릿속에 굳어진 개념만 있는 '죽은 그림'에 반대하는 표현이다. 어떻게 하면 아이들이 도식이나 관념으로 그림 그리는 것을 깨트릴까 고민하다가 '살아 있는 그림 그리기' 지도를 하게 되었다. 그러니까 있는 그대로 살려 그린 그림, 자세히 본 것을 잘 살려 그린 그림, 생명이 들어 있고 개성이 살아 있는 그림을 '살아 있는 그림'이라고 말한다. 한 마디로 사물을 있는 그대로 나타내는 그림을 말한다.

나는 사물을 있는 그대로 받아들이고, 있는 그대로 표현하는 데서 창조성이 싹튼다고 믿는다. 어느 누구든지 사물을 있는 그대로 모두 또렷이 볼 수 있는 사람은 없다. 있는 그대로 볼 줄도 모르는 사람이 무엇을 창조해 낼 수 있을까. 그래서 나는 아이들에게 사물을 또렷이 보고 살아 있는 그림을 그리게 하면서 사물을 자세히 살펴볼 수 있는 힘을 기르고자 한다. 그리고 자기 표현을 마음껏 하면서 아름다운 마음을 기르고, 아름다움을 창조할 수 있는 힘이나 새로운 것을 창조할 수 있는 힘을 기르고자 노력하고 있다.

나는 아이들과 살아 있는 그림을 그려 보고 아이들 그림과 글을 엮어《살아 있는 그림 그리기》(보리)와《연필을 잡으면 그리고 싶어요》(보리)를 냈다. 살아 있는 그림 그리기의 자세한 지도 방법은 두 책을 참고하기를 바란다.

내가 지도하는 '살아 있는 그림 그리기'는 미술의 여러 영역 가운데도 회화 영역이며, 회화 영역에서도 한쪽을 겨우 차지한다. 그러면서도 내가 이것을 매우 중요하게 생각하는 것은 미술의 밑바탕이며, 창조의 밑바탕이기 때문이다.

내 나름대로 생각해 보니 회화는 크게 둘로 나누어 볼 수 있다. '보고 표현하기'와 '보지 않고 표현하기'다. 보고 표현하는 것은 사물의 모습을 보고 있는 그대로 받아들여서 있는 그대로 표현하는 것이라 할 수 있고, 보지 않고 표현하는 것은 그리기에 앞서 그릴 것을 바로 보지 않고 과거에 본 것을 살려 내어 표현하는 것과 상상 표현으로 나눌 수 있다. 내가 지도하는 '살아 있는 그림 그리기'는 보지 않고 표현하는 것과 상상해서 표현하는 것까지 모두 포함한다. 그러나 이

아이들이 동무가
앉아 있는 모습을
자세하게 그리고 있다.
그림을 그릴 때는
잘 보면서 천천히
정성껏 그리도록 한다.
또 균형과 비례에도
맞고 가능하면 곡선으로
크게 그리게 한다.

다리 없는 아저씨 :
1997년 7월 16일에
경상 북도 청도군
덕산 초등 학교
6학년 배상현 어린이가
그린 그림이다.

표현들도 사실에 바탕을 둔 표현, 보고 그리기를 바탕으로 해서 나오는 것을 말한다.

보고 그리기를 옳게 지도하면 그림 그리는 능력이 남다르게 나아가는 것은 말할 것도 없고, 다른 방면의 능력도 크게 나아가는 것을 알 수 있다. 그림 그리는 능력이 일년 가도 크게 좋아지지 않는 아이는 정신 발달이 다른 아이들보다는 조금 뒤떨어지는 아이다. 이런 아이들은, 잘 안 되는 것을 한꺼번에 지도하려고 하지 말고, 한 부분의 틀이 깨트려질 때까지 되풀이해서 지도하는 수밖에 없고, 그렇게 해도 안 될 때는 그 아이가 깨달을 수 있는 다른 방법을 찾아 지도해야 한다. 그리고 정신 발달은 뒤떨어지지 않지만 그림이 잘 되지 않는 아이들도 있는데 이 아이는 흥미가 크게 없거나 특별히 미술 부분의 능력이 다른 것에 견주어 뒤떨어지는 아이다. 이런 아이들에게는 억지로 지도하기보다 먼저 흥미를 자극해 주는 일이 필요하다. 무엇이 잘 되어서 성공을 맛보도록 하면 좋다.

내가 그림 그리기 시간마다 되풀이하여 아이들에게 강조하는 것은 다음 다섯 가지이다.

1. 잘 보고 그리도록 한다.
2. 천천히 정성껏 그리도록 한다.
3. 균형과 비례에 맞게 그리도록 한다.
4. 크게 그리도록 한다.
5. 곡선으로 그리게 한다.

나는 한 가지 색을 써서 그림 그리기를 지도했지만, 자신의 느낌이나 감정 표현을 자유롭게 할 수 있도록 하는 여러 가지 방법을 찾아보면 좋겠다. 그 방법 가운데 색을 빼놓을 수 없는데 먼저 자연에서 색감을 길러 가는 방법, 그 밖의 여러 가지 색감 기르기로부터 자기 감정을 색으로 마음대로 표현할 수 있도록 지도하는 방법까지 찾아보는 것도 좋겠다.

무슨 일이든지 결과에 너무 매달리면 오히려 다른 여러 가지를 잃는 경우가 많다. 그러나 살아 있는 그림은 서두르지 말고 꾸준히 지도하면 생각보다 얻는 것이 크다. 그림 그리는 시간을 어떻게 내느냐는 질문을 많이 받는데, 나는 날마다 아침 시간을 30분 이상 내어 가르쳐 왔다. 때에 따라서는 따로 시간을 내어 가르치기도 했고, 가정 학습으로 그리게도 했다.

재미 있는 조형놀이

다른 교육도 마찬가지겠지만 특히 미술 교육에서 아이들의 상상력과 창의력, 비판 능력과 미에 대한 감수성은 정형화된 틀에서가 아니라 자유로움 속에서 길러진다. 도시의 정형화된 구조물들, 입시 위주의 교육, 그리고 수박 겉핥기식의 미술 교육 환경에서는 얻을 수가 없다. 자유로움이 있는 곳이 어디인가? 바로 자연이다.

자연에서 하는 미술 활동 가운데 아이들이 무엇보다 재미있어하는 것이 조형놀이다. 한 가지 예로, 여름에 저학년 아이들을 운동장의 모래장 가까이에 놀게 해 보면 아이들은 약속이나 한 듯 끼리끼리 모여 앉아 모래를 파고 모으고 쌓으며 논다. 동산도 만들고 굴도 뚫고 거기다 돌을 늘어놓기도 하고 꽃을 꺾어 와 예쁘게 꾸미기도 하며 온갖 모양을 만든다. 아이들은 이렇게 놀면서 자신도 모르게 조형 감각도 기르고 창조성도 기른다.

나는 '살아 있는 그림 그리기'와 함께 이 조형놀이도 관심을 가지고 아이들에게 지도해 왔다. 내가 주로 해 왔던 조형놀이 재료는 흙, 돌, 나무, 풀, 열매 같은 자연물이다. 시골은 말할 것도 없고 도시에서도 조금만 벗어나면 이런 자연물을 구하는 것은 쉽다. 무엇보다 아이들이 자연과 친해질 수 있으며 정서 순화에도 크게 도움이 되어 좋다.

나는 아주 오래 전 시골 학교에 있을 때부터 냇가나 산, 들에 아이들을 데리고 나가 자연물을 가지고 조형놀이를 지도해 오다가, 6년 전 분교에 있으면서부터는 더욱 관심을 가지고 해 보았다. 시골 아이들이니까 학원 가는 아이도 거의 없어서 수업을 다 마친 오후 한 주에 한두 번, 가끔은 미술 시간에도 했다. 아이들이 무척 재미있어해서 며칠만 지나면,

"선생님, 조형놀이 안 해요?"

이렇게 조른다.

조형놀이 재료를 구하기 위해 밖으로 나가면서부터 아이들은 신이 나서 펄쩍펄쩍 뛰기도 하고 콧노래를 부르기도 한다. 모두 같은 재료를 구할 경우에는 아이들과 무엇을 만들까 의논을 한다. 예를 들어 떡갈나무 잎을 주재료로 구했을 때는 먼저 무얼 만들까 물어 본다. 그러면 아이들은,

"모자 만들어요."

"옷 만들어요."

"갑옷 만들어요."

이렇게 여러 종류가 나온다. 그 가운데 한 가지를 선택해서 만들어 보기도 하고, 자기가 만들고 싶은 것을 마음대로 만들어 보게도 했다. 아이들은 나뭇잎 이을 재료를 스스로 찾아서 할 줄도 안다. 꼿꼿한 풀대를 잘라서 꿰거나 댕댕이덩굴 같은 것으로 꿰매어서 만든다. 또 꽃으로 장식을 하기도 하고 색깔이 다른 나뭇잎으로 무늬를 넣기도 한다.

다음에는 재료를 제멋대로 구해서 자기가 만들고 싶은 것을 만들어 보게 했다. 자기 가까이에 있는 어떤 자연 재료든 그걸 가지고 자기가 생각한 작품을 만드는 것이다. 가끔은 자기 집에서 흔하게 나오는 가지, 고추, 감자, 고구마 같은 열매를 가져오게 해서 하기도 했다. 한번은 마을 어느 집에서 땔나무를 하기 위해 쌓아 놓은 통나무를 빌려 와 운동장 한 쪽에 아주 큰 작품을 구성해 보기도 했는데, 색

다른 경험이었다.

　조형놀이는 무엇보다 아이들이 자연과 친해질 수 있으며 정서에도 크게 도움이 되어 좋다. 생각해 보면 자연물 조형놀이 방법은 끝이 없다. 시골이 아닌 도시에서는 미술 시간이나 그 밖의 틈나는 시간에 이런 놀이를 많이 해 보았으면 좋겠다. 도시에서도 얼마든지 할 수 있다. 농촌 아이들처럼 다 같이 산과 들에 나가기는 어렵겠지만 재료를 집에서 준비해 와 교실에서 할 수 있다. 예를 들면 과일, 가까이에 있는 나뭇잎이나 풀잎 같은 것, 나무나 돌 같은 것을 가지고 오게 해서 만들면 된다. 과일을 접시에 담을 때도 무슨 모양을 예쁘게 만들어 담도록 한다든지, 감자나 고구마 삶아 먹기를 해도 그냥 먹지 말고 다른 표현을 해 보고 먹는다든지, 땅콩 까 먹은 깍지나 귤껍질같이 무엇을 먹고 난 껍질을 가지고 표현해 본다든지, 방법은 아주 많다.

　나는 3학년 이상 아이들과 많이 해 보았지만 1, 2학년도 얼마든지 재미있게 할 수 있다.

　아직 이것저것 여러 가지 방법을 찾아가고 있는 중이지만 먼저 해 본 것이나 해 볼 것을, 생각나는 대로 대충 적어 보면 다음과 같다.

나무로 하는 조형놀이

　나뭇가지나 골짜기에 드러난 나무 뿌리를 보면 온갖 모양을 하고 있다. 아이들과 가끔 산에 가서 그 아름다운 모양을 찾아보는 것도 재미있다. 산에서 내려올 때는 골짜기에 떠내려온 썩은 나무 가운데 무슨 모양을 닮거나 그냥 보기 좋은 것 하나씩 주워 가지고 온다. 그리고 나중에 그것을 조금씩 다듬어 조형 작품을 만든다.

　나는 아이들과 '산골짜기 탐험'을 하고 내려올 때는 꼭 그렇게 해 왔다. 아이들

산에서 주워 가지고 온 나뭇가지를 잘라
아름다운 조형 작품을 만들고 있다.
작은 나무 토막에 눈알을 그려 넣거나 색종이를
오려 붙여 물고기나 뱀 모양을 표현해 보는 것도
재미있다.

의 작품을 늘어놓고 설명도 해 보게 한다. 저학년 아이들은 물에 떠내려 온 작은
나무 토막을 주워 와 눈알을 그려 넣거나 색종이로 오려 붙여 물고기나 뱀 모양
을 표현해 보는 것도 재미있다. 마른 오동나무로 장승 조각도 해 보았는데 칼질
이 쉽지 않아 4학년 이상이라야 된다.

　내가 다른 무엇보다 열심히 아이들과 해 본 것 가운데 한 가지가 나무 토막을
쌓거나 늘어놓는 놀이다. 나무 토막으로 동물원, 우리 마을, 미래의 도시, 우주 같
은 것을 만들다 보면 어른은 상상할 수도 없는 새로운 표현들이 나온다. 학교 운
동장 둘레에 있는 플라타너스 나뭇가지를 잘라 낼 때 토막토막 내어 빈 교실이나
교실 한 편에 수북이 쌓아 놓고 놀이를 하게 했다. 나무 토막은 많을수록 좋은데
나무를 자를 때는 가지가 붙은 것, 아주 굵은 것에서부터 손가락처럼 가는 것, 짧
은 것, 긴 것, 곧은 것, 굽은 것처럼 갖가지 모양을 만들 수 있는 것이 좋다. 돈 주
고 사는 규격에 맞는 블록보다 훨씬 더 창의성을 살려 조형놀이를 할 수 있다. 일
학년 아이들에게 나무 토막을 주고 놀라고 했더니 오전 내내 거기에 빠져 노는
것을 보았다.

　또 나무나 대나무로 연필꽂이, 그릇, 그릇받침, 편지꽂이같이 생활에 필요한
물건도 만들어 보았다. 한번은 마을에서 땔나무하기 위해 사 온 소나무 토막을
좀 빌려 달라고 해서 운동장 한 편에서 구성 작품을 해 보았다. 칡덩굴도 걷어 와

나무 토막과 함께 구성했다. 아이 둘이 겨우 들 수 있을 정도의 나무 토막도 있었다. 참으로 볼 만했다. 자른 나무 토막을 붙여서 무슨 모양을 만들거나 그냥 보기 좋게 구성해 보는 것도 좋다.

흙과 모래로 하는 조형놀이

보통 찰흙으로는 사람이나 동물의 모양과 생활 모습을 표현한다. 또 여러 가지 물체의 모양을 만들거나 보기 좋은 모양을 자유롭게 꾸민다. 쌓고 파고 주무르면서 내가 살고 있는 마을도 만들고 미래의 도시도 만들고 그냥 아름답게 꾸미기도 한다. 그런 것도 좋지만 환경만 갖추어진다면 나는 찰흙 놀이장을 만들어 아이들이 마음껏 찰흙을 주무르면서 온갖 모양을 만들어 볼 수 있도록 하고 싶다.

더욱 좋은 것은 여름 냇물에서 물놀이도 하면서 냇가의 모래밭에서 마음껏 온갖 모양을 만들어 보게 하는 것이다. 도시에 사는 아이들에게는 꿈같은 일이지만 시골 아이들은 얼마든지 그런 놀이를 할 수 있다.

아이들이 흙과 모래 위에서 꽃과 돌로 조형놀이를 하고 있다. 쌓고 파고 주무르면서 내가 살고 있는 마을도 만들고 미래의 도시도 만들고 그냥 아름답게 꾸미기도 한다.

돌로 하는 조형놀이

나는 돌을 보면 '하나하나가 모두 참 아름답구나!' 감탄할 때가 많다. 그 수많은 돌이 같은 것이 없이 제 나름대로 아름다움을 지니고 있다. 그 아름다움을 하나하나 찾아보는 것도 참 재미있다. 아이들과 돌밭에 나가 처음부터 그냥 보기 좋은 돌을 찾아보라고 하기보다는 처음에는 무엇을 닮은 돌 찾아보기, 그냥 모양이 보기 좋은 돌 찾아보기, 무늬 있는 돌 찾아보기, 아름다운 색깔 있는 돌 찾아보기, 돌이 보기 좋게 어울려 있는 모습 찾아보기, 이렇게 조건을 주어서 찾아보는 것이 좋다.

그 뒤에 탑 쌓기, 성 쌓기, 그냥 보기 좋게 쌓기, 무슨 모양처럼 늘어놓거나 그냥 보기 좋게 늘어놓기, 내가 꿈꾸는 우리 집이나 마을 꾸미기, 다리 놓기, 큰 바윗돌에 꾸미기, 돌에 칠을 해서 무슨 모양 꾸미기, 돌을 붙여 무엇과 닮은 꼴 만들기 같은 것이 있다.

어른들은 '수석'을 찾는데, 자연을 망가트려 가면서까지 돌을 찾아서 문제가 되기도 한다. 또 그 아름다움의 가치를 돈으로 매기는 것도 좋은 모습이 아니다.

아이들이 냇가에서 돌로
탑을 쌓으면서 조형놀이를 하고 있다.
조형놀이를 하면서 돌이 지니고 있는
아름다움을 찾아보는 것도 재미있다.

돌은 놀고 난 뒤에 될 수 있으면 제자리에 갖다 놓아서 자연을 망가뜨리지 않아야 한다.

꽃과 나뭇잎, 풀로 하는 조형놀이

아이들은 꾸미는 것을 무척 좋아한다. 먼저 얼굴에 꽃잎이나 나뭇잎을 붙여 꾸며 보도록 해 보았다. 그리고 꽃으로 머리 꾸미기, 잎이 붙은 나뭇가지나 꽃으로 몸 꾸미기도 해 보았다. 들이나 산에 널려 있는 꽃으로 꽃다발이나 꽃바구니 만들기, 클로버 꽃으로 꽃목걸이, 꽃팔찌, 꽃반지도 만들어 보았다.

조형놀이하고는 거리가 좀 있기는 해도 나뭇잎을 도화지에 붙여서 여러 가지 모양을 나타내는 것도 재미있다. 그리고 나뭇잎을 나뭇가지에 꿰어 세워 놓으면 여러 가지 모양이 나온다. 또 나뭇잎을 이어서 모자나 옷 만들기, 연잎이나 토란잎 같은 큰 잎으로 가면을 만드는 것도 아주 재미있다.

나뭇잎 배, 나뭇잎 그릇, 나뭇잎 곤충도 만들고, 나뭇가지에 풀을 묶어 풀각시도 만든다. 또 사람이나 짐승이 서 있거나 걸어가는 모습처럼 움직이는 여러 모

아이들이 풀밭에서 조형놀이를 하고 있다. 들이나 산에 널려 있는 꽃으로 꽃다발이나 꽃바구니, 꽃팔찌, 꽃반지를 만들어 봐도 재미있다.

양도 만들 수 있고 덩굴을 엮어서 무엇을 담을 수 있는 그릇 모양을 만들 수도 있다. 그 밖에도 수숫대로 여러 모양을 만들거나 짚으로 새끼를 꼬아 엮어서 많은 것들을 만들 수 있다. 또 보릿짚을 엮어 여치 집이나 모자나 보기 좋은 모양도 만들 수 있다.

열매로 하는 조형놀이

세상에는 온갖 열매들이 있다. 모양도 가지가지, 색깔도 가지가지다. 그 열매로 곤충, 새, 동물, 사람 모양을 만든다. 피마자, 호박이나 박 같은 조그만 씨앗으로부터 호박 같은 큰 열매, 산에 있는 솔방울이나 도토리, 땅 밑에서 나는 고구마, 감자, 무, 당근, 토란, 생강 같은 온갖 열매가 다 미술의 재료다. 이런 것들을 빚거나 자르고, 꿰거나 이어서 온갖 조형물을 만든다.

그 밖의 재료로 하는 조형놀이

수숫대로 만들기, 짚으로 새끼를 꼬아 무엇을 엮어 만들기, 보릿짚을 엮어 여치 집이나 모자나 보기 좋은 모양 만들기도 있다. 생각해 보면 자연물 조형놀이 방법은 끝이 없다.

아이들의 생각은 무궁무진해서 어른이 생각지도 못하는 온갖 작품들을 만들어 낸다. 늘 바쁘지만 시간을 내어서라도 이런 놀이를 많이 해 보면 좋다.

공동 작품 만들기

초등 학교 어느 교실이든 뒤에 환경 판을 보면 아이들의 미술 작품을 내보이는 판이 있다. 거기에는 대체로 아이들의 그림을 틀에 맞게 걸거나 끼우거나 압정으로 붙여 두게 되어 있다. 아이들이 많지 않은 학급에서는 아예 아이들 하나하나 이름을 박아 놓고 미술 시간에 그림을 그릴 때마다 갈아붙이기도 하는데 잘 했거나 못 했거나 한 아이도 빠짐없이 작품을 내보이는 것은 참 좋은 일이다. 한 학급 아이들의 작품을 모두 내붙이기가 어려우면 잘 된 작품을 얼마 동안씩 돌려 가며 바꾸어 붙이기도 한다.

그러나 한 학급 아이들 작품 모두를 붙일 경우에도 문제는 좀 있다. 자기 작품이 다른 아이들의 작품과 견주었을 때 너무 뒤떨어졌다는 생각을 하게 되면 수치심을 느낄 수도 있기 때문이다. 또 '나는 역시 안 돼.' 이렇게 포기를 하게 될 수도 있다. 거기다 누가 못 그렸다고 핀잔을 조금만 주어도 상처를 받을 수 있다. 잘 된 작품만 뽑아 내붙였을 때는 언제나 뽑히지 못하는 아이가 절망감을 느낄 수 있다. 그런데 그림을 바꾸어 붙이는 것 말고는 교실 뒤 환경 판이 한 해가 가도 처음 틀 그대로 있어 따분한 느낌이 들 때가 많다. 그러니 한 달에 한 번쯤이라도 크게 바꾸어 주는 것이 좋다. 교실 전체를 바꾸면 더욱 좋겠지만 그게 어려우면 작품 판이라도 눈에 띄게 바꾸어 본다.

그런 뜻에서 내보이는 것이 한 달에 한 번 공동 작품 만들기다. 그림 솜씨가 있든 없든 모두 참여해서 하나를 완성하는 것이니 더욱 좋다. 미술 시간에 해도 좋은데 좀 서툴더라도 아이들 생각과 손으로 하는 것을 원칙으로 한다. 작품 만들기에 앞서 준비하는 과정도 매우 중요하다. 교사 마음대로 하기보다는 아이들과 토의를 해서 더욱 새로운 방법들을 찾는다. 이런 작품들의 재료는 우리 주위에 흔히 널려 있는 버려진 물건이나 자연물로 하는 것이 좋다. 여러 가지 재료를 쓰면 많은 표현을 할 수 있다. 대충 아래 차례로 해 보면 좋다.

1. 주제를 정한다.

주제는 계절에 관한 것, 시사성이 있는 것, 아이들에게 깨우쳐 주고 싶은 것 따위를 잘 생각해서 정한다.

교사 : 여러분, 요즘 계절이 어때요? 이제 조금씩 더워지기 시작하지요?

아이 1 : 예, 여름이 시작되니까 조금씩 더워지기 시작합니다. 들에 가 보니까 모내기도 거의 끝나 가던데요.

(계절에 대한 여러 가지 이야기가 나온다.)

아이들이 새 학년이 되어 새로운 다짐을 하고,
그 다짐을 적어 공동 작품을 만들었다.
새 학년 새 출발의 희망찬 모습을 나타낸다.

교사 : 6월에는 특별히 생각해야 할 날이 있지요? 어떤 날이지?

아이 2 : 현충일이 있어요.

아이 3 : 6·25도 있어요.

교사 : 그래, 맞아. 한 민족끼리 피 흘리며 싸운 슬픈 날이 있지요. 아직도 부모 형제끼리 서로 헤어져 있으니 더욱 슬픈 일이지요. 그런데 원망만 하고 슬프게 생각만 한다고 뭐가 되나요?

아이 4 : 통일이 되도록 노력을 해야 합니다.

교사 : 그렇지요. (통일에 대한 여러 가지 이야기를 해 준다.) 또 요즘에 일어난 일들 가운데 우리들이 깊이 생각해야 할 일은 무엇일까요?

아이 5 : 물 오염 문제요.

아이 6 : 교통 문제요.

(아이들이 여러 가지 이야기를 한다.)

교사 : 지금까지 여러 가지 좋은 이야기가 나왔어요. 그런데 지금까지 나온 것 가운데 한 가지 주제로 공동 작품을 만들면 어떨까 해요.

(좋다는 의견이 모아진다.)

아이 7 : 다 중요한데요, 이번 달은 현충일도 있고, 6·25도 있으니까 통일을 주제로 했으면 좋겠습니다.

아이들이 통일을 주제로 공동 작품을 만들었다. 아이들이 즐거운 마음으로 백두산에 올라가는 모습을 담았다.

(몇 가지 의견 가운데 아이들 생각에 따라 통일을 주제로 정한다.)

교사 : 그러면 여러분이 정한 통일을 이번 달 공동 작품의 주제로 정하겠습니다.

2. 장면을 구상한다.

어떻게 하면 통일을 바라는 마음을 가장 잘 나타낼까? 어떻게 하면 통일을 이룰 수 있을까?

교사 : 자 여러분, 주제가 통일로 정해졌으니 어떻게 해야 통일을 이루고 싶은 마음을 가장 잘 나타낼까 한번 생각해 봐요.

아이 1 : 휴전선의 철조망을 남한, 북한 아이들이 걷어 내는 장면으로 했으면 좋겠습니다.

아이 2 : 선생님, 저번에 권정생 선생님 시 있잖아요. '할아버지 금강산 구경 가요' 하는 시처럼 우리는 백두산 구경하러 가는 것을 나타냈으면 좋겠습니다.

교사 : 백두산을 그려 보자, 그 말이지?

아이 2 : 예. 우리 나라 사람 모두 우리 나라 백두산 구경 가는데 누가 말려요. 모두 백두산만 갈 수 있다면 통일이 되는 것이지요.

교사 : 하아, 너희들 생각이 참 좋구나. 또 이것보다 더 좋은 생각은 없어요?

(몇 가지 의견이 더 나온다. 그 가운데 '백두산 구경' 이 결정된다.)

교사 : 그래, 여러분들이 정한 '백두산 구경' 을 이번 달 공동 작품으로 합시다.

3. 더 자세하게 나타낼 수 있는 방법을 찾는다.

교사 : 앞에서 전체 장면 구상은 대충 생각했는데 어떻게 꾸몄으면 좋을까 생각해 봐야겠지요? 누가 한번 이야기해 봐요.

아이 : 백두산을 그려 놓고요, 사람들이 몽땅 백두산에 구경 가는 모습을 그려 넣으면 좋겠습니다.

교사 : 그래, 그렇게 하면 좋겠는데 좀더 자세하게 이야기해 봐.

아이 1 : 백두산에 기어 올라가는 모습도 있었으면 좋겠는데요.

아이 2 : 저는요, 백두산 천지에서 수영하는 모습도 그렸으면 좋겠어요.

아이 3 : 백조를 타고 날아가는 것도 좋고요, 그냥 사람이 슈퍼맨처럼 날아가는 것도 좋겠습니다.

아이 4 : 아기도 가고요, 할아버지, 할머니도 손 잡고 가면 더 좋지요.

아이 5 : 나는 백두산 호랑이를 타고 가겠습니다.

아이 6 : 돼지, 소, 닭 같은 동물도 그려 넣으면 좋겠고요, 다른 산에서 사는 산 짐승, 새 같은 것도 모두 백두산으로 몰려드는 모습을 그렸으면 좋겠습니다.

(아이들이 여러 가지 의견을 모은다.)

교사 : 모두 아주 좋은 생각인데 통일에 대한 우리의 간절한 마음을 좀더 표현할 수는 없을까?

아이 : …….

교사 : 내 의견 한번 들어 볼래? 다른 사람들이 쓴 통일에 대한 짧은 글귀나 통일에 대한 여러분들 생각도 한 마디씩 써 넣었으면 좋겠는데 어떻게 생각해요? 예를 들면 권정생 선생님 시는 어떨까요?

통일이 언제 되니?

권정생

우리 나라 한가운데
가시 울타리로 갈라놓았어요.

어떻게 하면 통일이 되니?

가시 울타리 이쪽 저쪽 총 멘 사람이

총을 놓으면 되지.

교사 : 어때요?

아이들 : 좋아요!

교사 : 그래, 그렇게 한번 해 봐요.

4. 표현 방법을 찾는다.

어떤 재료를 써서 어떤 방법으로 나타낼 것인가 찾는다.

교사 : 우리가 장면 구상을 아주 자세히 했는데 그것을 어떤 재료로 어떤 방법
으로 나타내면 좋을까요?

아이 1 : 그림을 그렸으면 좋겠습니다. 수채화로요.

아이 2 : 선생님, 수채화보다는 다른 방법을 찾았으면 좋겠습니다.

교사 : 그래, 다른 방법도 생각해 보는 것이 좋겠네. 좀 색다른 방법은 없을까?

(아이들이 여러 가지 의견을 낸다.)

교사 : 조금 전에 누가 모자이크로 하자고 했는데 그것을 조금만 바꾸어서 해
보면 어떨까 모르겠어요. 내 생각을 말해 볼 테니 잘 들어 봐요. 커다란
색지를 찢어 붙여서 백두산을 표현하거든요. 그리고 그 위에다 여러분
들 한 사람 한 사람이 백두산을 향하여 가는 모습들을 그려서 오려 붙이
는 것입니다. 그리고 통일에 대한 소망을 한 마디씩 써 넣어야 하는데
사람이 깃발을 들고 가는 모습을 그려서 깃발에 써 넣을 수도 있고, 사
람 몸에도 써 넣을 수 있고 여러 가지 방법이 있겠습니다. 여러분들은
어떻게 생각해요? 더 좋은 방법이 있으면 말해 봐요.

아이 3 : 선생님, 선생님이 말씀하신 것처럼 하는 것이 좋겠습니다. 해 가면서

좋은 방법을 더 찾아보는 것이 좋겠습니다.

(여러 가지 방법 가운데 교사가 설명한 것으로 정했다. 교사의 생각이 많이 들어가더라도 아이들의 동의를 자연스럽게 얻는 것이 좋다.)

5. 활동 방법을 찾아본다.

한 반 아이들이 환경 판에 한꺼번에 붙어서 꾸미기는 힘든 일이니 좀 계획 있게 하기 위한 것이다.

교사 : 아무리 큰 공동 작품이라도 우리 학급 어린이 모두가 한꺼번에 달라붙을 수는 없으니 어떡하면 좋지요?

아이 1 : 한 모둠씩 하면 좋겠습니다.

교사 : 좀 더 자세하게 이야기해 봐요.

아이 2 : 한 모둠씩 교대로 나가 백두산을 꾸미고요, 나머지 모둠은 백두산에 올라가는 모습을 그리면 되잖아요.

(여러 가지 의견이 나온다.)

교사 : 그러면 두 모둠씩 교대로 붙어서 백두산을 꾸며 봅시다. 모두 12명이니까 네 명은 종이를 찢고, 네 명은 풀칠하고, 네 명은 붙이면 되겠습니다. 그 때 다른 사람들은 사람이나 동물이 걸어가거나 뛰어가거나 날아가는 모습을 그리고 통일에 관한 글도 몇 마디 써 넣습니다.

(이렇게 계획을 세워 놓고 준비물도 하나하나 찾아보고 이야기해 준다.)

6. 미술 시간에 공동 작품을 만든다.

공동 작품을 만들 때는 아이들이 주체가 되고 교사는 아이들이 힘들어하는 일을 도와 주는 정도가 좋다. 작품은 떨어져서 보았을 때는 색과 모양과 전체의 짜임새가 잘 나타날 수 있도록 하고, 가까이서 보았을 때는 나타내고자 한 뜻이 좀 더 자세하게 나타나도록 지도해야 한다.

달마다 해 볼 공동 작품 주제 한 가지씩 내보인다. 3월, 4월 계획은 자세히 들어 보겠다.

•3월 주제 : 새 학년 새 출발 – 새 학년 새 출발의 희망찬 모습을 나타낸다.

①아이들 자신이 하늘(희망)로 올라가는 모습으로 구성한다.

②먼저 마분지나 색 마분지, 골판지 따위로 사람(자기 자신)이 사다리를 타고 하늘로 올라가는 모습, 장대를 타고 올라가는 모습, 날아가는 모습, 뛰어 날아올라가는 모습, 걸어 올라가는 모습, 나팔꽃 덩굴을 타고 올라가는 모습, 포플러 나무를 타고 올라가는 모습 따위 가운데 자기가 원하는 모양 한두 가지를 그려서 오린다. 그리고 가장자리 모두를 불로 그을려서 또다른 맛이 나도록 해도 좋다. 물론 여러 가지 모습들이 골고루 나타나야 한다.

③거기다 자기의 사진을 붙이고 자신을 소개한다. 자신의 성격, 장래 희망, 식구들, 자기에 대해서 꼭 하고 싶은 이야기, 또 새 학년에 꼭 해 보고 싶은 것, 우리 학급이 나아갔으면 하는 방향, 사회나 어른에 대한 자신의 생각이나 바람 따위를 짧막하게 쓴다.

④사람의 모습을 그냥 두지 않고 색종이를 붙이거나, 색칠을 하거나, 머리털은 색실로 한다거나 여러 가지 방법으로 꾸미며 자기의 개성을 살린다.

⑤교실 뒤 환경 판에 사다리가 하늘로 향하는 모습을 가는 새끼줄이나 나일론 줄과 나무 젓가락으로 나타낸다거나 나팔꽃 덩굴, 하늘에서 내린 줄, 포플러 나무 따위와 땅 위의 언덕 모습 따위를 여러 가지 재료를 써서 여러 가지 방법으로 꾸민다. 버린 물건들을 다시 써서 만들면 더욱 좋다.

⑥이렇게 바탕이 짜임새 있게 되면 아이들이 혼자서 만든 사람 그림을 전체 구성에 잘 어울리도록 붙인다.

•4월 주제 : 봄 – 이른 봄의 동식물이 살아가는 모습을 나타낸다.

①이른 봄에 살펴볼 수 있는 땅 밑, 땅 위의 동식물과 큰 나무의 겉과 속에서 일어나는 일을 의인화해서 표현하고 짜임새 있게 구성한다.

②작품 만들기 며칠 앞서 모둠별로 땅 밑, 땅 위, 나무 속, 하늘의 모습 따위로 나누어 맡는다. 동식물 도감에서 찾아본다든지 현장에 가서 관찰한다든지 해서 동식물의 생태를 알아본다.

③모둠별로 정한 것을 어떤 재료를 써서 어떻게 표현해야 하는지 토의해서 정한다. 특히 동식물을 어떻게 의인화해야 나타내고자 하는 뜻을 잘 나타낼 수 있을까 생각한다.

④온갖 재료, 온갖 방법을 써서 자유롭게 표현하도록 한다. 모둠원끼리 협의를 해서 조화를 이루도록 해야 한다. 특히 반입체, 입체로 나타내면 더욱 좋겠고, 재료도 자연물과 사람들이 버린 물건 따위를 쓰면 더욱 좋겠다.

⑤모둠원 각자 또는 여럿이 부분부분 만든 것을 뒤 환경 판에 전체로 구성해서 붙인다. 이 때 한 마디 말도 덧붙여 놓으면 좋겠다. 예를 들면 개구리가 기지개를 켜는 모습을 나타냈다고 할 때, "아유, 잘 잤다. 이제 슬슬 나가 볼까?" 하는 말이나, "작년에는 더러운 물 때문에 죽을 뻔했는데, 올해는 괜찮을까?" 하는 말 따위다. 장난스럽게 흐르지 않도록 해야 한다.

- 5월 주제 : 오월은 푸르구나 우리들은 자란다. ― 어린이날을 맞이한 아이들의 모습을 나타낸다. 아이들의 밝은 모습, 걱정과 고민, 어른들께 바라는 것, 불만 따위를 표현한다.
- 6월 주제 : 백두산 구경 가자.
- 7월 주제 : 신나는 여름 방학. ― 여름 방학 때 꼭 해 보고 싶은 일을 상상해서 나타낸다.
- 9월 주제 : 지구를 살리자. ― 환경 오염 현실을 나타내고, 그에 따라 지구를 살리는 방법을 나타낸다.

- 10월 주제 : 가을 풍경과 농사꾼의 마음. — 가을 풍경을 실제 농산물로 꾸며 나타내고, 한편으로는 농촌의 현실을 드러내 보이며 같이 걱정해 본다.

- 11월 주제 : 시가 있는 풍경. — 나뭇가지, 나뭇잎, 억새풀이나 갈대 따위의 자연물로 늦가을이나 초겨울의 풍경을 나타내고 시를 곁들여 꾸며 본다.

- 12월 주제 : 우리 이웃의 사람들. — 열심히 살아가는 우리 이웃 사람들의 모습을 나타낸다.

- 2월 주제 : 지난 학년을 뒤돌아보며. — 지난 학년을 뒤돌아보며 특별히 기억 나는 일을 나타내며 한 해를 돌이켜본다.

6장
산과 들에서 즐거운 공부

모든 감각 열기
자연 속에서 뛰어놀기
산골짜기 탐험
자연 관찰

모든 감각 열기

아이들의 하루 삶을 보면 놀 시간이 거의 없다. 도시 아이들은 더욱 그렇다. 학교에 오면 거의 교실에서 지내고 집으로 가면 바로 학원에 가거나 방 안에서 숙제에 매달린다. 뛰어놀 시간은커녕 잠자기도 바쁘다. 그러니 아이들 감각이 제대로 살아 있기 어렵다. 감정의 샘도 메마르고 깊고 넓게 생각하기도 힘들다.

이렇게 답답하게 살고 있는 아이들에게 나들이는 신나고 뜻있는 일이다. 들에 나가면 훤히 열린 하늘이 있고 포근한 흙이 있고 저마다 특징을 가진 예쁜 돌이 있다. 맑은 물이 있고 이름 모를 풀벌레가 있다. 거기서 우리는 온갖 것을 얻을 수 있다. 목숨을 이어 가고 살아가는 지혜도 배울 수 있다.

도시에 사는 사람들도 들 공부를 아예 포기하지 말았으면 좋겠다. 도시를 조금만 벗어나면 얼마든지 들 공부를 할 수 있다. 공부할 거리도 찾아보면 수없이 많다. 하루 종일 들 공부를 한다면 삶은 고구마나 감자 같은 것을 점심으로 싸 오도록 해서 먹으면 좋고, 하루 종일이 아니더라도 새참으로 그런 것들을 싸 오도록 하는 것이 좋다. 마실 것은 청량 음료수가 아니라 보리차로 하는 것이 좋다. 또 필기구와 받쳐 쓸 수 있는 받침과 조그만 칼 같은 여러 가지 준비물을 잘 챙겨야 한다.

들만이 아니라 산촌이면 산으로, 어촌이면 바다로 환경에 맞게 계획을 세워서 지도해야 한다. 또 시간에 맞게 알맞은 계획을 짜야 재미도 있고 알차게 들 공부를 할 수 있다. 그리고 학년에도 맞게 계획을 짜야 한다.

학교에 따라서는 들 공부 하기에 어려움도 많다. 그러나 그 어려움을 헤쳐서 조금이라도 해 보려는 노력이 필요하다. 집에서도 아이들을 데리고 나들이를 갈 때 북적대는 놀이터에만 가지 말고 조용한 들이나 산으로 가 보면 좋겠다.

이렇게 아이들이 자연과 가까워질 때 잃어버린 감각이나 정서를 찾을 수 있고, 자연을 더욱 아끼고 사랑하게 된다. 또 이렇게 자란 아이들이 더욱 새로운 것을 창조하는 어른으로 자란다고 나는 믿는다.

소리 지르기

아이들은 들판에 나서면 누가 말하지 않아도 벌써 소리부터 지르기 시작한다. 이 때 먼저 다 같이 소리를 질러 본다. '야호!'도 좋고, '밝게 웃자, 뛰놀자, 노래하며 배우자!' 같은 학급 구호도 좋다. 식구끼리 간다면 가훈을 크게 외쳐 보는

아이들이 들판에 서서 소리를 지르고 있다.
아이들은 이렇게 소리를 지르면서 자기 가슴에
묻어 두었던 것들을 속 시원히 토해 낸다.

것도 좋다.

다음은 모둠별로 소리를 질러 본다. 모둠 노래, 모둠 구호를 크게 외친다. 그 다음은 혼자 소리를 질러 본다. 자기 가슴에 묻어 두었던 것들을 속 시원히 토해 낸다. "나는 학원이 싫다!", "어머니 아버지, 우리 행복하게 살아요!", "아버지, 자전거 사 줘요!", "나는 열심히 살아가겠습니다!", "선생님, 날 사랑해 주세요!", "앞으로는 남의 물건을 훔치지 않겠다!" 이렇게 소리를 지르면 아마 속이 후련할 것이다. 아이들은 이러는 가운데 구김 없는 마음, 티없이 맑고 깨끗한 마음을 기르게 되고 자신감도 기르게 된다. 마음이 여려 학급에서 발표를 잘 못하는 아이는 이렇게 소리를 지를 때도 다른 아이들에 비해 소리가 작다. 그런 아이들에게 자주 소리를 지르게 하면 마음을 크고 넓게 키워 나갈 수 있고 자신감도 키울 수 있다.

자연의 소리 듣기

요즘 사람들은 차나 텔레비전, 라디오에서 나는 기계 소리를 날마다 지겹게 듣고 산다. 한 마디로 소음 속에서 산다. 그러니 귀가 정상일 수 없고, 제정신 가지고 살기도 참 힘들다. 이런 때일수록 아이들에게 건강한 자연의 소리를 들려줄 필요가 있다. 바람 소리, 물이 흐르는 소리, 새 소리, 개구리 소리, 귀뚜라미 소리, 그 밖의 온갖 풀벌레 소리, 나뭇잎이 팔랑거리는 소리, 마을에서 들리는 집짐승 소리 같은 온갖 소리를 듣고, 말과 글로 표현해 보자. 소리를 모르는 아이들에게는 자연의 소리를 알게 해 주고, 알더라도 틀에 박힌 생각으로만 가지고 있는 소리를 깨트려 참 소리를 느끼게 해 주어야 한다.

나는 아이들이 소리를 듣는 것뿐 아니라 소리도 내어 보게 한다. 봄이면 물오른 버드나무 가지를 꺾어 버들피리도 만들어 불어 보고, 풀잎을 입에 대어 "삐이

아이들이 물오른 버드나무
가지를 꺾어 버들피리를
만들어 불고 있다.
풀잎을 입에 대고 불면
풀피리 소리도 낼 수 있다.

이"풀피리 소리도 내게 해 본다. 또 아카시아 잎으로는 신나게 노래도 불러 본
다. 민들레 꽃대를 잘라 끝을 납작하게 해서 불어도 소리가 난다. 우리 어릴 때는
보리피리도 많이 불었는데 요즘은 보리가 아주 귀해서 보리피리를 만들기 어렵
다. 또 가는 파 한쪽을 불에 약간 그을려 다른 한쪽에서 불면 그을린 쪽이 달달 떨
면서 소리가 난다. 여러 가지 돌들을 부딪게 하든지 문질러서 나는 소리도 들어
보자. 자연의 소리들은 우리 영혼을 맑게 해 준다.

자연의 냄새 맡아 보기

우리의 코도 이제 마비되었는지 사람이 만든 지독한 냄새도 느끼지 못할 정도
로 되었다. 그런 코의 감각을 살려 내는 길은 자연의 냄새밖에 없다. 풀, 나무, 꽃,

열매 같은 것들의 냄새를 맡아본다. 풀에 따라 다르겠지만 같은 풀이라도 잎이나 줄기, 뿌리 따위의 부위에 따라 냄새가 다르다. 나무도 그렇다. 특히 나무를 잘라 놓았을 때 나는 냄새는 정말 향기롭다. 열매 가운데 과일 냄새도 좋지만 곡식에서 나는 냄새도 하나하나 다르다. 눈을 가리고 냄새를 맡아 무슨 냄새인지 알아 맞히는 놀이를 해도 좋다.

또 요즘 사람들은 대부분 시멘트나 아스팔트에 묻혀 살기 때문에 꽃 냄새보다 향긋한 흙 냄새를 알 턱이 없다. 그래서 나는 아이들에게 흙 냄새를 맡아 보게 한다. 이렇게 하면 도시 아이들은 말할 것도 없지만 농촌 아이들도 흙 냄새를 새롭게 느끼고 새로운 뜻도 새기게 된다. 이상한 냄새가 난다는 아이도 있고 아무 냄새도 안 난다는 아이도 있다. 냄새를 맡아 보고 모두 그 느낌을 한 마디씩 말해 보게 한다.

"아! 이 향긋한 냄새, 이 달콤한 맛……."

"선생님, 똥쿨내가 코를 팍 찌르네요."

"냄새난다! 냄새난다! 창범이 오줌 찌린내 같은 거."

이렇게 장난기 어린 소리를 하는 아이들도 더러 있다. 어쨌거나 이런 냄새가 흙 냄새란 것을 느끼게 해 준다. 그래서 아이들이 살다가 자꾸만 흙 냄새를 맡고 싶고, 포근한 흙을 만져 보고 싶으면 좋겠다. 나이 많은 어른들이 흙을 그리워하고 좋아하는 것처럼 말이다.

다음에는 귀를 땅에 대고 무슨 소리가 들려오는지 조용히 들어 보도록 한다.

"어떤 소리가 들려요?"

"선생님, 땅이 '아이고 아퍼. 아이고 아퍼.' 하는데요."

"왜?"

"우리가 막 밟고 다니니까 그렇지요."

"창범이는 무슨 소리가 들리지?"

"'너희들, 내가 없으면 모두 죽을 거야.' 하고 협박합니다."

"그건 또 무슨 소리니?"

"아이고 선생님, 우리는 땅에서 나는 곡식을 먹고 산다는 것을 잊었습니까?"

"민영이는?"

"저요? 땅이 '아이고 나 죽네, 아이고 나 죽네.' 하고 슬프게 울어요."

"그건 또 무슨 소리냐?"

"사람들이 온갖 쓰레기와 폐수를 버려서 병이 들었으니까 그렇지요."

"그래, 그 말도 맞구나! 그런데 말이야 선생님이 다시 가만히 들어 보니까 '아이고 선생님, 대한민국에 민영이란 아이가 있는데 그 아이가 제일 많이 더럽혔어요, 잉잉잉…….' 이러는데?"

"아이 선생님, 이 예쁜 숙녀에게 어떻게 그런 농담을 하실 수가 있어욧!"

아이들이 까르르 웃는다.

"지영이, 아주 열심히 듣던데 무슨 소리를 들었는지 말해 봐."

"저는요, 다른 애들하고는 좀 다른 소리를 들었어요. '우리 땅은 농민들이 더 좋아. 그러니까 농민들이 애써 짓고 있는 농작물에 영양분을 갖다 주자. 영차 영차 영차…….' 이러면서 땀을 뻘뻘 흘리며 일을 해요."

"그렇겠구나. 참 좋은 소리를 들었구나. 자아, 지영이에게 짝짝짝……."

아이들은 뜻밖에 여러 가지 소리를 듣는다. 땅, 흙이 무슨 이야기를 하는지 온갖 이야기를 들을 수 있어야 이 땅을 떳떳이 밟으며 살아갈 수 있는 사람이 될 것이다.

눈으로 자연의 아름다움 찾아보기

요즘 사람들은 눈도 마비되었다. 도시는 온통 회색과 현란한 원색뿐이고, 텔레비전이나 비디오 앞에서, 또는 멀리 내다볼 수 없는 좁은 방에서 어떻게 아이들이 눈의 감각을 제대로 지킬 수 있을까? 자연에는 눈의 감각을 살릴 수 있는 넓은 공간이 있고, 눈에 가장 좋은 색깔이 있으며, 눈의 생기를 찾을 수 있는 변화도 있다. 나아가 사람이 아무리 재주가 좋다 해도 만들어 낼 수 없는 아름다움이 있다.

먼저 아이들에게 자연의 아름다운 색깔과 모양을 찾아보도록 한다. 봄과 여름의 풀, 나뭇잎 색깔을 보게 하고 가을에 단풍이 곱게 든 풀과 나뭇잎을 모으면서 그 아름다운 색깔을 느끼게 한다. 또 그 색깔을 물감으로 표현해 보기도 하고 서로 모양이 다른 잎을 모아 견주어 보게도 한다. 풀이나 나무의 모양도 살펴보고, 여러 가지 색깔이나 색다른 모양의 돌도 찾아보게 한다. 멀고 가까운 곳에서 자신이 아름답다고 생각하는 것을 찾아 설명해 보게 한다.

자연에서 나는 것들 맛보기

요즘 우리 아이들의 입맛은 어떨까? 우리 고유의 김치나 된장은 못 먹어도 햄, 소시지, 햄버거, 피자 따위의 가공 식품은 잘도 먹는다. 입맛도 가공되어 있을 터이다. 혀의 감각이 마비되었거나 이미 서구화되었고, 우리의 정신마저도 서구화되어 있다고 하면 지나친 말일까? 이런 우리 아이들에게 잃어버린 혀의 본디 감각을 찾아 주어야 한다. 또 순수한 우리 자연의 맛을 찾아 주어야 한다.

들이나 산에는 곡식말고도 먹을 것들이 많다. 그러나 우리는 그것을 잘 모르고 지낸다. 봄이면 우리 어릴 때 뽑아 먹었던 삘기가 있고, 찔레 새순도 있다. 이른 봄에는 냉이부터 시작해서 온갖 나물들이 있다. 들이나 산에 나는 풀의 열매, 뿌리까지 먹을 것들이 많다. 자연은 우리에게 온갖 먹을 것을 준다. 이런 것들을 먹어 보면서 맛과 모양은 어떤지, 어떤 곳에서 잘 자라는지 알아보는 것도 좋다.

내가 어렸을 때는 봄이면 산골 도랑에서 가재를 잡아 구워 먹었고 여름이면 밀서리와 감자묻이, 가을이면 콩서리를 해 먹다가 시커매진 입을 서로 쳐다보고 키

아이가 산딸기를 따서 손에 들고 있다.
들이나 산에는 곡식말고도 먹을 것들이 많다.
삘기나 찔레 새순도 먹을 수 있고
산나물도 많다.

들키들 웃던 기억도 난다. 요즘 아이들과도 이런 것을 실제로 경험해 보도록 한
다. 내가 아이들과 해 봤는데 아이들이 그렇게 좋아하는 것을 처음 봤다.

또 먹는 것이 아닌 온갖 식물의 잎, 줄기, 뿌리, 열매의 맛을 보도록 한다. 이 때
독이 있을 수도 있고, 어떤 성질의 맛인지 잘 모를 때는 혀를 갖다 대어 맛을 느껴
보고는 바로 뱉어 버리고 입을 씻도록 해야 한다. 그러면서 독을 가지고 있는 식
물들이 왜 많은지도 이야기해 주면 좋다.

자연 속에서 뛰어놀기

맨발로 걷기

추우나 더우나 양말 속에 갇혀 있는 발의 건강을 위해서나, 잃어 가는 발의 감각을 되살리기 위해서나 맨발로 걸어 보는 것이 좋다. 포실포실한 모래, 부드러운 흙, 진득진득한 진흙, 자갈, 물에서 맨발로 걸어 보게 하고 달리기도 해 보도록 한다. 흙이나 모래 속에 손이나 발을 깊숙이 넣어 보고 흙에서 뒹굴어도 본다. 물구나무도 서 보고 씨름판도 한판 벌여 본다. 발이나 손으로 자연을 느껴 보고 난 다음에는 그 느낌을 말해 보도록 하는 것도 좋다. 나무나 풀잎, 줄기나 나무 둥치 같은 것을 만져 보게 하고 여러 가지 돌도 만져 보게 하여 그 느낌을 말해 보거나 눈을 가리고 만져서 무엇인지 알아맞히는 놀이도 해 보면 재미있다.

흙이나 돌로 하는 놀이

냇가에 가면 널려 있는 게 흙과 돌이다. 흙과 모래와 돌, 또 거기다 나뭇가지나 나뭇잎, 풀잎 같은 것을 곁들여 꾸미기 놀이를 해 본다. 저학년 같으면 흙과 모래

위에 손가락 또는 나뭇가지로 그림도 그려 보고 색깔 있는 나뭇잎이나 돌로 그림을 더욱 예쁘게 꾸며 볼 수도 있다. 흙과 모래로 까치집 짓기도 해 보고, 산더미처럼 쌓아 산을 만들거나 굴도 파 본다. 돌이 많은 곳이면 무엇을 닮거나 신기한 돌, 예쁜 돌을 찾아보기도 한다. 또 주워 온 돌에 저마다 뜻을 붙여 한 마디씩 말해 보도록 하면 더욱 좋다. 그 밖에도 돌로 하는 여러 가지 조형놀이도 해 볼 수 있다.

또 둘레에 찰흙이 있으면 그 찰흙을 써서 조소 작품 만들기도 해 본다. 교실에서 하면 바닥 더럽힐까 조심하게 되지만, 이렇게 밖에서 하면 그런 조심을 하지 않아도 되고 자유스럽고 더 밝고 넓은 마음으로 자기 표현을 할 수 있다.

풀밭에 뒹굴기

넓은 풀밭이 있으면 아이들은 말하지 않아도 뒹굴면서 서로 넘어뜨리기도 하고 야단법석을 떤다. 밀치기도 해 보고, 엎드려 팔씨름도 해 보고, 닭싸움 놀이도 해 본다. 우리 어릴 때 했던 놀이 가운데 레슬링과 비슷한 것으로 '고생 받기'라는 놀이가 있는데 그 놀이도 해 본다. 상대편을 서로 잡아당기거나, 밀거나, 다리를 걸어서 넘어뜨리고 올라타는 놀이다. 눌린 사람이 힘이 모자라 자기 위에 있는 사람에게서 빠져 나올 수 없을 때는 졌다는 뜻으로 "고생!" 하고 소리치는데, 그러면 끝이 난다. 우리가 어릴 때 서로 싸우면 누가 이기나 하는 결정을 이 놀이로 하기도 했다. 주먹질하지 않는 신사 싸움인 셈이다.

여기에도 규칙이 있다. 팔 다리를 꺾거나, 주먹으로 치거나, 코와 입을 막거나, 머리카락을 잡아당기거나, 손톱으로 할퀴거나, 입으로 물거나 해서는 안 되고 오직 힘으로만 하는 것이다. 끝에 이기고 지는 것이 결판나지 않으면 그 이튿날 또 서로 붙고, 힘이 좀 모자란다 싶으면 자기대로 힘을 길러서 다시 붙고는 했다. 어떤 아이는 규칙을 어겨 상대편을 이기기도 하는데 그때는 다른 아이들로부터 따돌림을 당하기도 한다. 어떤 때는 응원하는 아이들도 편을 갈라 자기 편 선수를 안마해 주며 용기를 북돋우어 주다가 자기들도 시합을 한다. 레슬링으로 말하면 단체전이다. 그러다 더러 다치기도 하고 싸움도 일어났지만 학교 길의 그 풀밭에서는 날마다 그런 놀이를 했다. 어쨌든 풀밭에서 하는 놀이는 몸으로 하는 놀이가 좋다.

나뭇잎 놀이

나뭇잎이나 풀잎, 꽃잎, 나뭇가지로 하는 놀이도 찾아보면 많다. 우리 어릴 때는 냇가의 버들강아지를 훑어 먹기도 했고 봄이면 온 산을 불바다로 만드는 참꽃도 많이 따 먹었다. 참꽃 속에는 수술이 있는데, 그 수술을 한 가닥씩 뜯어 서로 걸고는 당기는 놀이가 있다. 먼저 끊어지는 사람이 지는 것이다. 아카시아 꽃도 참 많이 먹었다. 두 사람이 서로 아카시아 잎을 따서 가위 바위 보로 낱 잎을 누가 먼저 다 따는가 하는 놀이도 한다. 풀잎을 서로 걸고 잡아당겨 어느 쪽이 안 끊어지나 하는 놀이도 좋다. 강아지풀을 반으로 갈라 코에 붙여 콧수염도 만들 수 있고, 몇 개를 꼬아서 강아지도 만들 수 있다.

산이나 들에는 나뭇가지, 나뭇잎, 덩굴, 꽃, 풀잎도 널려 있고 솔방울이나 도토리 같은 열매도 많다. 그런 것들로 꾸미기, 만들기 하는 것을 아이들은 무척 좋아한다. 그런 재료로 무엇을 만들어 봐도 재미있다. 자기 몸이나 동무의 몸을 꾸며 본다. 토끼의 모습, 옛날 왕의 모습, 장군의 모습, 인디언 추장의 모습 따위도 좋고, 어떤 모습을 닮지 않아도 자신이 좋아하는 모양으로 꾸며 보는 것도 좋다. 토끼풀 꽃이나 덩굴 따위로 꽃시계, 꽃팔찌, 꽃목걸이, 꽃반지 따위의 장식품을 만들어 봐도 좋다. 아이들은 두세 명이 한 사람을 꽃으로 예쁘게 장식하는 것도 무척 좋아한다.

아이들이 토끼풀 꽃을 따서 꽃반지, 꽃목걸이, 꽃팔찌를 만들고 있다. 어떤 모습을 닮지 않아도 자신이 좋아하는 모양으로 꾸며 보는 것도 좋다.

우리 어릴 때는 풀싸움 놀이도 많이 했다. 아이들 대여섯 명이 모이면 "시작!" 신호와 함께 흩어져 풀잎을 뜯어 모은다. 그리고 정해 둔 시간이 되면 모두 모인다. 먼저 온 아이가 풀 하나를 들고 "강아지 풀 내어놓아라." 하면 모두 내어놓는다. 이 때 강아지풀이 있는 아이는 점수를 한 점 얻게 되고 뜯어 오지 못한 아이는 점수를 얻지 못한다. 이름을 모르면 한 점을 잃게 되는 규칙도 있다. 이렇게 점수를 내어 누가 이기나 하는 놀이이다.

물과 함께 하는 놀이

아이들은 물이 있으면 가만히 있지를 못한다. 여름이면 미역을 감으면서 여러 가지 놀이를 해 보면 좋다. 납작한 돌을 물 위에 미끄러지게 던져 몇 번 튀어 보는 물수제비뜨기도 재미있고, 누가 멀리 돌팔매질을 하는가 시합을 해도 재미있다. 우리 아주 어릴 때는 냇가에서 물길을 돌리고 둑을 쌓아 누가 많은 물을 가두나 하는 저수지 만들기 놀이도 많이 했다. 아이들 몇이 두 편으로 나누어 한 편은 위쪽, 한 편은 아래쪽에서 둑을 튼튼하게 쌓는다. 위 저수지에 가득 가두어 두었던 물을 한꺼번에 내려보내 아래 둑이 얼마나 견디나 해 보는 것이다. 이 때 아래 저수지의 둑이 터지면 위쪽 아이들이, 지고 터지지 않고 끄떡없이 견디면 아래쪽 아이들이 이기는 것이다.

또 폭포를 만들고 풀대와 나뭇가지로 물레방아를 만들어 돌려 보기도 했다. 호박잎 자루를 길게 이어서 움푹 파 놓은 다른 웅덩이에 물을 옮겨 담기도 했고, 나뭇잎이나 풀잎, 나무 토막, 종이로 배를 만들어 물에 띄우면서 물가를 뛰어다니기도 했는데 아직도 그 즐거움이 생생하게 마음 속에 남아 있다. 아이들에게 그런 놀이를 하게 한다.

물론 더운 여름이면, 미역을 감으면서 물 튀기기, 물 속에 누가 오래 잠겨 있나, 물 속으로 누가 멀리 가나, 물건 하나를 물 속에 던져 놓고 누가 먼저 찾나, 물에서 잡기, 물에서 달리기, 물에서 공 빼앗기, 발로 물장구치기, 헤엄쳐서 누가 멀리 가나, 높은 곳에서 물에 뛰어내리기 같은 온갖 놀이가 있다.

산골짜기 탐험

　등산이라고 하면 보통 산꼭대기에 오르는 것을 생각하게 된다. 온갖 어려움을 이겨 내면서 산의 맨 꼭대기를 정복하고 세상을 굽어보는 그 기분은 무엇과도 바꿀 수 없다. 또 등산을 하면서 살아가는 힘도 얻을 테고 어떻게 살아가야 할지 인생 공부도 하게 된다. 무엇보다 건강에 좋으니까 많은 사람들이 등산을 즐긴다.

　아이들과 산꼭대기를 오르는 것도 좋지만 산골짜기 탐험도 재미있다. 산골짜기 탐험은 아직 알지 못하는 세계가 펼쳐지는 듯해서 좋다. 나는 우리 아이들과 여러 번 산골짜기 탐험을 해 보았다. 아이들은 스스로 "도전, 산골짜기 탐험대!" 하면서 산골짜기 탐험하기를 좋아한다.

　산골짜기 들머리에서 가장 먼저 길을 막는 것이 갈대였다. 우리는 아무도 밟지 않은 갈대밭을 헤쳐 나갔다. 아래를 잘 보지 않고 가다 발을 잘못 디디면 갈대에 감추어진 늪에 빠지거나 헛디뎌 넘어지기도 한다. 또 아래만 보다가는 갈대가 얼굴에 닿아 거슬리기도 하고, 엉뚱한 길로도 가게 된다. 아이들 가운데는 몇 발자국 가지도 않고 못 가겠다고 징징대는 아이도 있었다. 나는 아이들에게,

　"새로운 길을 개척해 나가는 게 그래 쉽다더냐, 이 녀석들아."

아이들이 산골짜기 탐험을 하고 있다. 산골짜기 탐험은 새로운 세계가 펼쳐지는 듯해서 좋다.

이렇게 한 마디 해 주고는 더 말하지 않았다.

갈대숲을 지나고 정말 산골짜기가 시작되었다. 찔레나무와 여러 가지 가시덤불이 가로막는다. 긁히기도 하고 찔리기도 하면서 헤쳐 나갔다. 가시에 찔릴 때마다 아이들은 "아야! 아야!" 하면서 간다.

골짜기 탐험을 할 때 꼭 한 가지 지켜야 할 것이 있다. 반드시 고개도 숙이고 허리도 굽혀야 한다. 왜냐하면 골짝 양쪽의 나뭇가지가 서로 얽히기도 하고 머루나 다래 덤불, 또 여러 가지 가시덤불 같은 것이 얽혀 있기도 하기 때문이다. 마치 고개를 빳빳이 쳐든 오만한 사람들에게 겸손하라고 가르쳐 주는 것 같기도 하다. 살다 보면 헤쳐 나가야 할 가시밭길이 얼마나 많나. 하지만 그런 가시밭길을 헤쳐 나가기 위해서는 조그만 아픔은 참고 견딜 줄도 알아야 한다.

아이들 말로 아나콘다가 나타날 것 같다는 으스스한 산골짜기를 지나고 보니 깊은 웅덩이가 나타난다. 그런데 한 아이가 웅덩이에 첨벙 빠져 버렸다. 나뭇잎으로 덮인 웅덩이가 마치 땅처럼 보여 헛디뎠기 때문이다. 아이들은 배꼽이 빠져라 웃었다. 나도 허허 웃었다. 그러나 물에 빠진 아이의 일그러진 얼굴을 보니 장난이 아니다. 그래서 아이들에게 웃지 말라 하고 위로를 해 주었다.

"괜찮나? 그래, 그렇게 빠질 수도 있어. 그러나 너처럼 스스로 헤쳐 나와야 돼. 옷은 곧 마를 테니까 힘내라!"

뒤따라가던 한 아이가,

"지옥이 따로 없네, 아이구머니나!"

이러면서 장난스럽게 살금살금 지나가다 물 이끼 긴 바위를 잘못 밟아 또 빠져 버렸다. 뒤에 가던 아이는 반대편 절벽에 붙어서 나무를 잡고 조심조심 가다 또 풍덩 빠져 버렸다. 나는 깜짝 놀랐다.

"괜찮나? 스스로 중심을 잡지 않고 나뭇가지에만 의지해서 그래. 다친 데는 없나?"

다른 아이들도 스스로 중심을 잡지 못하면 넘어지기 쉽다는 말에 고개를 끄덕였다.

다시 큰 바위가 나타났다. 우리는 그 바위를 타고 올라갔다. 아이들은 서로 잘못 올라가는 아이의 손을 잡아 당겨 주고 엉덩이를 받쳐 주면서 올라갔다. 잘못하면 떨어질 수도 있다. 두려워 벌벌 떠는 아이에게는,

"괜찮아. 큰 맘 먹고 올라가면 돼. 우리가 도와 줄게."

이렇게 서로 용기를 북돋우어 주기도 하면서 올라간다. 올라가면서 성공한 아이에게는 손뼉을 쳐 주었다. 사람들 가운데는 그런 바위를 못 올라간다고 비웃거나 하고 손도 잡아 주지 않는 사람이 많다. 올라가는 사람을 오히려 끄집어 내리는 사람도 많다. 그런 모습들을 생각하면 우리 아이들은 참으로 기특하다.

큰 바위를 넘고 올라가니 너럭바위가 나타났다. 물 이끼가 끼어 있고 물도 조금 흐르고 있었다. 한 아이가 쫄딱 미끄러져 엉덩방아를 찧었다. 나도 쫄딱 미끄러졌다. 아이들이 또 하하하 웃었다. 그렇지. 뻣뻣하게 서서 가다가는 미끄러지

기 십상이다. 허리를 굽히고 몸을 낮추어야 하는 산골짜기 탐험의 규칙을 지키지 않은 탓이다.

또 가다 보니 큰 나무둥치가 넘어져 산골짜기를 가로막고 있었다. 몸집이 작은 아이는 그 밑으로 기어가고 몸집이 큰 아이는 타넘어서 갔다. 몸집이 큰 아이가 낑낑거리면서 밑으로 가려고 하다 안 되니까 위로 타넘어 가기도 했다.

우리는 어느 정도 산골짜기를 올라가 한참을 쉬다 내려왔다. 아이들은 내려올 때 더 많이 미끄러지고 물에 빠지고 가시에 찔리거나 긁히고 다치기도 했다. 한 아이는 내려오다 바위에서 쭈르르 미끄러지면서 검지 손가락 끝 부분이 찢어지기도 했다. 다행히 깊은 상처가 아니어서 간단하게 치료를 했다. 올라갔던 길이니까 내려올 때는 자신만만하게 내려왔는데 그렇게 볼 게 아니었다. 갔던 길도 익숙하지 않으면 돌아올 때 또 하나의 새로운 길이 된다. 그런데다 내려올 때는 올라갈 때 조였던 마음이 풀어지기도 해서 조심해야 한다.

나와 우리 아이들은 이렇게 산골짜기를 탐험하면서 삶의 골짜기를 헤쳐 나가는 것이 그렇게 만만치 않다는 것도 배우고 또 어떻게 헤쳐 나가야 하는지 깨달음도 얻고 있다. 또한 나무나 바위, 풀, 산골짜기에 드러난 나무 뿌리를 보며 자연의 아름다움과 오묘함도 느낀다. 그리고 산골짜기에 나뒹굴고 있는 썩은 나무 뿌리를 한 개씩 주워 와 조금 다듬어 조형 미술 작품을 만들어 전시하기도 했다.

자연 관찰

어떤 곡식이 자라나?

요즘에는 농촌에 사는 아이들도 어떤 곡식이 어떤 모습을 하고 있으며 어떻게 자라는지 잘 모른다. 그러니 도시 아이들이야 더 말할 것도 없다. 더구나 도시 학교에 갈수록 곡식을 심어 아이들에게 보여 줄 수 있는 터가 더 없다. 이런 아이들일수록 들에 나가서 어떤 곡식이 자라는지 관찰해 보도록 해야 한다.

먼저 어떤 곡식들이 있나 알아본다. 어려운 일이지만 씨앗을 뿌릴 때 씨앗 관찰과 함께 씨앗을 어떻게 뿌리는지 보고, 싹이 어떤 모양으로 올라오는지도 관찰하면 좋다. 그리고 자라는 모습, 자랐을 때의 잎, 줄기, 꽃, 열매 같은 모양도 자세하게 관찰한다. 곡식 관찰은 들 공부 할 때마다 계속 관찰하는 것이 좋다. 아이들뿐 아니라 어른들도 이 곡식들이 어떻게 해서 우리 입에 들어오는가 좀 깨달아야 한다. 우리는 이 신비한 곡식을 먹으며 산다. 우리 아이들이 '돈만 주면 먹을 것이 얼마든지 있는데 그것은 알아서 뭐 하냐'고 말하는 사람으로 길러서는 안 되겠다.

여러 가지 풀 관찰

들에는 곡식말고도 온갖 풀이 자라고 있다. 풀을 관찰할 때는 먼저 풀의 이름을 알아본다. 교사가 먼저 식물의 이름과 특성, 그 식물에 얽힌 이야기 같은 것을 알면 좋겠고, 그것이 어려우면 모둠별로 식물 도감을 가져가서 찾아보도록 하는 것도 좋다. 식물마다 잎, 줄기, 뿌리, 꽃, 열매의 모양을 관찰한다. 들놀이 때는 자세한 관찰 기록은 하지 말고 식물마다 제각기 제 모습을 지니고 있다는 것을 느끼게 해 준다. 하나하나의 자세한 관찰 기록은 다른 기회에 따로 하도록 한다.

또 이렇게 들에 나갔을 때 어떤 풀이 어떤 환경에서 살아가고 있는지 알아보는

아이가 여러 가지 채소가 심어져 있는 밭에서 관찰 기록을 하고 있다. 식물마다 잎, 줄기, 뿌리, 꽃, 열매의 모양을 관찰한다.

것이 좋다. 어떤 풀이 물에서 사나, 어떤 풀이 물가에서 사나, 어떤 풀이 응달에서 사나 하는 것들이다. 그 밖에도 여러 가지 특징을 관찰하면 좋다. 이런 관찰은 혼자서 하기보다 모둠별로 관찰해서 기록, 발표하는 것이 좋다.

또 식물 도감 같은 책을 몇 권 아이들이 읽어 보도록 해도 좋다. 그러나 어른이 먼저 알고 아이들에게 이야기해 주는 것이 더 좋다. 거기에다 식물에 얽힌 이야기 한 자리까지 해 준다면 아이들은 더욱 좋아한다.

작은 동물 관찰

들에는 여러 가지 작은 동물들이 살고 있다. 풀밭, 땅 위, 땅 속, 돌과 물 속, 물 속의 돌 밑, 물 밑의 땅 속, 습지대, 썩은 나무둥치 속, 나뭇잎 같은 온갖 곳에서 제 나름대로 적응해 살고 있다. 그 동물들을 찾아 동물의 겉모습, 움직이는 모습, 동물이 내는 소리, 먹이 먹는 모습, 자라는 환경, 그 밖에 그 동물 나름대로 살아가는 모습을 관찰해 본다. 이것도 모둠별로 어떤 범위를 정해서 하는 것이 좋겠고, 모둠별로 발표하도록 하는 것이 좋다.

자연을 글감으로 글쓰기

답답한 교실에 앉아 하던 글쓰기를 들에 나가서 몸으로 겪고 느끼면서 해 보는 맛도 새롭다. 그러나 들판의 모습을 구경꾼처럼 아름답게만 꾸며 쓰는 일이 없도록 해야 한다. 글 쓰는 자신이 스스로 돌 하나 흙 한 줌, 풀이나 나무 한 포기, 곤충 한 마리, 바람 한 자락이 되어야 한다. 농사짓는 사람들을 보고 글을 쓰면 스스로 농사꾼 마음이 되어야 한다. 이 때는 특히 시를 써 보는 것이 좋고, 사생글이나 관찰 기록을 쓰거나 관찰 그림과 사생 그림을 그려도 좋다.

7장
몸을 움직여 일하기

흙에서 일하기
집이나 교실에서 일하기

흙에서 일하기

나는 언제나 '땀'이 없는 사람은 '참'도 '사랑'도 모두 거짓된 것이라고 말한다. 또 일도 제대로 하지 않고 한꺼번에 돈을 많이 벌어서 편안하게 잘 살려고 하는 사람들은 모두 사기꾼이라고 잘라 말해 버린다. 땀 흘리며 열심히 일하는 사람들 가운데 턱없이 부자인 사람은 없다. 사기꾼이 일하지 않고 벌어들인 돈은 옳은 데 쓰지 않고 엉뚱한 데 쓰면서 스스로 병이 들고 사회도 병들게 한다.

열심히 일하는 것이 행복이며, 좀 모자라는 듯하지만 열심히 일한 대가로 즐겁고 뜻있게 사는 것도 행복이다. 그런데 많은 사람들이 몸으로 하는 일을 싫어한다. 한꺼번에 돈을 많이 벌어서 흥청망청 쓰면서 즐기려고만 하는 것을 목표로 삼고 있는 것 같다. 손에 흙 묻히지 않고 머리나 굴리고 손끝만 까딱거리며 편안하게 살아가는 것을 부러워하고 몸으로 일하며 사는 사람을 업신여겨 온 것도 한 까닭일 테다. 일한 만큼 대가를 주지 않고 부리는 사람이 턱없이 많이 가져가기 때문이기도 할 테고, 거기다 퇴폐 향락주의 문화가 우리 사회에 파고들어 있기 때문이기도 할 테다.

이런 나쁜 정신을 몰아 내기 위해서도 아이들에게 일하기 교육은 꼭 해야 한다. 일을 행복으로 깨닫게 하고 거기서 보람을 찾고 사람답게 살아가는 법을 찾게 해야 한다.

다음에 내가 해 본 일하기 교육 방법 몇 가지를 내보인다. 발전시켜 더 좋은 방법을 찾았으면 좋겠다. 아이들이 일을 할 때는 놀이처럼 즐겁게 하도록 해야 하지만 장난으로 해서 오히려 일을 우습게 보지 않도록 해야 한다. 일은 아주 소중한 것이기 때문이다. 알맞게 땀을 흘리는 것은 좋지만 너무 힘겹게 해서 일이 싫어지지 않도록 해야 한다.

학급 농장

학교에 실습지가 주어질 경우나 빈터를 일구어 농장으로 만들 수 있을 경우에 한 학급이 모둠별로 알맞게 땅을 나누어 농사를 짓는다. 그러나 농사지을 땅이 없는 학교도 많다. 더구나 농사 경험을 더 많이 해야 할 도시 학교에는 그런 틈이라고는 없다.

땅이 없는 학교에서는 지붕 위도 좋고, 교실이 1층에 있는 경우에는 교실 바로 앞 햇빛이 잘 드는 곳에 곡식이나 채소를 심어도 좋다. 2층 이상의 건물에서는 햇빛이 잘 드는 창틀 밖이나 운동장 한 편의 공간에 흙을 담은 상자나 긴 화분을 놓고 농사를 지으면 된다.

그러나 그런 곳은 햇빛이 잘 안 들고, 상자나 화분이라 거름기도 별로 없고 뿌리 뻗을 공간도 적어 식물이 튼튼하게 잘 자라지 못한다. 잠시만 물을 못 준다 해도 농사를 망치는 수가 있으니 힘도 많이 들고 노력에 비해 충실한 농산물을 얻기 힘들다. 하지만 자주 내 놓아서 햇볕을 쬐어 주고 물도 잘 주고 거름도 알맞게 주면 기대 이상으로 훌륭한 농사를 지을 수도 있다. 이런 곳에 심는 것은 채소류가 좋다. 농사를 지어 보니까 그래도 고추나 가지 농사가 제법 되었다.

농사는 다음과 같은 방법으로 한다.

1. 먼저 모둠별로 농사 일지를 한 권씩 마련하도록 한다. 농사를 지으면서 일어나는 일과 생각과 느낌을 기록하고 농작물이 자라는 과정을 여러 가지 조건과 관련하여 하나하나 관찰하고 기록하도록 하기 위한 것이다. 그래야만 그것을 바탕으로 다음 해에는 실패 없이 농사를 지을 수 있다.

2. 이제 농장을 모둠별로 나눈다. 이 때 아이들이 마음대로 다닐 수 있도록 길을 좀 넓게 만들어야 한다. 그리고 큰 푯말을 하나 세워 농장 이름(예 : 꽃교실 농장)을 붙이고 각 모둠별로 작은 푯말을 세워 모둠 이름과 농사꾼들(모둠원들) 이름을 모두 적는다. 또 농작물 이름을 써 붙일 푯말도 하나씩 세워 둔다. 농작물을 심을 때 이름을 적기 위한 것이다. 그러면 그럴듯한 농장이 된다.

모둠별로 농장을 만들고 큰 푯말을 하나 세워 농장 이름을 붙여 놓았다. 농작물 이름과 모둠원들 이름을 적은 푯말도 세운다.

3. 무슨 농사를 지을 것인가를 토의 결정해야 하는데 될 수 있는 대로 모둠별로 서로 다른 농작물을 심도록 해야 한다.

4. 농사지을 농작물이 결정되면 그 농작물의 특성, 농사짓는 방법을 농사짓는 어른들에게 묻거나 책에서 찾아 알아 오도록 한다. 지도 교사는 물론 다 알고 있는 것이 좋겠다. 그리고 저마다 알아 온 지식을 종합하여 농사 일지에 적도록 한다.

5. 농사짓기에 앞서 고사를 지내는 것도 좋다. 우리 농산물로 만든 떡, 부침개, 고구마 삶은 것, 과일 같은 음식을 간단하게 차려 놓고 하늘에 비는 것이다. 축문도 모둠별로 써서 큰 소리로 읽도록 하는 것도 좋다. 의식은 뜻을 새기며 진지하게 치르도록 해야 한다. 그리고 땀 흘리며 열심히 농사를 짓겠다는 마음의 다짐을 하는 시간도 가지는 것이 좋다.

6. 땅을 일구는 일부터 진짜 땀 흘리는 일이 시작된다. 일을 할 때는 땀을 흘리고 힘든 것을 느끼도록 해야만 거둘 때의 기쁨이 더욱 큰 법이다. 밑거름을 넣고 씨 뿌릴 두덩을 만들어 곱게 다듬는데, 그 두덩은 양쪽 어느 쪽에서든 아이들의 손이 닿을 수 있는 넓이로 해야 한다. 또 이 때 연장 다루는 방법과 연장 다룰 때 조심해야 할 것을 잘 이야기해 주어야 한다. 다 쓴 연장은 다음에 쓰기 좋도록 깨끗이 씻어서 정리를 잘 해 두도록 한다.

7. 씨를 뿌릴 때는 작은 씨앗은 씨를 뿌린 다음에 짚으로 덮어 두어야 좋다. 이 것은 새들이 씨를 주워 먹지 못하도록 하는 뜻도 있지만 습기가 빨리 달아나지 않게 하고 물을 줄 때 땅이 다져지지 않게 하여 씨앗이 잘 올라오도록 하기 위해서이다. 짚은 싹이 올라오면 바로 걷어 내야 웃자람을 막을 수 있다.

8. 씨가 올라오면 잘 가꾸어 나가는 것만 남았다. 김매기, 솎아 주기, 덧거름 주기, 물주기, 옮겨심기 같은 것으로 농작물에 따라 할 일이 여러 가지다. 약은 치지 않는다.

9. 처음 거두는 농작물 가운데 모둠별로 가장 잘 지었다고 생각되는 농작물을 놓고 농사짓기 시작할 때처럼 고사를 지낸다. 우리의 목숨만큼이나 귀한 농작물을 얻을 수 있도록 해 준 모든 것에게 감사하는 마음을 가지도록 하기 위해서다. 이 때 아이들끼리 심사 위원을 만들어 모둠별로 좋은 농작물을 뽑아 상품을 주는 것도 좋다. 한 모둠도 빠짐없이 상을 주되 아주 조금 차이를 두는 것도 좋다.

10. 거두어들인 농작물은 학급 아이들 모두가 고루 나누어 먹도록 해야 한다. 수업을 네 시간 하는 날 오후에 시간을 내거나 실과 시간을 내어 음식을 만들어

나누어 먹도록 한다. 이 때 한바탕 놀이판을 벌이면 더욱 좋겠다. 농악이라면 더 좋겠지만 그것도 어려우면 손뼉 치며 고마운 마음으로 노래라도 한 번 부르고 즐겁게 먹도록 하는 것이 좋다. 그리고 음식 오염에 관한 이야기도 나누며, 왜 제철에 난 우리 농산물을 먹어야 하는지 여러 가지 발표를 해 보게 하는 것도 좋다. 하여튼 그냥 음식만 만들어 먹는 것보다 여러 가지 활동을 해야 아이들이 그 뜻을 더 깊이 마음에 새긴다.

거두어들인 농산물이 보잘 것 없어도 아이들은 자연이 베풀어 주고 자신이 스스로 땀을 흘리며 가꾼 열매를 귀히 여기고 기쁨과 보람도 크게 느낀다. 그것이 진짜 즐거움이요 행복이다. 굳이 우리 농산물을 먹자, 제 철에 제 땅에서 난 우리 농산물을 먹자, 이렇게 곡식은 귀한 것이란다, 약은 함부로 쳐서는 안 된다, 하는 말을 할 필요가 없다. 일하는 가운데 몸으로 다 배우게 된다.

꽃밭 가꾸기

어느 학교든지 농사지을 땅은 없어도 꽃밭은 있다. 그 꽃밭을 맡아 가꾸는 것도 좋다. 먼저 아이들이 해 보겠다는 마음이 들 때까지 그 뜻을 이야기해 준다. 나도 즐겁고 남들에게도 즐거움과 기쁨을 주려면 남다른 노력이 필요하다는 것, 땀을 흘려야 아름다운 꽃을 피울 수 있다는 것, 그것이 또한 땀을 흘린 보람이라는 것을 얘기해 준다. 일이 어떤 것인지 모르는 아이들에게 이렇게 깨우쳐 주지 않으면 왜 하기 싫은 일을 시키느냐, 왜 고생을 사서 하느냐는 불평을 한다.

해 보겠다는 의지를 가지면 모둠별로 가꿀 꽃밭을 나누고 가꾸도록 한다. 한 달에 한 번 또는 두 달에 한 번쯤 얼마나 잘 가꾸었나 심사를 해서 상을 주고 격려해 주면 더욱 좋다. 상은 학용품 같은 조그만 선물도 좋겠지만 물질보다는 '땀'이 준 명예를 살릴 수 있는 상으로 하는 것이 더욱 좋다. 우리 반에서는 상으로 개인 또는 모둠별로 '나뭇잎 훈장'을 준다.

꽃밭을 가꾸면서 고추, 가지, 고구마, 상추, 파, 무, 배추 같은 채소도 꽃밭 사이에 가꿀 수 있다. 채소를 기를 때는 보기 좋게 질서를 지켜 길러야 한다. 사실 꽃밭에는 꼭 꽃만 가꾸어야 하는 것은 아니다. 곡식도 잘 정리해 심으면 예쁘고 보기 좋다. 할 수만 있다면 꽃밭에 곡식을 심어 가꾸자. 또 손바닥만 한 빈터만 있어도 호박이나 오이 같은 덩굴 식물을 심을 수 있다.

텃밭이나 주말 농장에서 일하기

집에 텃밭이 있다면 아이가 텃밭을 조금 얻도록 해서 아이 스스로 여러 가지 농사를 지어 보도록 하는 것도 좋다. 텃밭을 얻을 때는 그 텃밭을 아이 마음대로 해도 좋다는 부모님의 허락을 받도록 해야 한다. 이 때 짧게라도 농사 기록을 하도록 한다. 그러면 아이들 스스로 관찰 기록 공부도 할 수 있고, 그 기록을 보면서 교사가 농사 지도와 아울러 격려도 해 줄 수 있다.

도시에서도 집 가까운 공터를 일구어 농사를 지어 보면 된다. 땅이 없을 때는 지붕 위나 집 뜰에 상자나 큰 화분을 놓고 농사를 지으면 된다. 또 요즘은 농원에서 얼마의 땅을 임대해 주는 주말 농장을 많이 하고 있다. 주말에 한 번씩 찾아가 곡식을 가꾸는 주말 농장도 좋다. 그러나 이렇게 하는 것은 잘못하면 농사를 하나의 놀이처럼 생각할까 걱정도 된다. 그런 일이 없도록 해야 한다.

또 방학 때 복잡한 관광지로 피서를 가는 대신에 조용한 농촌에 가서 며칠 동안 땀 흘리며 일하는 것도 좋다. 깨끗한 산과 물과 들이 있고, 눈으로만 보던 곡식을 일하면서 만져 볼 수도 있어 좋다. 또 집에서 기르는 동물에게 먹이도 주고 똥도 치워 주며 같이 어울려 놀 수도 있어 좋다. 여기서도 일을 장난스럽게 해서는 안 된다. 농사짓는 사람들은 농사에 목숨을 걸고 있다. 아이들에게 그것을 꼭 깨우쳐 주어야 한다.

일할 곳은 친척집이면 더욱 좋겠고, 친척집이 없더라도 고향이나 가까운 농촌에 가서 일을 하면 된다. 계절은 여름이 더욱 좋겠지만 겨울에도 나름대로 일이 있다. 교사가 아이들을 데리고 같이 농촌 활동을 가도 좋다. 방학이 아니더라도 틈나는 대로 해 볼 수 있다.

집이나 교실에서 일하기

청소 같이 하기

청소 교육은 무엇보다 어렵다. 더구나 교감, 교장 선생님이 눈에 보이는 결과만 놓고 심하게 잔소리를 하는 학교는 더욱 더 그렇다. 아이들도 청소는 대체로 싫어한다. 아이들이 청소를 싫어하는 까닭은 더러운 일이나 어려운 일을 하기 싫어하는 사회의 잘못된 생각이 아이들에게도 있기 때문이다. 그런 생각을 바꾸도록 깨우쳐 주는 일도 해야 하고, 청소를 할 때 먼지나 더러운 것을 너무 두려워하지 않도록 하기 위해서는 입마개, 고무 장갑, 청소할 때 입는 덧옷, 머릿수건, 청소 일에 맞는 용구를 잘 갖추어 주는 일도 중요하다.

청소를 즐겁게 하기 위해서는 먼저 교사가 즐거운 마음으로 열심히 청소하는 모습을 보여야 한다. 우리 학급은 모둠끼리 청소를 한다. 교사는 간섭을 하기보다는 칭찬과 격려를 하고 모둠원끼리 이야기해서 스스로 내 일처럼 열심히 할 수 있는 방법을 찾도록 한다.

아이들은 모둠끼리 돌아가며 청소하다가 오후에 바쁜 일이 있으면 모둠 심부름꾼만 남아서 대충 교실 정리를 하기도 한다. 그리고 학교 행사도 겹쳐 청소 안한 날이 여러 날 지나면 모둠 청소 차례를 몰라 서로 자기 모둠이 계단 청소니 현관 청소니 하고 다툰다. 다투는 모습을 보면 교실 청소나 화장실 청소를 하기 싫어한다. 힘이 들고 더러운 것은 자꾸만 피하려고 하는 것이다. 어느 누구라도 그걸 좋아할 사람은 별로 없을 것이다. 그러나 자기에게 주어져서 마땅히 해야 할 일도 하기 싫어한다면 문제가 있다. 아무리 궂은 일, 힘겨운 일이라도 몸 아끼지 말고 해야 한다고 강조해도 편하고자 하는 사람 마음을 바꾸기는 쉽지 않다.

나는 내 구역을 맡아 청소하기도 하고 아이들과 같이 청소하기도 했다. 그러나 요즘은 처음 얼마 동안은 아이들과 같이 청소하다가 차츰 아이들 스스로 하도록 하고 나도 내 청소할 곳을 맡아서 한다.

물론 처음 아이들과 같이 청소를 하게 되면 잔소리를 많이 한다.

"야들아, 청소하는 꼴이 이게 뭐꼬! 저쪽 구석에는 빗자루가 지나가지도 않았잖아. 6학년이나 됐으면서 이렇게밖에 못 하나! 좀 제대로 해 봐!"

이렇게 짜증 섞인 잔소리는 청소를 더 하기 싫어하게 만든다. 그렇게 되면 교사의 눈에서 벗어나면 장난이나 치면서 놀거나, 꾀를 부릴 줄 모르는 아이들이 궂은 일, 힘든 일 다 할 때까지 컵이나 몇 개 달랑 씻어 오는 편안한 일만 하면서 청소를 아주 열심히 하는 척하게 된다.

"민영이는 청소 참 열심히 하네. 내가 하는 것 좀 봐. 비를 이렇게 조금 눕혀서 싹싹 쓸면 깨끗하게 쓸리고 먼지도 덜 나지. 자, 봐. 잘 쓸리지?"

"선생님, 요렇게 하는 거지요? 봐요, 나도 잘 되지요?"

"그래, 민영이 아주 잘 쓰네. 아름이는 고무 장갑 멋있게 끼고 물걸레질 참 잘하네. 걸레 잠깐만 줘 봐. 민영이가 키가 안 닿는 곳은 내가 할게."

"아녜요, 선생님. 의자에 올라가 닦으면 돼요."

"그래, 역시 아름이는 생각이 빠르단 말씀이야. 한번 해 봐. 힘들면 내가 할게."

이렇게 교사가 즐거운 마음으로 활기차게 해 나가다 보면 아이들도 몸 아끼지 않고 즐겁게 놀이처럼 청소를 하게 된다.

초등 학교 아이들, 특히 저학년은 창문을 여는 일부터 시작해서 청소하는 방법을 그때 그때 알맞게 가르쳐 주어야 한다.

차츰 교사가 간섭하지 않아도 내가 살아가고 있는 내 방, 내 짐을 스스로 열심히 청소하고 정리할 수 있도록 해야 한다. 물론 교사도 한 식구니까 따로 청소 구역을 맡아서 해야 한다. 아이들이 하기 힘든 일, 이를테면 높은 곳의 유리창 닦기 같은 것을 교사가 하면 좋다. 자기 일 자기가 하니까 검사도 자기 스스로 하도록 해야 한다. 책임도 자기 스스로 지는 것이다.

이렇게 하면 물론 깔끔하게 되지 않는 경우가 많다. 그렇다고 결과로 보아 겉보기가 좋지 않다고 해서 실패한 것은 아니다. 겉보기에 잘 안 되고 실패한 듯 보이지만 교육은 그런 가운데도 이루어진다. 매를 들고 닦달하면 겉보기에는 한 번에 되는 것 같지만 진짜 교육은 이렇게 천천히 돌아서 가야 할 일이 참 많다.

모둠별로 청소를 하는 것도 좋지만 아이들 하나하나가 날마다 청소를 해야 할 곳을 정해서 하는 것도 좋다. '1인 1역'을 맡는 것이다. 일 주일 단위로 돌아가면서 하도록 하면 좋다.

교실이 아닌 학교 청소 구역의 청소나 운동장의 풀 뽑기, 학교 안에 떨어진 휴지 줍기 같은 것은 스스로 할 수 있도록 이끌어 주는 것이 좋다. 언젠가 한번은 우리 반 아이들에게, "우리 학교 아이들 모두가 기분 좋기 위해 내가 할 수 있는 일은 없을까요? 그런 일을 찾아서 활동을 해 볼 사람 없어요?" 이렇게 물었다. 그렇게 시작해서 하게 된 것이 날마다 아침에 학교 안에 떨어진 휴지 줍기였다. 칭찬도 해 주고 가끔 나도 같이 휴지를 주우며 즐거워했다. 다른 학급이 하지 않는 구역까지 풀 뽑기 같은 일을 하면 아이들이 반가워하지는 않는다. 그러나 처음에는 몹시 싫어하던 일도 하다 보면 재미가 붙기도 한다.

열심히 일하는 아이들의 힘을 북돋우어 주기 위한 여러 가지 방법도 생각해 보아야 한다. 힘을 북돋우어 주는 방법이라도 사탕발림 방법으로는 오래가지 못하며, 칭찬을 받기 위해서 하는 일도 오래가지 못한다. 어떻게든 일하는 즐거움을 스스로 느끼도록 해 주어야 한다. 나는 열심히 일한 모둠에 나뭇잎 훈장을 준다.

그리고 궂은일을 싫어하지 않고 열심히 일한 아이에게는 따로 나뭇잎 훈장을 주기도 한다. 이 때도 아이들 스스로 뽑아서 주도록 하는 것이 좋다.

집안일 한두 가지 맡아 하기

집에서도 아이들이 몸을 움직여 일을 하도록 이끌어 준다. 아이 스스로 일을 찾아서 할 수 있도록 하고 부모님의 도움이 필요한 것은 가정 통신문을 보낸다든지 해서 학부모를 깨우치는 일도 해야 한다. 보통은 부모들은 아이들이 집안일을 거든다고 해도 못 하도록 막아 버리는 일이 많다. 무슨 일을 저지를까 싶어서다. 그러나 아이들이 아무리 서툴고 어설퍼도 하는 방법을 가르쳐 주고 칭찬해 주며 즐겁게 일을 할 수 있도록 해야 한다.

일거리는 날마다 할 수 있는 집안 청소, 구두 닦기, 설거지 같은 것으로 아이들 능력에 맞는 일이 좋다. 그리고 일을 맡아서 하기 시작했으면 끝까지 할 수 있도록 해야 한다. 학부모들은 일한 대가로 흔히 돈을 주는 경우가 많은데 그러지 말아야 한다. 어머니, 아버지가 식구들을 위해 일을 하지만 서로 돈을 주고받는 일은 없다. 왜 그럴까 생각해 보도록 하고 깨우쳐 주어야 한다.

8장
신나는 공부

음악 감상하고 노래 부르기 | 아름다운 시 맛보기

이야기 들려주기 | 즐거운 책읽기

연극으로 배우는 삶 | 재미있는 숙제

늘 푸른 교실 만들기 | 길거리 전시회

몸으로 하는 신나는 놀이 | 아이들과 함께 달리기

음악 감상하고 노래 부르기

마음을 맑게 해 주는 음악 감상

요즘 우리 삶은 어떤 틀에 얽매이고, 무엇에 쫓기고, 갈등도 참 많다. 이런 때 사람의 정신에 자유로움을 주고, 아름다운 마음을 일깨워 주고, 감성을 높여 주고, 삶을 넉넉하게 해 줄 수 있는 것이 음악이다. 더구나 아이들 마음은 어른처럼 굳어져 있지 않아 아름다운 음악을 듣는 것은 아름다운 심성 발달에 더욱 큰 영향을 미친다.

나는 음악을 좋아해서 나 혼자 듣는 것은 말할 것 없고 틈만 나면 아이들에게도 좋은 음악을 들려주고 있다. 음악을 감상하자면 좋은 오디오 시설이 있으면 좋겠지만 학교에서는 그런 시설을 갖추기가 쉽지 않으니까 각 학급에 있는 녹음기를 쓰는 수밖에 없다. 그리고 테이프나 시디를 사는 것은 교사 자신이 할 수밖에 없다. 때에 따라서는 필요한 곡만 골라서 편집해 녹음을 하기도 해야 한다.

요즘 아이들은 격렬하면서도 빠른 유행 음악에 푹 빠져 있어 처음부터 클래식을 들려주면 지루해한다. 그래서 나는 처음에는 아이들에게 영화 음악이나 팝송을 오케스트라가 편곡해 연주한 곡과 세미클래식이나 짧은 독주곡 같은 곡들을 먼저 들려주다가 차츰 본격 클래식 음악으로 바꾸어 갔다. 그러면서 우리 음악과 함께 여러 나라 민요도 들려주었다.

음악을 감상할 때는 편안하게 앉아 있도록 하되 말은 하지 않도록 한다. 음악 감상 뒤에 그 느낌을 말해 보도록 하거나 음악을 놓고 깊이 있게 공부하는 것은 정식으로 마련한 음악 감상 시간에만 하는 것이 좋다. 어린 아이들에게 음악을 들려주는 것은 음악을 즐겨 듣는 태도를 기르는 데 큰 도움을 주기 위한 것이니 무리하지 말고 편안하게 해야 한다.

음악을 좀더 이해하고 감상을 잘 하기 위해서는 《인간과 음악》(어울림)이나 《마음의 병을 다스리는 음악의 지혜》(신원문화사) 같은 책이나 요즘 나온 《금난새와 떠나는 클래식 여행》(생각의 나무)이란 책을 읽어 보면 좋다. 《금난새와 떠나는 클래식 여행》은 청소년에게 음악 감상의 기본이 될 만한 내용을 담아 놓았다.

어쨌든 시간이 날 때마다 자주 좋은 음악을 많이 들려주자.

• 아침 : 나는 아침에 교실에 들어오자마자 밝고 신나는 음악을 틀어 놓는다. 세미클래식이나 팝송 가운데 신나는 음악을 오케스트라가 새롭게 편곡하여 연주한 곡이다. 나는 아이들이 오기 전에 먼저 출근해서 여름이면 교실 문을 활짝 열고 겨울이면 난로에 불을 따뜻하게 지펴 놓는다. 그리고 음악을 틀어 놓고 서성거리고 있으면 아이들이 하나 둘씩 교실에 들어선다. 그럴 때 밝은 아이들의 모습을 보면 나는 참으로 행복하다. 아이들과 함께 음악을 들으면서 가볍게 청소를 한다.

• 그림 그릴 때 : 우리 반은 날마다 아침에 '살아 있는 그림 그리기'를 하는데 이 때도 음악을 들려준다. 이 때는 음악을 듣기보다는 그림 그리는 데 마음을 더 써야 하니까 협주곡보다는 잔잔하고 감미로운 독주곡이 좋다. 감미로운 바이올린 곡이나 가벼운 피아노 독주곡도 좋고, 좀 지나면 베토벤 교향곡 제6번 '전원' 같은 곡도 좋다. 나는 주로 우리 음악은 가야금 산조, 해금 산조, 대금 독주 같은 음악을 들려주고, 다른 나라 음악은 구노의 '아베마리아', 슈베르트의 '세레나데', 드보르작의 '유머레스크' 같은 음악을 들려준다.

•수업 시간 들어가기 전 : 이 때는 수업에 방해가 되지 않도록 짧은 곡들을 들려주는 것이 좋다. 아이들의 기분에 따라 곡을 선택해서 들려주는데, 예를 들면 아이들 마음이 들떠 있을 때는 조용하고 감미로운 음악을, 기분이 별로 밝지 못할 때는 밝고 신나는 음악을, 마음이 안정되어 있을 때는 여러 종류의 음악을 계획을 세워 들려주면 좋다.

우리 음악은 휘모리장단의 빠른 기악곡을 먼저 들려주고, 여러 가지 음악을 고루 맛보이면서 깊이를 더하면 된다. 그 밖에도 여러 종류의 음악을 고루 감상할 수 있도록 하는 것이 좋다. 큰 곡도 들려줄 수 있으면 들려주는데 수업 시간을 갉아먹지 않게 조금씩 끊어서 들려주고 따로 감상 시간을 낼 때는 한꺼번에 들을 수 있도록 한다.

•쉬는 시간과 점심 시간 : 쉬는 시간이나 점심 시간에는 밝고 명랑한 곡이 좋다. 쉬거나 점심을 먹으면서 가볍게 들을 수 있기 때문이다. 그러나 아이들이 떠들면 음악 소리도 소음으로밖에 들리지 않기 때문에 밖에 나가서 뛰어놀고 싶은 아이들은 내보내고 교실에 남아 있는 아이들은 떠들지 않도록 해야 한다. 이 때 창작 동요나 가곡 같은 것을 들려주면 아이들이 따라 부르기도 한다.

•미술 시간이나 책을 읽을 때 : 미술 시간에도 가볍게 들을 수 있는 조용한 음악을 들려주면 좋다. 책을 읽을 때도 음악을 들려주면 좋은데 이 때는 자극이 거의 없는 잔잔한 음악을 마음 바탕에 깔아 주듯 들려주는 것이 좋다. 글쓰기 시간에도 마찬가지다.

•감상 시간 : 어느 정도 클래식 음악의 맛을 조금씩 느끼기 시작하고 감상 태도가 자리잡혀 갈 때부터는 가끔 음악 감상 시간을 따로 가져서 큰 곡을 감상하도록 하고 그 느낌을 발표도 해 보고 깊이 있는 공부도 해 보면 좋다. 그리고 서양 음악에만 매달리지 말고 우리 음악에도 익숙하게 되도록 자주 들려주어야 한다.

노래 부르는 즐거운 교실

요즘 청소년이 부르는 대중 가요의 노랫말은 무슨 뜻인지 이해할 수 없거나 말이 안 되는 부분도 많고, 우리 말과 외국 말을 섞어 만든 국적 없는 노래도 많다. 여러 가지 까닭으로 건전하다고 볼 수 없는 노랫말도 많다. 초등 학교 아이들은 무슨 뜻인지도 잘 모르면서 그런 노래를 따라 부른다. 동요 같은 것은 학교 공부 시간에나 부르지, 공부 시간을 벗어나면 언제 어느 때라도 대중 가요를 더 즐겨 부른다.

아이들이 교과서에 실려 있는 동요를 외면하고 대중 가요를 더 즐겨 부르는 데는 까닭이 있다. 첫째는, 교과서에 실린 동요에 아이들의 삶이 들어 있지 않거나 아이들의 생활과 맞지 않는 동심천사주의 노랫말인 데다가, 요즘 아이들의 정서에 맞지 않게 늘어지는 가락이 많은 까닭이다.

다음은 대중 매체의 영향이다. 언제 어디를 가나 아이들의 귀에 들려오는 노래는 대중 가요뿐이다. 그러니 대중 가요에 몸과 마음이 적응을 하게 되어서 기껏해야 학교 공부 시간에나 몇 번 부르는 동요는 오히려 낯설게 들린다. 그러니 귀에 익은 익숙한 대중 가요를 즐겨 부르게 되면서 동요를 더욱 외면하게 되었다. 서양 음악에 견주면 비중을 아주 적게 두고 가르치는 전통 음악은 아이들과 더욱 멀리 떨어져 있다.

또 요즘 아이들 가운데는 올바른 가치관 교육을 제대로 받지 않아서인지 많은 아이들이 '참다움'의 기준도 잘 못 찾고, 올바른 정서를 잃어버린 것도 한몫한다. 한때 대학생 사이에서 유행했던 '노가바(노랫말 바꿔 부르기)'가 초등 학교 아이들 사이에도 유행했다. 동요 '아빠와 크레파스'를 예로 들면 아이들은 "우리 아빠가…… 쇠몽둥이를 사 가지고 오셨어요. …… 한 대 맞고 참았어요. 두 대 맞고 코피 났어요. 세 대 맞고 기절했어요. 네 대 맞고 죽었어요." 이렇게 이상하게 고쳐서 불렀다. 왜 이런 노래를 불렀을까? 내 생각에는 어른에 대한 반발이라고 본다. 그러면서도 아이들은 그런 어른을 닮아 간다.

우리 아이들에게 정서에 맞는 노래를 즐겨 부르게 해야 한다. 학급에서 할 수 있는 일은 아이들에게 그런 좋은 노래를 찾아 지도하는 것이다. 한 주에 한두 곡쯤 정해 놓은 시간에 지도를 하는 것이 좋다. 짬이 나면 지도하지 하고 생각하다가도 바쁘다 보면 지도할 시간이 안 난다. 그래서 나는 셋째 시간 들어가기에 앞서 꼭 노래를 하고 수업을 시작한다. 그리고 짬만 나면 한 번씩 신나게 아이들과 함께 노래를 부른다. 요즘은 피아노를 잘 치는 아이들이 많아, 악보를 주고 저희들끼리 노래를 부르라고 해도 곧잘 한다. 또 노래 테이프를 자주 틀어 주면 아이들은 얼마 안 지나 곧잘 따라 하기도 한다.

노래에 따라서 율동을 곁들일 수 있으면 더욱 좋다. 아이들에게 노래에 맞는 율동을 만들어 보게 해도 잘 한다. 때에 따라서는 모둠별로 노래 부르기 대회도 한 번씩 하고, 가끔 때에 맞는 노래를 골라 집중해서 불러 보기도 하면 좋다. 악보는 복사해서 나누어 주고 묶어 나가도록 하면 연말에는 좋은 노래책이 한 권 된다.

그러면 어떤 노래를 고를까? 말할 것도 없이 진솔한 삶이 담겨 있는 노래, 아이들의 정서에 맞는 노래, 아이들의 아름다운 마음을 불러일으킬 수 있는 노래, 아이들의 건전한 흥을 돋굴 수 있는 노래여야 한다. 이런 노래는 아이들이 좋아하게 되어 있다. 우리 교실에서 많이 부르는 노래는 '개구리 소리', '어화둥둥 우리 사랑', '꼴찌를 위하여', '딱지 따먹기', '우리 집 강아지' 같은 것들이다.

노래 부르는 시간을 정해 놓으면 아이들은 날마다 그 시간이 되면 오르간을 준비하고 노래가 적힌 쪽지도 내어 놓는다. 내가 교무실에 복사하러 가서 조금 늦게 온다든지 선생님들과 회의를 하고 조금 늦게 들어와도 고학년 아이들은 벌써 저희들끼리 노래를 부르기 시작한다.

요즘은 아이들에게 백창우가 만든 '우리 집 강아지'와 '딱지 따먹기' 노래를 시디로 틈틈이 틀어 주고 따라 부르게 했더니 몇 번 안 듣고도 금방 따라 했다. 2학년 아이들은 40분 수업 시간도 잘 견디지 못한다. 그래서 수업하다가 한 번씩 노래를 부르든지 율동을 하면서 몸을 풀어 주어야 한다. 어떤 아이는 '딱지 따먹기' 노래를 부르면서 딱지가 홀딱 넘어가는 장면에서는 머리를 옆으로 까딱하고 몸을 옆으로 굽히기도 했다. 그런 아이가 한두 명이 아니고 절반 가까이나 되었다. 그만큼 아이들 정서에 맞는다는 뜻이다.

　아이들과 노래 부르는 것은 언제나 즐겁다.

어린이 음악 교육에 도움이 되는 책

■ 음악 교육 이론
《노래야, 너도 잠을 깨렴》, 백창우 씀, 보리

■ 어린이 노래책과 시디와 테이프
《어린이 노래 모음집》, 놀이연구회 엮음, 우리교육
《이원수 시에 붙인 노래들》, 이원수 시, 백창우 곡, 보림
《딱지 따먹기》, 초등 학교 아이들 시, 백창우 곡, 보리
《예쁘지 않은 꽃은 없다》, 마암 분교 아이들 시, 백창우 곡, 보리
《우리 반 여름이》, 김용택 시, 백창우 곡, 보리
《또랑물》, 권태응 시, 백창우 곡, 보리
《꽃밭》, 권정생 외 시, 백창우 곡, 보리
《맨날맨날 우리만 자래》, 아람 유치원 아이들 말, 백창우 곡, 보리

아름다운 시 맛보기

아이들에게 아름다운 시를 자주 보여 주는 것은 아이들이 시와 한층 가까워지
도록 도와 주고, 시는 쉽다, 나도 쓸 수 있다는 생각을 심어 줄 수 있어 좋다. 또
시를 쓰지는 않더라도 진솔하고 감동 있는 시를 감상하는 것만으로도 좋다. 시를
쉽게 생각하고 자기도 쓸 수 있다고 여기게 되면 모든 일에 할 수 있다, 자신 있다
는 의식으로도 이어질 수 있다.

나는 둘째 시간 수업에 들어가기에 앞서 시 한 편을 읽어 주고 맛을 보게 한다.
시를 맛보려면 먼저 분위기를 조용하게 해서 아이들의 정신이 다른 곳으로 흐트
러지지 않도록 해야 한다. 먼저 눈을 감으라고 하고 조용해지면 감미로운 음악을
들려주며 눈을 뜨도록 한다. 자세는 자유스럽게 해도 좋지만 말을 하거나 많이
움직이지 않도록 한다. 음악을 들으면서 마음을 차분히 가라앉히면 음악 소리를
조금씩 낮추며 시 한 편을 또박또박, 그리고 감정을 살려서 읽어 준다.

시를 읽은 뒤에는 아이들 나름대로 시 맛을 느끼는 시간을 조금 주고 가끔 시
에 대한 아이들 생각을 말하도록 한다. 그리고 때로는 좋은 시와 좋지 않은 시를
견주어서 감상하도록, 맞서는 두 편의 시를 읽어 주기도 한다. 어떤 점에서 좋은

시인가, 어떤 부분의 표현이 살아 있는가 물어 보고, 시를 이해하기 어려울 때는 시대 배경이나 내용의 이해를 돕는 설명을 조금 해 준다. 교사 중심으로 설명하는 것이 지나치면 아이들 나름대로 느끼고 감상하는 맛을 떨어뜨리기 때문에 꼭 이야기해 줄 필요가 있는 것만 한 마디씩 던져 준다.

시에 대해서 도움말을 해 줄 자신이 없는 사람은 그냥 좋은 시를 읽어 주기만 해도 되지만, 교사도 시를 보는 눈을 길러야 한다. 먼저 《일하는 아이들》(보리), 《어린이 시 이야기 열두 마당》(지식산업사) 같은 책을 참고하면 좋겠다. 또《우리 모두 시를 써요》(지식산업사)를 차례대로 날마다 조금씩 읽어 주면서 아이들과 같이 공부해 나가는 것도 좋겠다. 《어린이 시 이야기 열두 마당》에는 좋지 않은 시도 예를 들어 놓았으니 좋은 참고가 될 것이다.

우리 반에서는 한 주에 두어 번 정도 아침 자습 시간에 칠판에 시를 적어 놓거나 복사해 주어서 감상을 쓰도록 하기도 한다. 그냥 듣기만 하고 생각만 하기보다 느낌을 글로 적어 보는 것이 자기 생각을 또렷하게 정리할 수 있어 좋다.

시를 감상할 때는 아이들이 쓴 시, 어른들이 쓴 동시 따위를 골고루 하는 것이 좋다. 어른이 쓴 동시를 감상할 때는 아이들에게 시를 쓸 때 흉내내면 안 된다고 강조해서 이야기해 주어야 한다. 또 글쓴이 소개도 될 수 있는 대로 자세히 한다. 때때로 자기 학급 아이의 시도 깊이 있게 맛보도록 한다.

또 가끔은 시도, 이야기 글이나 그림 따위와 함께 교실 뒤에 맛보기 작품을 붙여 놓고, 아이들에게 쪽지에다 느낌을 써서 붙이도록 해도 좋다. 이렇게 하면 아이들이 서로의 생각을 견주어 볼 수 있어 더욱 좋다. 그리고 줄 없는 공책을 한 권씩 마련하도록 해서 시를 감상할 때마다 시를 정성껏 옮겨 적고 느낀 감상을 써서 꾸며 놓으면 훌륭한 시집이 된다.

제비꽃

경상 북도 안동시 구수 초등 학교 대곡분교 2학년 김춘옥

제비꽃이 생글생글 웃는다.

제비꽃이 하늘 보고 웃는다.

제비꽃이 우예 조르크릉 피었노?

참 이뿌다.

　　—《일하는 아이들》(보리)에서

"이 시에서 어떤 말이 제일 새롭다고 생각되요?"

"조르크릉."

"또 다른 말은?"

"참 이뿌다."

"그렇지요. '제비꽃이 우예 조르크릉 피었노? / 참 이뿌다.'에서 '조르크릉'이라는 말은 여러분들이 말하는 사투리지만 이 말말고는 그 때 그 감정을 살려낼 길이 없지요. '참 이뿌다.'는 예쁘다는 말이고 우리가 흔히 쓰는 말인데도 여기서는 참 새로운 말이 되었지요. 시는 이렇게 자기가 쓰는 말로 꾸밈없이 표현하면 진한 감동을 주지요."

빚

경상 북도 울진군 온정 초등 학교 3학년 김형삼

우리 집은 무슨 일인지

빚을 졌다.

논 몇 마지기 팔고도

빚을 다 못 갚아서

재판장한테 가서

재판을 받았다.

그런데 아버지께서

울면서 오셨다.

아버지께서

"형삼아, 너들 잘 살아라.

형삼아, 니가 크면

돈 없는 사람 도와 주어라."

하며 울었다.

나도 울었다.

　　　—《엄마의 런닝구》(보리)에서

• 형삼이의 형편을 알게 되었고, 형삼이가 열심히 살아가는 모습이 잘 나타나 있다. 형삼이가 빨리 자라서 빚을 다 갚고 가난한 사람들을 도와 주었으면 한다. (5학년 김은정)

• 농촌 사람은 뼈빠지게 일해도 빚투성이인데, 도시 사람 중에는 손 까딱하지 않고도 돈을 산더미같이 버는 사람도 있다고 한다. 불공평하다. (5학년 하성진)

• 전번에 고추 파동 때문에 야단난 적이 있다. 쌔빠지게 농사지어 놓고도 빚을 진다니 문제가 있다. 그 문제 무엇인가! (5학년 배주혁)

• 돈이 없는 사람은 어려운 이웃을 잘 도우려고 하는데 돈 있는 사람은 더 많은 돈을 모으려고 엉뚱한 짓을 하는 것을 텔레비전 뉴스에서 많이 보았다. 돈 많고 나쁜 짓을 하는 세상보다는 가난하고 서로 도우며 사는 세상이 더 좋다. 도움을 받은 사람은 언젠가는 은혜를 갚을 것이다. (5학년 김석돌)

• 가난하면서도 남을 많이 도와 주라는 아버지의 말씀은 이 세상의 어느 누가 한 말보다도 훌륭하다. (5학년 김찬식)

• 김형삼의 집은 가난하여도 꿋꿋이 이겨 내고 자기네 생각보다 남 생각을 하니 정말로 좋은 사람이다. (5학년 박태민)

달님
권정생

새앙쥐야
새앙쥐야
쬐금만 먹고
쬐금만 먹고
들어가 자거라.

새앙쥐는
살핏살핏 보다가
정말 쬐금만 먹고
쬐금만 더 먹고
마루 밑으로 들어갔어요.

아픈 엄마 개가
먹다 남긴 밥그릇을
달님이 지켜 주고 있지요.
─《어머니 사시는 그 나라에는》(지식산업사)에서

시를 쓴 권정생 선생님을 잠깐 소개하고 시를 읽은 느낌을 짧게 쓰도록 했다.

권정생 선생님의 시는 가난하고 약한 이웃과 함께 살아가면서 온몸으로 쓴 시이기 때문에 다른 어떤 시보다 우리의 가슴을 찡하게 울린다. 아이들이 이런 시를 읽으면서 사람다운 따뜻한 마음을 길렀으면 싶다.

아이들이 쓴 짧은 글 몇 편을 소개한다.

• 달님은 아픈 개를 보며 그 개를 감싸 주듯 한다. 달님이 엄마와 같이 개에게 해 주니 개는 자식이고 달님은 엄마 같다. (6학년 김영국)

• 달님이 아픈 어미 개를 생각하는 마음이 나타나 있다. 또 어미 개가 먹다 남긴 밥을 새앙쥐가 먹는데 어미 개가 먹도록 조금만 먹으라고 달래는 달님의 고운 마음씨도 나타나 있다. 그런 마음을 아는 듯 조금만 먹고 가는 새앙쥐도 참 귀엽다. (6학년 박성실)

• 달님이 아픈 엄마 개를 포근하게 안아 주는 것 같다. 평화롭고 은은하고 고요한 달밤이 느껴진다. (6학년 허병대)

• 아픈 엄마 개가 가엾게 느껴진다. 그리고 동화 같은 시라고 느껴진다. (6학년 허미경)

• 이 시를 읽어 보면 우리가 사는 이 세계에서 자주 볼 수 없는 정겨움이 담겨져 있다. (6학년 조수경)

시를 고르기에 좋은 시집

■ 동시집
《엄마야 누나야》, 방정환 외, 보리
《귀뚜라미와 나와》, 김희석 외, 보리
《감자꽃》, 권태응, 창비
《너를 부른다》, 이원수, 창비
《어머니 사시는 그 나라에는》, 권정생, 지식산업사

《개구리 울던 마을》, 이오덕, 창비
《산골 아이》, 임길택, 보리

■ 어린이 시집
《비 오는 날 일하는 소》, 이호철 엮음, 산하
《엄마의 런닝구》, 한국글쓰기교육연구회 엮음, 보리
《일하는 아이들》, 이오덕 엮음, 보리
《까만 손》, 탁동철 엮음, 보리

이야기 들려주기

하루에 옛 이야기 한 자리 들려주기

옛날 이야기에는 아이들에게 줄 영양분이 많다. 이웃과 더불어 사는 삶, 슬기, 용기, 사랑, 건전한 웃음, 깨우침……. 우리 어릴 때는 그런 옛 이야기를 들으면서 자랐다. 사람들이 모여 이야기를 하며 들으며 서로 정도 두터워졌다. 그런데 요즘은 어떤가? 정이 메말랐다. 이렇게 된 것은 비뚤어진 여러 가지 문화 환경 탓이다.

서정오 선생은 《옛 이야기 들려주기》(보리)에서 이렇게 말했다.

메마른 세태와 비뚤어진 문화 환경이 빚어 낸 해독을 풀어 주고, 아이들을 좀더 사람답게 키우기 위해서는 이야기 문화를 되살리는 일이 바쁘게 되었다. 더 늦기 전에 이야기 문화를 되살려 놓아야 한다. 옛날처럼 집에서 옛 이야기를 들려주기 힘들게 되었다면, 학교에서라도 자주 들려주어야 한다. 이것은 잘못된 제도 때문에 제 구실을 못 하고 있는 학교가 본래의 자리를 되찾는 한 가지 방법이 될 수도 있다.

나도 같은 생각이다. 그래서 나는 오래 전부터 틈만 나면 아이들에게 이야기를 해 주곤 한다. 이야기 들려주기도 날마다 일정한 시간을 내어 하루 한 번씩 일삼아 알맞게 들려주어야 한다. 나는 고학년인 경우에는 5교시 바로 전에 많이 들려주었다. 저학년인 경우에는 시간을 정해서 해도 좋지만 무엇을 열심히 하거나 착한 일을 했을 때 들려주면 더욱 좋다. 또 언제든지 아이들이 학과 공부에 지루함을 느끼기 시작할 때 한 번씩 덤으로 해 주기도 한다.

옛날 이야기를 들려줄 때는 주로 서정오 선생이 낸 책 〈옛 이야기 보따리〉(보리)를 많이 보고 있다. 1권부터 10권까지 구수한 입담으로 들려주듯이 써 놓았기 때문에 좋고, 또 이야기의 원형을 거의 그대로 살려 놓았기 때문에도 참 좋다. 바쁘면 책을 봐 가며 이야기를 해 주기도 하는데 그것보다는 하루 전이나 아침에 미리 읽어서 책을 보지 않고 재미있게 이야기를 해 줄 수 있는 것이 좋다.

아이들이 이야기를 많이 해 달라고 하더라도 하루에 한 자리 이상은 하지 않는 것이 좋다. 그래야 다음 날 이야기를 더 기다리기 때문이다. "옛날에……." 하고 이야기를 시작하면 아이들 눈은 더욱 반짝거리고 숨을 죽이며 가만히 앉아 있다. 그 때 어떤 아이가 말을 하거나 조금이라도 떠들기라도 하면,

"야, 조용히 해! 이야기하잖아!"

이러면서 저희들끼리 손가락을 입에 갖다 대고 "쉿, 쉿!" 한다.

이야기를 들려줄 때는 이야기에 나오는 인물에 따라 목소리를 달리 하고 표정이나 행동을 조금씩 해 보이면 아이들은 더욱 좋아한다.

옛 이야기 들려주는 방법에 대해 자세히 알려면 《옛 이야기 들려주기》 책을 참고하기 바란다.

서정오 선생은 이야기와 함께 하는 교육으로 이야기 듣고 글 쓰기, 그림 그리기, 수수께끼 놀이하기, 이야기 이어가기 같은 것이 있다고 알려 주었는데, 그 밖에도 여러 가지가 있다. 그러나 이렇게 소개는 했지만 이야기를 들려준 뒤에 다른 활동은 하지 않아도 된다. 들려주는 것만으로도 아이들 마음 속에 큰 자양분으로 녹아 들어가기 때문이다.

아이들에게 잔소리하는 대신에 깨우침을 줄 수 있는 이야기 한 자리를 해 주는 것, 아이들이 무엇을 잘 했을 때나 친해지기 위해서 이야기를 한 자리 해 주는 것은 참으로 좋은 방법이다.

창작 동화 이어서 들려주기

그 다음, 나는 아이들에게 동화를 많이 들려주고 있다. 혼자 동화에 나오는 여러 인물이 되어서 글의 내용에 맞게, 그 인물의 성격에 맞게 표정 연기도 조금씩 하고 행동 연기도 조금씩 하면서 동화를 들려준다. 아이들은 스스로 읽는 것하고는 다른 재미를 느끼면서 좋아한다.

나는 고학년에게는 권정생 선생님의 《바닷가 아이들》(창비)에 나오는 동화를 꼭 읽어 주었다. 그 가운데도 '앵두가 빨갛게 익을 때'를 읽어 줄 때는 아이들이 배꼽을 잡고 웃다가 끝에 가서는 눈물을 흘렸다. 어릴 때 이북 고향에서 같이 자란 달수 아저씨와 상민이 아저씨는 치악산 전투에서 포로로 잡혀 남한에서 둘 다 머슴으로 살다 결혼을 해 살면서 허물없이 친하게 지냈다. 그런데 조그만 오해로 사이가 벌어지고 다투다 끝에 가서는 서로의 아픈 마음을 헤아리는데, 감동을 주는 동화다. 상민이 아저씨와 달수 아저씨가 서로 멱살을 잡고 다투는 장면이 나온다.

상민이 아저씨의 커다란 손이 달수 아저씨의 멱살을 끌어 잡았습니다.
"이 도둑놈아! 어서 내 돈 내놔!"
달수 아저씨가 멱살 잡힌 목이 죄어들어 억지로 쥐어짜는 목소리로 말했습니다.
"못 준다, 이놈아!"
"내 놔라아!"

달수 아저씨가 멱살을 잡은 손을 잡아당기며 늘어지자, 덩치 커다란 상민이 아저씨와 함께 기우뚱 마당 가운데로 넘어져 버렸습니다.

　이와 같은 부분에서는 글을 읽어 주는 내가 학급의 한 아이의 멱살을 잡고 아주 화난 얼굴을 하면서 "야, 이 또둑놈아! 어서 내 돈 내 놔!" 이러면 아이들은 웃고 난리가 난다. 그렇게 재미있어할 수가 없다. 처음에 멱살을 잡힌 아이는 매우 당황하지만 몇 번 그런 장난을 치고 나면 서로 멱살을 잡아 달라고 한다. 그리고 달수 아저씨 흉내를 낼 때는 내가 내 멱살을 잡고 "모모모모 못 준다, 이 이놈아!" 이러면 아이들은 책상을 치며 웃는다.
　이 이야기의 끝 부분은 달수 아저씨가 속이 아파 병원에 누웠는데 상민이 아저씨가 위문하러 찾아가는 것이다.

　콧구멍에 기다란 고무 호스를 끼워 놓은 달수 아저씨는 몹시 고통스러워하면서 금방 입술을 씰룩거렸습니다.
　"달수야……."
　상민이 아저씨는 옛날 고향에서 어릴 적 동무한테처럼 그렇게 불러 놓고 그만 목이 메었습니다. 커다란 눈을 끔벅거리자 굵다란 눈물을 그렁거렸습니다.
　아저씨는 얼른 고개를 치켜들었지만, 볼을 타고 내린 눈물이 침대에 누워 있는 달수 아저씨의 야윈 뺨에 뚝 떨어졌습니다. 그와 함께 오른손에 들고 있던 비닐봉지를 털썩 놓쳐 버리자 빨간 앵두가 병실 바닥 가득히 쏟아져 흩어졌습니다.
　상민이 아저씨의 눈에는 창문 바깥 먼 곳 고향 하늘이 자꾸만 가물거렸습니다.

　이 부분을 들려줄 때는 들려주는 나나 아이들이나 눈에는 저절로 눈물을 그렁거리게 된다.
　고학년 아이들에게는 《몽실 언니》(창비) 같은 아주 긴 이야기도 들려주었는데,

아주 재미있어했다. 이런 긴 이야기는 어느 만큼 하다 보면 뒤에 가서는 아이들 스스로 책을 사서 보든지 교사의 책을 빌려 가서 보기도 한다. 그 때는 슬그머니 그만두고 다른 동화를 들려주어도 좋다. 《몽실 언니》같이 장편이거나 이해하는 데 조금 어려움이 있는 동화는 이야기하다가도 이야기의 줄거리가 어떻게 되어 가는지 한 번씩 되풀이해서 설명을 해 주어야 한다. 또 시대 배경이나 이야기의 중심 생각을 이해하기 어려운 동화는 상상력을 해치지 않는 범위에서 설명을 조금 해 주는 것이 좋다.

저학년인 경우에는 이현주 동화 '알게 뭐야' 나 현덕의 동화집 《너하고 안 놀아》(창비)에 나오는 짧은 동화를 분위기 살려 들려주면 아주 좋아한다. 어떤 동화라도 상황에 맞게 잘 들려주면 재미있어한다.

가끔 한 번씩 아이들 스스로 이야기책 읽은 내용을 다른 아이들 앞에 이야기하도록 하는 것도 글의 내용을 잘 알게 하는 일이나 말하는 힘을 길러 주는 데 크게 도움을 준다.

아이들에게 이야기를 많이 들려주면 좋다.

즐거운 책읽기

어릴 때부터 책 읽는 버릇을 길러 주는 것은 중요하다. 그런데 책읽기를 지도하지 않고 아이들이 하는 대로 그냥 두기에는 문제가 많다. 책을 가까이하지 않을 수도 있고, 나쁜 영향을 끼치는 책들을 가까이할 수도 있다. 또 책 읽는 버릇이 잘못 들 수도 있다. 어떻게 하면 아이들이 삶 속에서 좋은 책을 자연스럽게 즐겨 읽도록 할까?

책 마련하기

많은 책 가운데 학급 아이들에게 맞는 좋은 책을 마련하는 것은 쉽지 않다. 시골 학교는 더욱더 그렇다. 학교 도서관이 잘 갖추어져 있는 학교는 도서관을 적극 이용하면 되겠지만, 학교 도서관이 없거나 있어도 여러 가지 까닭으로 쓰기가 쉽지 않은 곳이 많다. 그래서 나는 학년 머리에 먼저 학급 문고를 만든다.

흔히 하는 방법인데 아이들에게 집에 있는 책을 몇 권씩 가져오게 해서 모은

다. 책을 모을 때는 어떤 책이 쓸모 있는 좋은 책인지 대충 안내해 주어야 한다. 나는 '어린이도서연구회'에서 나오는 책 안내 자료를 많이 이용한다. 책이 모이면 도서 대장에 올리고 아이들이 보기 편한 곳에 정리를 해 두며, 책을 관리하는 모둠을 정해서 아이들이 관리하도록 한다. 또 학교 도서관에서 한꺼번에 여러 권 골라 와 돌려 가며 읽도록 하기도 하고 내가 가지고 있는 책을 아이들에게 빌려 주기도 한다.

책 읽는 시간

아무리 책이 가깝게 있어도 읽어야 책이다. 나는 아침 시간에 '살아 있는 그림 그리기' 지도를 주로 하지만 아이들과 책을 읽기도 한다. 때때로 오후에도 그런 시간을 갖는다. 이 시간에는 담임인 나도 아이들과 같이 책을 읽으면서 행복을 느낀다.

학교 일로 내가 수업 시간 늦게 교실에 들어갈 경우나, 출장을 갈 때 한두 시간 은 반드시 책을 읽도록 정해 놓았다. 이렇게 정해 놓으면 아이들은 내가 없어도 조용히 책을 읽는다. 그리고 교과 학습 진도가 빠를 때도 그 시간에 책을 읽게 하기도 한다. 또 수업 시간에 자기 할 일을 빨리 마친 아이도 스스로 책을 읽도록 하고 있고, 그 밖에도 틈만 나면 책을 읽도록 한다.

책읽기 지도

• 책 가까이 두기 : 책을 마련하였으면 아이와 책이 가까워질 수 있도록 노력 을 많이 해야 한다. 학급 문고를 만드는 것도 학교 도서실보다 더 가까이 책을

아이들이 조용히 책을
읽고 있다. 선생님이
학교 일로 수업 시간에
늦게 들어가거나 출장을
갈 때, 또 수업 시간에
자기 할 일을 빨리 마친
아이에게 책을 읽도록
정해 놓는다.

갖다 놓도록 하는 방법이지만 나는 될 수 있는 대로 책상 위 바로 손 닿는 곳에 언제든지 책이 놓여 있도록 한다. 틈만 나면 그 책을 읽을 수 있게 하기 위해서다. 그리고 가방에도 언제든지 책을 넣어 가지고 다니게 해서 밖에서나 집에서나 틈만 나면 읽을 수 있도록 하고 있다. 집에서는 화장실이나 식탁 위, 거실처럼 손 가까운 곳에 가볍게 읽을 만한 책을 갖다 놓으면 좋다. 방학 때는 있는 대로 책을 빌려 주어 읽게 하고, 자기가 빌려 간 책을 다 읽으면 동무들과 바꾸어서 읽게 한다.

• 이야기 주고받기 : 쉬는 시간이나 점심 시간처럼 몇몇 아이들과 같이 있을 때 책 이야기를 주고받는다. 어떤 책을 읽고 있는지, 지은이는 누구인지, 또 어떤 좋은 책을 쓴 사람인지, 얼마만큼 읽었는지, 내용이 무엇인지, 주인공에 대해 어떤 생각을 가지고 있는지 따위를 서로 물어 보면서 아이들의 생각을 일깨워 주면 좋다. 이 방법은 아이의 능력에 따라 아이에 맞게 이야기를 나눌 수 있어 좋다.

•책 소개하기 : 교사가 아이들에게 알맞은 책을 소개해 준다든지 아이들 자신이 읽은 책을 2~3분 정도로 동무들 앞에서 소개하도록 한다. 교사가 책을 소개할 때는 학부모들이 읽을 만한 책도 소개해 주면 좋겠고, 좋은 글을 쓰는 아동문학 작가나 좋은 책을 내는 출판사 따위를 소개해 주는 것도 좋다. 또 책읽기에 대한 여러 가지 정보를 나누어 주기도 한다. 책을 소개하는 일은 한 주에 한 번 한다든지 한 달에 두 번 한다든지 날을 정해 두고 하는 것이 더욱 좋다. 한 가지 덧붙이면, 아이들에게 책 광고를 여러 가지 방법으로 만들어 발표하도록 하는 것도 좋다.

•책 읽어 주기 : 아이들이 재미있어할 작품을 읽어 주어 아이들이 책에 흥미를 느끼도록 한다. 책 읽어 주는 방법도 여러 가지가 있는데, 짧은 동화를 다 읽어 주거나 이야기의 한 부분이나 특징 있는 문장을 살려 읽어 주는 방법도 있다. 어떤 부분만 읽어 주는 경우에는, 이야기가 재미있는 곳까지 읽은 뒤 다음이 궁금해서 못 견딜 만한 곳에서 멈추고, 읽던 책을 아이들이 볼 수 있는 곳에 놓아 둔다. 읽어 주다가 시간이 남았는데 그냥 멈추지 말고 끝나는 종이 울릴 때와 맞추어 자연스럽게 멈추는 것이 극적인 효과를 더 올릴 수 있다.

•어른이 책 읽는 모습 보이기 : 어른이 책 읽지 않으면서 아이들에게 책 읽으라고 하는 것은 잘못이다. 어른이 언제나 책 읽는 모습을 보이면 아이들도 따라서 책을 읽게 된다. 아이들과 함께 책 읽는 모습은 참으로 보기가 좋다.

•줄거리 이야기해 주기 : 책 줄거리를 재미있게 들려주어 아이가 책을 읽고 싶도록 하는 방법이다.

•책 읽고 느낌 쓰기 : 책 읽은 뒤에 느낌을 쓰는 것은 책 읽은 느낌을 마음에 갈무리하는 것이다. 그러나 느낌 쓰기를 지나치게 강조하면 아이가 책읽기를 싫어할 수도 있다. 그런 일이 없도록 해야 한다. 나는 책 한 권을 다 읽은 날 일기장에 책 읽은 느낌을 써 보도록 한다. 이것은 일기 쓸거리를 만들어 주기도 해서 좋다. 공책을 따로 마련해 책 읽은 느낌을 자유롭게 적어 보도록 하는 것도 좋다. 마

음에 남는 귀절을 적어 놓는다든지 그림이나 만화를 간단하게 그려도 좋다. 또 지은이나 주인공에게 편지를 써도 좋다.

• 책 읽고 그림 그리기 : 책을 읽고 특별히 마음 속에 살아 있는 장면을 그림으로 그리게 하는 것이다. 한 가지 색으로 그릴 수도 있고 여러 가지 색으로 그릴 수도 있다. 이 때 책에 있는 그림은 그리지 않도록 해야 한다. 또 찰흙 공작을 한다든지 모자이크를 하는 따위 여러 가지 미술 활동을 할 수 있다. 고학년에도 좋지만 글을 잘 못 쓰는 저학년에 더 좋다. 미술 활동을 하고 짤막한 감상이나 읽은 책의 내용 가운데 마음에 오래 간직할 만한 내용을 적어 두는 것도 좋다. 또 때로는 책의 내용을 만화로 그려 보도록 하는 것도 좋겠다.

• 책 읽고 극으로 만들기 : 책 읽은 내용을 극본으로 써서 연극을 해 본다. 알맞은 인원으로 모둠을 나누어 하되 한 사람도 빠지지 않도록 해야 한다. 작품이 긴 것은 아주 재미있는 부분만 할 수도 있으며, 아주 잘 하려고 하다 오히려 쓸데없이 힘을 빼지 않도록 하는 것이 좋다. 시간을 정해 주고 그 시간 안에 간단하게 해 보는 방법도 있다.

• 책 읽은 뒤 발표하기 : 책 읽은 뒤에 쓴 느낌 글이나 그림, 표어, 포스터, 연극한 것을 가지고 발표회를 가끔 하면 좋다. 독서 퀴즈 대회도 할 수 있는데 책 이름이나 지은이, 주인공, 이야기의 내용 따위의 문제를 내어 알아맞히는 것이다. 교사가 문제를 내는 것도 좋겠지만 아이들 스스로 문제를 내도록 하면 문제를 내는 아이도 문제를 푸는 아이도 즐거워한다.

• 그림극 만들기 : 모둠별로 이야기 한 편을 정한다. 이야기의 주요 장면을 그림으로 그린다. 그림마다 알맞게 이야기할 말을 쓴다. 발표할 때는 모둠원이 모두 참여해서 배우처럼 배역을 정해서 하는 것도 좋다.

• 책 돌려 가며 읽기 : 자기가 읽은 책 가운데 가장 재미있다고 생각하는 책을 자기 짝에게 권해 준다. 한 반 아이들 모두에게 책을 한 권씩 주어 주마다 어느 날을 정해 바로 뒷번호 아이에게 넘겨주는 방법도 좋다. 기간은 주마다 하든지 열

홀에 한 번 하든지 알맞게 정하면 되겠다. 이 때 책마다 느낌 쓰기 공책을 마련해서 책과 함께 넘겨준다. 이 공책에는 자신이 책을 읽은 느낌을 짧게 적는다. 그러면 다른 사람이 책 읽은 느낌과 자신의 느낌을 견주어 볼 수 있어 아주 좋다. 이 방법은 내가 즐겨 쓰고 있는 방법이다.

• 스스로 책방에 책 사러 가기 : 한 달에 한두 번쯤 아이들 스스로 책방에 가서 책을 사 올 수 있도록 하면 아이들이 책과 익숙해지고 스스로 좋은 책을 고르는

교실 뒤에 벽신문을 만들어 책에 대한 정보도 알려 주고 책을 읽은 쪽지 감상문도 써서 붙인다.

능력도 기를 수 있다. 그렇게 자기가 사 온 책은 더 잘 읽는다.

• 책 읽고 표 만들기 : 누가 책을 많이 읽었는지 볼 수 있도록 표를 만들어서 책을 읽고 싶게 만드는 방법이다. 달마다 책을 많이 읽은 아이에게 상을 주고 칭찬해 준다.

• 동화 구연하기 : 짧은 동화를 골라 구연해 보게 한다. 책을 읽고 싶게 만들기

위한 것이니까 동화 구연하는 데 너무 힘을 들이지 않도록 해야 한다. 아이들이 매우 흥미있어하는 방법이다.

• 책 읽고 토론하기 : 아이들 모두 둘러앉게 해서 자유롭게 책에 대한 의견을 나눈다. 토론하기에 앞서 학급 아이들 모두 같은 책을 읽도록 해야 한다. 학급 문고로 여러 권 마련하기 어려운 점이 있다. 사회자는 교사가 하는 방법도 있고 아이가 하는 방법도 있다. 처음 한두 번은 교사가 사회를 맡아 토론회를 이끌어 가는 방법을 보이는 것이 좋다.

• 책에 대해서 따져 보기 : 책 내용이나 그림, 글자의 크기 같은 책의 모든 것에 대해 잘못된 점을 찾아 따져 본다.

• 책 읽고 벽신문 만들기 : 교실 뒤에 벽신문을 만들어 책에 대한 정보도 알려 주고 책을 읽은 쪽지 감상문도 써서 붙인다.

• 책읽기 시간 운영 : 아침에 일찍 온 아이들은 시간이 많다. 아침부터 운동장에서 뛰어놀기보다는 조용히 책을 읽는 것이 좋다. 그리고 빈 시간이나 오후에 30분에서 한 시간쯤 시간을 내어 책을 읽을 수 있도록 하는 것도 좋다. 이 때 교사도 같이 책을 읽어야 한다.

• 책 바꾸어 읽기 : 아이들끼리 자기 집에 있는 책을 서로 바꾸어서 읽도록 하는 것이다. 학년 초에 아이들에게 집에 있는 책을 목록으로 만들어 복사해 오라고 해서 아이들에게 나누어 주면 좋다.

• 목적을 생각하면서 책읽기 : 책을 읽는 것은 여러 가지 목적이 있다. 그 목적을 또렷이 한 다음에 목적에 맞게 책을 읽도록 일깨워 준다.

• 책 읽는 버릇 고치기 : 아이들이 책을 돌려 가며 읽을 때 쉽게 더러워지거나 망가지기도 해서 지도가 필요하다. 먼저 책을 받으면 꼭 책 겉장을 싸도록 한다. 또 책을 읽을 때는 손을 자주 씻도록 하고 침을 발라 책장을 넘기지 않도록 한다. 나는 아이들이 책을 읽고 있을 때 책 읽는 버릇을 하나하나 살펴본다. 그래서 나쁜 버릇을 가지고 있는 아이는 따로 지도를 한다.

연극으로 배우는 삶

연극한다고 하면 아이들은 소리치며 좋아한다. 연극을 한다고 해 봐야 교과서에 나온 것을 대본도 제대로 외우지도 않고 책을 보면서 해 보는 것인데도 그렇다. 저희끼리 배역을 정해서 연습하는 것을 보면 아주 열심이다. 연극하는 시간이 있는 날은 다른 공부는 뒷전이고 소품을 준비하느라 야단이다. 분장하는 것을 보면 교사가 가르쳐 주지 않아도 정말 그럴듯하다. 좀 우스꽝스러운 모습도 보기가 괜찮다.

모둠별로 연극을 하기 시작하면 구경하는 아이들의 웃음소리가 끊이지를 않는다. 연극하는 아이 자신도 킥킥 웃는다. 어떤 아이들은 배역에 맞게 그럴듯하게 하기도 하지만 어떤 아이는 책 읽듯이 하기도 한다.

어쨌든 연극은 아이들을 참 즐겁게 한다. 한 아이도 빠짐없이 흥겹게 어우러질 수 있는 것, 이것 하나만 해도 연극은 참 좋은 것이구나 싶다.

사람마다 느끼고 생각하는 것이 있다. 그러나 느끼고 생각한 것을 밖으로 드러내는 것은 그리 쉽지 않다. 자기 표현을 스스럼없이 하도록 하려면 어릴 때부터 그 힘을 길러 주어야 한다. 그 방법의 하나로 연극이 있다.

교과서에 연극이 나오기는 하지만 내용이 우리 생활과 떨어져 있고, 틀에 맞추어 표현하도록 되어 있다. 또 시간도 넉넉하지 않다. 따라서 연극은 따로 시간을 내어서 해야 한다.

아이들에게 짧은 연극을 꾸며 보라고 하면 흔히 텔레비전에 나오는 코미디 흉내를 내는 경우가 많다. 그래서 일부러 따로 지도를 해서 삶에 깨달음을 줄 수 있는 내용을 잘 찾아 할 수 있도록 해야 한다.

또 특별한 경우말고 보통은, 아이들이 하는 연극은 누구에게 보여 주기 위한 것에 중심을 두지 말고, 아이들이 즐겁게 연극을 하면서 많은 것을 배운다고 생각하고 지도를 해야 한다.

보통 언제 어느 때 어느 장소에서도 쉽게 할 수 있는 즉흥극을 많이 해 보면 좋겠고, 제법 짜임새 있게 조금 긴 연극을 하더라도 아이들 스스로 극본을 써서 하도록 하는 것이 좋겠다.

나는 운동회 때 운동장 가운데에 무대를 만들어 학급별로 마당극 형태의 극을 해 보았는데 정말 좋았다. 좁은 장소에서 할 경우에는 목소리를 크게 내서 연극을 하고, 운동회 같은 날 넓은 운동장에서 할 때는 목소리가 잘 들리지 않으니까 대사를 녹음해 확성기로 들려주고, 운동장 가운데 무대에서는 행동만 보여 주는 것이 좋다.

무대는 높이뛰기할 때 깔아 놓는 두꺼운 매트 위에 베니어판 같은 두꺼운 것을 깔고 그 위에 무엇을 깔면 된다. 소품을 쓰는 방법, 분장을 하는 방법은 어른들이 하는 마당극처럼 하면 된다. 극본을 보면 어떻게 했는지 알 수 있다.

아이들이 쓴 마당극 극본

마당극 1 – 잔소리

사회자 : 다음은 부모님이 저희들에게 잔소리하는 모습입니다.

('징' 울림)

출연자 모두 : (출연자가 무대 위로 나오면서 소품을 가지고 나와 연극의 장면
  을 꾸미면서 연극을 시작한다.)

어머니 : (아이를 향해 손짓을 하며) 공부 좀 해라 공부. 아이구우, 너는 맨날천
  날 노는 것밖에 모르니? 옆집 길동이는 이번에 일등 했다더라. 제발
  그놈의 컴퓨터 게임 그만 좀 하고 문제집 좀 풀어라! 숙제는 다 했니?
  어이구우, 내가 쟤 때문에 못살아, 못살아!

아이 : (투덜대는 투로, 대드는 투로) 숙제는 다 했어요. 게임은 방금 시작했는
  데 엄마는 괜히 그래, 씨이.

아버지 : (아이를 꾹 쥐어박으며) 야 이 녀석아, 엄마 말 좀 들어라. 너는 누굴
  닮아서 그래 말을 안 듣니, 안 듣기를…….

아이 : (제 방으로 가면서 투덜거림) 괜히 야단이야, 씨이…….

('징' 울림)

출연자 모두 : (소품을 가지고 무대에서 내려간다.)

사회자 : 저희가 해야 할 일을 하지 않았을 때 지도해 주시는 것은 감사하지만
  잔소리하는 것은 정말 싫어요. 어머니, 아버지, 저희를 믿고 잔소리는
  조금만 해 주세요.

마당극2 – 어른의 술

사회자 : 먼저 술 드시는 장면인데 어떤 일이 벌어지는지 보세요.

('징' 울림)

출연자 모두 : (출연자가 무대 위로 소품을 가지고 나와 장면을 꾸민다.)

어른 1 : (술이 많이 취한 행동을 하며 술을 부어 준다.) 자! 한 잔 마셔라!

어른 2 : (술을 마신 뒤 상대편에게도 술을 부어 준다.) 쪼오타! 자네도 한 잔 들
　　　　 게나!

어른 1, 2, 3, 4 : (모두 술잔을 높이 들고) 브라보!

어른 모두 : (서로들 취한 흉내를 내며 한 마디씩 한다.) 어어 취한다!

사회자 : 어디 그뿐인가요? 술을 먹고는 어떻게 할까요?

어른 2 : (일어서서 상대편 멱살을 잡고 흔든다.) 야 임마, 왜 나한테 시비야,
　　　　 임마!

어른 3 : (상대편 멱살을 잡고 흔들며 싸운다.) 너는 뭐 잘 했어, 임마! 한번 붙
　　　　 어 볼까, 임마!

어른 1, 4 : (물건을 집어던지고 취한 행동을 하며 한 마디씩 한다.) 야, 기분
　　　　 쪼오타!

('징' 울림)

출연자 모두 : (소품을 가지고 무대에서 내려간다.)

사회자 : 어른들은 술을 마시면 이런 행동말고도 별 이상한 행동을 다 해요. 참
　　　　 보기가 흉해요. 우리도 크면 그렇게 따라 하라는 건가요? 술을 드셔
　　　　 도 실수하지 않도록 건강을 해치지 않도록, 아주 조금만 드세요.

이런 연극을 할 때 화투 같은 소품은 아주 크게 만들어 강조하고, 출연자 모두
가 동작을 크게 해서 멀리서도 또렷이 잘 보이게 한다. 조금은 웃음을 자아내게

하면서도 따끔한 깨달음을 얻을 수 있도록 해야 한다.

그 밖에도 여러 가지 연극이 있다. 또 완전한 연극이라고 하기는 어렵지만 간단한 연극들도 있다. 내가 해 본 몇 가지만 내보인다.

•얼굴 표정 지어 보기 : 얼굴 표정으로 여러 가지 사실, 생각, 느낌을 나타내게 한다. 예를 들자면 심부름 잘했다고 칭찬 들을 때의 표정, 넘어져 무릎에 상처를 입고 아파하는 표정, 어머니가 편찮아 걱정하는 표정, 아주 쓴 약을 먹었을 때의 표정, 뜨거운 음식을 먹었을 때의 표정, 재미있는 책을 읽을 때의 표정, 무거운 것을 들었을 때의 표정, 주사 맞을 때의 표정처럼 한 가지 정해진 주제를 갖고 표정을 지어 본다. 그리고 짤막한 이야기에 따라 바뀌는 표정을 지어 본다. 돈 천 원을 주워서 과자 사 먹으려다 주인을 찾아 주는 장면 같은 것이 그 예다.

•행동으로만 표현해 보기 : 말은 하지 않고 어떤 상황에 맞게 행동을 한다. 흔히 말하는 판토마임과 같은 것이다. 그 모습을 본 아이들이 무슨 행동인가 알아맞혀 보는 것도 좋다.

•혼자 해 보는 연극 1(1인 1역) : 혼자 자기의 역만 행동과 말로 나타내면서 짧은 이야기로 줄거리가 설 수 있도록 해 본다. 일종의 독백이라 볼 수 있다.

•혼자 해 보는 연극 2(1인 다역) : 혼자 여러 사람의 배역을 맡아 짧은 연극을 꾸민다. 나오는 인물에 따라 목소리, 표정, 행동이 달라야 한다.

•즉흥극 : 5~6명을 한 모둠으로 해서 주제와 전개 과정만 대충 정해서 즉흥 연극을 한다.

•짧은 연극(촌극) : 아이들의 글 가운데 삶이 담겨 있는 글을 한 편 뽑아 극본으로 구성해도 좋겠고, 새로 짧게 극본을 써서 연극을 하도록 한다.

•긴 연극 : 줄거리가 있는 극본을 쓰거나 동화를 극본으로 다시 짜서 한 편의 완성된 연극을 하도록 한다.

•공연을 목표로 하는 연극 : 관객(부모님)을 모셔 놓고 어느 정도 갖추어서 하는 연극을 말한다.

그 밖에도 내가 아이들과 해 본 그림극도 재미있다. 또 실제로 해 보지는 않았지만 인형극도 좋을 것 같다. 아이들 스스로 무대를 만들고 소품을 준비하고 분장을 해서 연극을 하는 모습을 보면 정말 살아 있다. 아이들은 자신이 살아 보지 않았던 여러 가지 삶을 살아 보면서 참삶을 배워 갈 것이라 믿는다.

연극 지도에 도움이 되는 책
《선생님 우리 연극해요》, 김용심 씀, 보리
《아이들과 함께 하는 교육 연극》, 소꿉놀이 씀, 우리교육

재미있는 숙제

대부분의 아이들은 '숙제' 하면 무조건 싫어한다. 그런데도 우리 아이들을 좋은 점수 따라고 밤낮없이 온갖 숙제로 내몰아야 하나? 지식만 주워 담기 위해 베껴 쓰게 하고, 달달 외우는 것만 하도록 해야 하나? 그게 아닐 게다. 나는 아이들이 삶을 배워야 한다고 생각한다. 사회의 모습이나 자연의 모습을 있는 그대로 보고, 몸으로 겪어 보고, 느껴 보면서 삶을 바로 세워야 한다. 그런 뜻에서 보면 내가 아이들과 실천해 본 '재미있는 숙제'는 아주 조그마한 것이지만 하나의 방법이 되리라 본다.

'재미있는 숙제'는 단순 지식을 달달 외워서 주워 담도록 하는 것이 아니라, 재미있고 즐겁게, 신나게 하다 보면 저절로 삶이 가꾸어지고 창조성이 길러지는 숙제를 말한다. 책상 앞에 가만히 앉아 하는 숙제가 아니라 현장에서 몸으로 하는 숙제다.

주말에 한 번씩 다른 학과 숙제는 내어 주지 말고 이렇게 '재미있는 숙제'만 내어 주면 좋다. 이런 숙제를 내어 줄 때는 숙제하는 방법을 아주 자세하게 말해 주어야 하고, 숙제에 따라서는 위험한 것도 있어 주의할 점도 단단히 일러 주어야 한다. '재미있는 숙제'를 한 뒤에는 꼭 '겪은 일 쓰기'나 '보고서 쓰기'를 해 본다. 그래야 해 본 것이 온전히 자기 것이 된다.

부모님 발 씻어 드리고 쓴 글

야가 술 취했나?
경상 북도 경산시 부림 초등 학교 6학년 신남철

9시 50분인데 아버지는 들어오지 않아 10시 되면 잘란다 생각했다. 그렇지만 마음이 이상해서 5분 더 기다렸다 자기로 했다. 10시 3분이 되었다. 들어올려고 하는데 대문을 두드렸다. 아버지 어머니가 오셨다.

"아빠, 발 안 씻나?" 하니 성난 목소리로,

"씻어야지, 와?"

하시며 양말을 벗었다. 내가 양동이에 물을 떠 와서,

"아빠, 발 대라." 하니

아이가 '재미있는 숙제'로 부모님의 발을 씻어 드리고 있다. 아이들은 부모님 발을 씻어 드리면서 이야기도 나누고, 부모님 삶도 이해한다.

"야가 술 취했나. 니가 내 발을 씻어 줄라꼬?"

하셨다. 아버지 발을 비누로 씻으니 쇠 같았다. 땐땐하고 꾸둑살이 많이 배겨 있었다.

"아빠, 재미있제?"

하니 재미 없다 하였다. 난 발을 곽곽 긁었다.

"따갑다. 살살해라."

"와, 재미 없다매. 그래서 재미있게 안 해 주나. 재미있제?"

하니 재미있다고 하였다. 아버지는 대구 갔다 와서 발 씻어 주니 좋다고 하하 거렸다.

아버지와 난 정이 더욱더 두터워졌다. (1991년 10월 12일)

재미있는 숙제거리는 찾아보면 얼마든지 있다. 때와 환경에 맞는 숙제거리를 아이들과 같이 찾아서 하면 좋겠다. 내가 아이들과 해 본 재미있는 숙제 이야기를 모아 《재미있는 숙제, 신나는 아이들》(보리)을 냈다. 자세한 것은 그 책을 참고하고 여기서는 재미있는 숙제의 예를 몇 가지만 내보인다.

3월 : 부모님 발 씻어 드리기, 가족 팔씨름 대회.

4월 : 나물 캐어 먹을 것 만들어 먹기, 버들피리 만들어 불기.

5월 : 땀 흘려 일하기, 산이나 들판에서 소리지르기.

6월 : 과소비에 관한 가족 토론, 우리 집 쓰레기 조사.

7월 : 지금 강에는 무엇이 살고 있을까?

9월 : 추석날 할아버지 할머니 살아오신 이야기 듣기.

10월 : 노점상 할머니의 삶 조사, 밥 해 보기.

11월 : 눈 감고 지내 보기, 열 가지 소리 들어 보기.

12월 : 거리 청소하는 아저씨와 함께, 마을 연날리기 대회.

2월 : 겨울 빈 밭에는 무엇이 있을까?

늘 푸른 교실 만들기

교실에서도 식물을 가꿀 수 있다. 교실 안팎에 식물을 가꾸어 아이들 정서에 좋은 영향을 주도록 해 보자. 밖에 조금만 나가면 나무와 풀이 있고 풀벌레들이 있는데 굳이 조건이 다 맞지도 않는 교실에서 식물을 기르려고 하느냐, 식물을 제대로 된 환경이 아닌 교실에서 기르는 것은 살아 있는 것에 대한 죄악이 아니냐, 하는 문제도 없지는 않다. 그러나 그런 문제를 최대한 줄이면서 식물을 길러 보자.

우리가 자연과 더 가깝게, 많은 시간을 함께 하지 않으면 삶에 크게 영향을 미치지 못한다. 따라서 영향을 많이 받으려면 바로 우리 곁에서 신비한 자연의 모습을 볼 수 있도록 하는 것이 좋다. 아이들 손으로 식물을 길러 보면 배우는 것이 많다.

교실에서 가꾸는 식물은 꽃만 가꾸기보다 곡식, 야생 식물, 나무나 채소 같은 것들을 더 많이 가꾸는 것이 좋다. 곡식이나 채소는 잎줄기와 열매, 뿌리 같은 것을 먹을 수 있기 때문에 보람도 더 크게 느낄 수 있다.

화분에 흙을 담아 마르지 않게 물을 주면 얼마 지나지 않아 풀이 올라오는데 그 풀들을 잘 길러도 보기 좋은 것들이 많다. 제비꽃, 지칭개, 민들레, 엉겅퀴, 개망초, 점도나물, 쇠별꽃, 꽃다지, 냉이, 고들빼기, 씀바귀, 달맞이꽃, 벼룩이자리,

떡쑥, 고슴도치풀, 주름잎, 닭의장풀, 조뱅이, 지느러미엉겅퀴, 꽃마리, 쥐꼬리망초, 현호색, 애기똥풀, 질경이, 광대나물, 쇠비름, 할미꽃 같은 것들이 있다. 이런 풀들은 3, 4월에 산이나 들에서 씨앗이 올라와 자라기 시작한 것을 화분에 옮겨심어도 된다. 이 풀들을 기르면서 그 식물의 특징을 관찰하면 더욱 좋다. 하지만 귀한 풀을 마구 캐 와서 자연을 망치는 일은 하지 않아야 한다. 그 밖에도 덩굴 식물을 기른다든지, 이끼류를 기른다든지, 나무를 기른다든지, 기를 수 있는 것은 많다.

아무리 잘 기르려고 해도 여러 가지 환경 조건이 맞지 않으면 잘 기를 수가 없다. 먼저 식물이 잘 자랄 수 있는 흙이 중요하다. 흙은 물기와 공기, 양분을 잘 간직하면서도 물이 잘 빠져야 한다. 대체로 알갱이가 작은 마사토에 잘 썩은 거름을 넣은 흙이 좋다.

교실에서도 식물을 가꿀 수 있다.
꽃만 가꾸기보다 곡식, 야생 식물, 나무나 채소 같은 것들을 더 많이 가꾸는 것이 좋다.

그 다음은 환경이 맞아야 한다. 햇빛과 온도와 물이 알맞아야 잘 자란다. 들에서 피는 꽃은 집에서 기르는 꽃처럼 물을 주면서 지나치게 보호를 하면 제대로 자라지 못한다. 특히 교실에서는 햇빛이 충분히 들어오지 않는 경우가 많기 때문에 여러 개의 화분을 교실 밖에서 기르면서 며칠마다 바꾸어 교실에 들여놓으면 좋다. 교실은 공기 습도도 낮고 잎에 먼지가 많이 앉기 때문에 물을 줄 때는 위에서부터 주어서 먼지가 씻겨 내려가도록 해 주는 것이 좋다.

화분에 식물을 기르다 보면 영양분이 물에 씻겨 내려가 식물이 제대로 자라지 못하는 경우가 많다. 식물이 잘 자랄 수 있도록 밑거름을 잘 주어야 하고 가끔 덧거름도 주어야 한다. 농작물의 경우 2~3주에 한 번쯤 주면 좋다. 그 밖에도 식물에 따라서는 알맞은 간격으로 솎아내기를 한다든지, 받침대를 세워 준다든지, 가지를 쳐 준다든지, 그 식물의 특성에 따라 해야 할 일들을 잘 찾아 해야 한다.

교실을 푸르게 가꾸기 위해서는, 그저 플라스틱 병 가운데를 자른 통이나 사기 그릇 같은 곳에 콩나물을 가지런히 꽂고 물을 부어 놓아도 새파랗게 잘 자란다. 2, 3월에 양파를 뿌리가 물에 닿게 해 놓아도 새파랗게 잘 자라고, 무 윗부분을 잘라 물에 닿게 해 놓으면 잎과 줄기가 새파랗게 올라오고 꽃도 핀다. 당근도 그렇게 하면 된다. 양배추를 십자로 칼집을 깊이 내어 밑부분이 물에 닿도록 해 놓으면 가운데서 새파란 싹이 올라오고 꽃도 핀다. 감자나 고구마도 물에 닿도록 해 놓으면 줄기와 잎이 나와 보기가 좋고, 미나리 뿌리를 물 그릇에 담가 놓으면 새파랗게 잎과 줄기가 올라온다. 어항이나 큰 그릇에 분수도 만들어 놓고 그 둘레를 돌, 나무, 이끼, 여러 가지 식물들로 꾸며도 운치가 있다.

흔히 처음에는 관리를 잘 하다가도 어느 정도 지나면 물도 잘 주지 않고 관리를 제대로 하지 않아 보기가 흉하게 되기도 하는데 늘 관리하는 데 정성을 쏟아야 한다. 어쨌든 여러 방법으로 푸른 교실을 가꾸어 보자. 더 잘 기르려면 식물에 대해 배울 수 있는 책을 참고하면 된다.

식물을 공부하기에 좋은 책
《보리 어린이 식물도감》, 이태수 외 그림, 보리

길거리 전시회

기차역이나 공항에서 가끔 그림 전시하는 모습을 보는데 '그것 참 좋구나.' 싶었다. 나는 차 시간이 남아 있을 때는 사람들 모습을 자세히 살펴보는 것을 좋아한다. 또 전시해 놓은 그림을 감상하거나 책을 읽기도 하는데, 그러면 마음이 편안해진다.

보통 '전시회' 하면 사람이 전시회장으로 찾아가는 것만 생각하기 쉽다. 그러면 감상하는 사람은 시간을 따로 내야 하는데 시간이 나지 않는 사람은 전시회 한번 가 보기가 쉽지 않다. 그런데 작품을 가지고 사람을 찾아가면 그런 불편은 없다. 더구나 시골에는 아예 전시회 같은 것을 맛볼 수가 없으니까 그렇게 하는 것이 좋다.

우리 반 아이들은 그림을 그리고 시도 썼는데 그것을 우리끼리만 전시해서 감상하고 그냥 덮어 두기가 무척 아까웠다. 그래서 어떻게 하면 좋을까 생각하다가 아이들의 작품들을 마을에 돌아다니며 전시를 해서 마을 사람들이 보도록 하면 좋을 것 같았다. 아이들도 좋다고 했다. 먼저 모아 둔 그림들을 정리했다. 그리고 아이들 시를 큰 종이에 옮겨 적고 그림도 그렸다.

방법 1 : 8절 또는 4절 켄트지를 물에 적셔 마르기 전에 수채 물감 몇 가지 색을 칠해 기울이며 번지게 한다. 번지게 할 때 원하는 모양을 얻기 위해서는 난로 불 가까이에서 빨리 마르도록 해야 한다. 다 마르면 쭈글쭈글해지는 경우가 있는데 이 때는 다리미로 깨끗이 다려야 한다. 거기다 가느다란 물감 붓으로 시를 쓰고 그림을 그려 넣으면 된다. 어른들을 대상으로 전시할 때는 4절에다 좀 큰 글씨로 써야 잘 보인다.

방법 2 : 좀더 간단하게 하려면 켄트지에 유성펜으로 시를 쓰고 파스텔로 색을 칠하고 그림을 그리면 된다.

방법 3 : 색 켄트지에 그림을 그리거나 색종이나 여러 가지 재료를 써서 꾸미고 시를 쓰면 된다.

그 밖에도 방법은 많이 있을 터이다. 그리고 그림이나 시를 넣는 액자도 좋은 것으로 할 필요 없다. 유리로 된 좋은 액자를 밖에 전시해 두면 바람에 날리거나 사람에게 부딪쳐 떨어져서 망가지기 쉽다. 그래서 과일 넣는 종이 상자로 만드는 편이 낫다. 그것을 밑판으로 해서 작품을 붙이고 테두리는 색종이로 예쁘게 꾸미면 훌륭한 액자가 된다. 그리고 위쪽에 끈이나 철사로 걸 수 있는 고리를 만든다. 이렇게 만들면 밤에 쉽게 거두어들였다가 아침에 전시해 놓기도 아주 쉽다. 작품이 상하지 않게 하려면 작품 앞에 투명 필름을 덮어 씌우면 된다.

전시회를 할 때는 마을 곳곳에 전시 안내를 해 놓고 전시 장소에도 안내를 해 놓는다. 전시 장소는 마을에서도 사람들이 많이 모이는 곳이 좋고, 작품은 담장이나 나무에 걸면 된다. 조형 작품을 전시하려고 할 때는 책상 같은 전시대를 놓고 전시해도 좋겠지만 그것보다 돌 위나 나뭇가지 사이, 그리고 둘레 환경에 맞게 전시하면 운치가 있어 더욱 좋다.

시골은 한 마을에서 며칠 동안 전시하다가 다시 다른 마을로 옮겨 전시하면 된다. 전시하는 일이나 작품 보관 같은 것은 그 마을 아이들에게 책임을 맡긴다. 교사는 그냥 한 번씩 둘러보고 지도만 조금씩 한다. 도시에서도 아파트 단지나 버스 정류장같이 사람이 많이 모이는 곳을 정해서 하면 좋을 것 같다.

나는 학교 단위로도 해 보았는데 그렇게 하니까 번거로운 점이 많았다. 학급 단위로 하는 것이 훨씬 편리하고 아기자기한 맛이 있어 좋다. 시기는 가을이 좋은데 시골에서는 농사철을 피해서 가을걷이 바로 전에 하는 것이 가장 좋다.

시골 마을에 전시하면 할아버지, 할머니들도 아이들의 작품을 감상하는데, 고개를 끄덕끄덕하면서 감상하는 모습이 무척 보기가 좋다. 당신 손자 손녀들의 작품이니까 무척 흐뭇할 것이다. 아이들도 부모들이나 마을 어른들께 자신의 능력을 보여 줄 수 있어 보람 있게 생각한다.

해 보지는 않았지만 할 수 있다면 마을 어른들을 모아 놓고 삶은 고구마나 과일이라도 나누어 먹으며 노래도 부르고 악기 연주도 하고 연극도 하면서 조촐한 잔치를 벌이는 것도 좋겠다.

몸으로 하는 신나는 놀이

요즘 아이들은 틀에 매인 생활, 지식 중심의 교육, 입시 교육에 억눌려 있다. 억눌린 마음을 제대로 풀어 내지 못하면 아이들은 옳지 못한 길로 들어설 수 있다. 어린 아이들의 억눌린 마음을 건전하게 풀어 주는 것이 건전한 놀이다. 그런데 요즘 아이들은 어울려 놀 시간이 없다. 영어 학원이다, 미술 학원이다, 무슨 학원이다 해서 도무지 놀 시간이 없다. 그나마 여유 있는 시간은 텔레비전이나 컴퓨터 앞에서 다 보낸다.

우리 어릴 때는 골목이나 들판이나 산 모두가 우리들의 놀이터였다. 모였다 하면 어울려 몸으로 하는 놀이를 했다. 그러면서 가슴 따뜻한 사람으로 자랐다. 놀이는 아이들의 삶에서 큰 부분을 차지한다. 어리면 어릴수록 놀이는 삶의 대부분을 차지한다. 아이들은 놀이를 하면서 다른 사람과 더불어 살아가는 따뜻한 마음을 기른다. 스스로 놀이 방법과 규칙을 만들기도 하고, 때와 장소에 맞는 놀이를 만들어 내기도 하면서 창조하는 힘, 생각하는 힘을 기르기도 한다. 놀이는 아이들을 살아 있게 하는 싱싱한 음식과도 같다.

아이들의 놀이는 그 수가 많은데, 아이들의 놀이를 내 나름대로 몇 갈래로 나누어 보면 아래와 같은 것이 있다.

- 트인 곳에서 몸을 많이 움직이면서 하는 놀이.
- 좁은 곳에서 서너 명이 모여 하는 놀이.
- 도구를 가지고 밖에서 하는 놀이.
- 도구를 가지고 방 안에서 하는 놀이.
- 몸짓 놀이.
- 심성 놀이.

때와 장소, 놀이하는 아이들의 수에 따라서 놀이 종류가 달라진다. 서구에서 들어온 놀이는 승부에만 매달리게 하거나 규칙에 얽매이게 하기도 하는데 우리 전통 놀이는 거의 지거나 이기거나 모두가 즐겁다. 아이들에게 전통 놀이를 많이 하게 했으면 좋겠다. 그 가운데서도 지금 우리 아이들은 몸과 몸을 부대끼면서 어울려 노는 놀이를 많이 했으면 좋겠다.

놀이를 가르치는 것도 시간을 따로 내야 한다. 생활이 바쁘기 때문에 짬짬이 가르친다는 것은 어렵다. 몸으로 하는 놀이나 밖에서 하는 놀이는 점심 시간이나 체육 시간, 중간 놀이 시간에 하는 것이 좋다. 나는 체육 시간에 조금씩 가르쳐 주고 노는 시간에 배운 놀이를 아이들끼리 스스로 하도록 하고 있다. 방 안에서 하는 놀이는 공부 시간 들어가기 전이나 끝난 다음에 몇 분씩 짬을 내어 가르치면

아이들이 운동장에서 신나게 뛰어놀고 있다.
아이들은 놀이를 하면서 다른 사람과
더불어 살아가는 따뜻한 마음을 기른다.
놀이를 가르치는 것도 시간을 따로 내야 한다.

선생님과 아이들이
쉬는 시간에 고누를
두고 있다. 전통 놀이
대회도 자주 하는데
예로부터 아이들이 즐겨
해 오던 놀이를 배우고
즐겨 하도록 하는 데
뜻을 두고 있다.

좋다. 그렇게 하다 보면 아이들은 노는 시간에 저희들끼리 배운 놀이를 한다.

점심 시간이나 체육 시간 짬짬이 이런 새로운 놀이를 가르쳐 주기도 해야겠지만 가끔 한 번씩은 모둠별 놀이 대회를 해서 더욱 활발하게 하도록 하는 것도 좋다. 대회라고 해서 너무 승부에 매달려 심한 경쟁이 되지 않도록 놀이 정신의 지도도 함께 해야 한다. 그리고 '재미있는 숙제'를 내 주어서 마을에서도 이런 놀이를 할 수 있도록 하면 더욱 좋겠다.

전통 놀이 대회는 고누두기, 윷놀이, 제기차기부터 보물섬, 십(+)자놀이, 8자놀이, 오징어땅콩, 땅따먹기 같은, 예로부터 아이들이 즐겨 해 오던 놀이를 배우고 즐겨 하도록 하는 데 뜻을 두고 있다.

보통 어머니들은 옷을 버려 왔다고 야단을 치며 흙에서 뒹굴며 노는 것을 막는데 아주 잘못된 생각이다. 모든 살아 있는 것들은 흙에 뿌리를 박거나 흙을 밟으며 살아야 한다. 전통 놀이 가운데서도 밖에서 흙을 밟으며 뒹굴면서 하는 놀이야말로 아이들의 생명을 살아나게 하고, 더불어 살아가는 삶을 몸에 배게 만들어 줄 뿐 아니라 건전한 정신의 바탕을 만들어 준다.

참고할 만한 놀이 책
《신나는 놀이 즐거운 학교》, 우리교육 출판부 엮음, 우리교육
《아이들 민속 놀이 백 가지》, 김종만 씀, 우리교육
《창의력을 키우는 몸짓 놀이》, 임효재 엮음, 우리교육
《가슴 펴고 어깨 걸고 1, 2》, 놀이연구회 엮음, 우리교육

아이들과 함께 달리기

나는 요즘 아이들과 달리기를 하고 있다. 맑은 공기를 마시면서 운동장을 달리면 기분이 그렇게 좋을 수가 없다. 호젓한 들길을 달리면 더 좋겠지만 마땅한 곳이 없어 그렇게는 하지 못하고 있다. 달리기는 두 시간 수업 마치고 났을 때가 알맞다. 아이들은 아침부터 교실에 앉아 있었으니 지루할 때도 되었고 아침보다는 그 시간에 운동하면 건강에 더 좋다고 들었다.

처음 시작할 때는 아이들이 싫어한다. 가까운 거리도 차를 타고 다니는 세상이고 편안한 것만 찾는 세상이니 아이들인들 재미 없고 힘든 운동을 하고 싶어하지 않는다. 그래서 먼저 달리기의 좋은 점을 설명해 준다. 달리기를 하면 건강뿐 아니라 자신감에 찬 생활을 하게 된다는 것, 사람살이가 달리기인데 달리기를 하다 보면 삶에 대한 깨우침도 얻게 된다는 것, 뭐 이런 이야기다. 또《나는 달린다》는 책을 쓴 독일의 외무 장관 요쉬카 피셔 이야기를 해 줄 때도 있다. 몸무게를 112킬로그램에서 75킬로그램으로 바꾸면서 삶에 큰 변화를 가져온 이야기다. 이런 이야기를 해 주어도 아이들은 건강이 행복의 가장 기본 조건이 된다는 것을 겪어 보지 않았으니 아예 받아들이려는 마음조차 없다. 그래도 이야기해 주는 것이 좋다.

그런 다음, 달리기 준비로 체육복, 운동화, 여름에는 모자, 겨울에는 장갑을 갖추고 모두 밖으로 나가 준비 운동을 한다. 처음에는 크게 힘겹지 않을 정도로 달리는 양을 정한다. 운동장 다섯 바퀴, 여섯 바퀴 이렇게 말이다. 그래도 힘겨워하는 아이는 걸어서라도 그 목표량을 채울 수 있도록 한다. 그렇게 하면서 조금씩 익숙해져 가면 양을 늘인다. 말할 것도 없이 교사는 더욱 열심히 달려야 한다. 달리다 보면 투덜대는 아이들도 많은데 못 들은 체한다. 대신에 자꾸 힘을 북돋우어 주는 일을 게을리하지 않는다.

"와아, 지혜 잘 달리네! 못 달리는 줄 알았는데 뜻밖이네!"

"대윤이는 몇 바퀴째야?"

"벌써 그만큼 뛰었어?"

이러면서 어깨를 토닥여 주면 좀 힘겨워도 참고 달린다. 어떤 아이는 욕심을 내어 아주 힘겹게 달리는데 그 때도 주의를 주어 알맞게 달리도록 해야 한다.

달릴 때는 서로 이야기하지 않고 혼자 자기에게 맞는 속력으로 꾸준히 달리도록 해야 한다. 숨쉬기가 너무 힘겹지 않을 정도의 속력으로 달리면 알맞다. 나도 그렇게 달리고 있다. 그러다 보면 실력이 늘어서 속력이 차츰 빨라진다. 한 달쯤 달리면 시간을 30분 잡아 달린다. 그 만큼은 해야 운동 효과가 있다고 한다. 아니면 20분 달리기를 하고, 팔 굽혀펴기, 벽에 붙어 서서 다리를 빨리 들었다 놓았다 하기, 계단 오르내리기 같은 운동을 더 해서 30분을 채운다.

시간이 나지 않으면 첫 시간 마치고 쉬는 시간 10분과 둘째 시간 마치고 10분을 더해서 20분이라도 한다. 아니면 운동하는 시간만큼 늦게 수업을 마치더라도 운동 시간을 맞춘다. 수업 시간 몇 분쯤 여기에 투자해도 좋다. 나는 그렇게 하고 있다. 그렇게 하다 보면 아이들도 달리기를 즐긴다. 하지만 여전히 싫어하는 아이도 있다. 그런데 사실은 싫어하는 아이가 운동이 더 필요한 아이니까 잘 달래서 끝까지 하도록 해야 한다.

여름이면 더워서 옷이 흠뻑 젖을 정도로 땀을 흘린다. 그러면 남자 아이들은 등목을 해 준다. 아이들이 몇 명 안 되면 여자 아이들은 목욕실에서 몸을 씻도록 하고 남자 아이들은 수돗가에서 등목을 해 주기도 한다. 한 학급 아이의 수가 많은 도시 학교에서는 어떻게 할 것인지 방법을 찾아야 한다. 학교마다 적어도 한 학급 아이들이 몸을 씻을 수 있는 시설이 갖추어져 있어야 마땅한데 거의 안 되어 있다. 옷을 입고 벗을 수 있는 곳도 마찬가지다.

달리기를 하다 마지막 몇 바퀴는 맨발로 달리기를 해 보는 것도 좋다. 요즘은 여름에도 모두들 양말 신고 다니니까 발 건강에 좋을 리가 없다. 그러니 이렇게 잠시라도 맨발로 달리기를 하도록 하는 것이다. 처음에는 아이들이 발이 아파 제대로 달리지 못해도 자꾸 하면 단련이 되어 잘 달린다. 조그만 돌에 발이 조금 베이기도 하는데 그 정도는 괜찮다. 어쨌든 많은 선생님들이 아이들과 기분 좋게 달리기를 해 보면 좋겠다. 생활이나 생각이 많이 달라질 것이다.

9장
즐거운 방학

방학 계획
방학 숙제

방학 계획

방학에 대하여

몸과 마음의 자유를 얻어서 마음껏 놀고, 마음껏 하고 싶은 일을 하고, 무엇인가 새로운 것을 얻을 수 있는 방학이 오면 아이들은 들뜰 수밖에 없다. 그냥 좋기만 하다. 방학하는 날, 그 신나는 모습, 밝은 표정을 보면 정말 살아 있다는 느낌이 든다.

아이들이 그렇게 반갑게 방학을 맞이하는데 아이를 믿지 못하는 교사는 한 학기 동안 몸에 배도록 한 학습 태도나 생활 태도가 방학 동안 무너질 것 같은 위기감에 싸여서인지 그만 욕심을 부리기도 한다. 얼마 전만 해도 학과 숙제를 비롯하여 풍경화 몇 장, 독후감 몇 편, 글짓기 몇 편, 서예 몇 편, 문제집 몇 권, 수학 연습 문제 풀기 하는 식으로 방학 숙제를 내어 주는 일이 많았다. 이제는 체험 학습 위주로 숙제를 내어 주지만 자세한 계획 없이 숙제를 내어 주기 때문에 숙제를 하는 아이나 학부모가 어려움을 겪기도 한다. 그러다가 아이들은 방학 끝날 무렵에 허둥지둥 눈가림식으로 숙제를 해서 무거운 발걸음으로 학교에 오는 일도 많다. 방학 숙제가 아이들을 오히려 게으르게 만들고, 스스로 무엇인가 해 보려는 의지를 막고, 창의성을 막아 버리는 게 아닌가 하는 것이 내 생각이다. 이렇게 해서 다음 학기가 시작되면 이래저래 뒤틀려서 계획 있게 해 나가려던 일들이 이가 빠지게 되고, 끝에는 무너지는 수도 있다.

또 가끔 학부모의 도움을 받아서 숙제를 해결해야 할 것도 있긴 하지만 교사는 숙제를 할 수 없는 집의 아이도 생각해야 한다. 될 수 있는 대로 아이 혼자 해결할 수 있는 숙제가 되도록 해야 한다.

또 요즘은 방학 숙제를 대신 해 주는 인터넷 사이트가 있다고 한다. 그 속에 들어가면 온갖 자료들이 꽉 들어 있어 아주 편하게 숙제를 할 수 있다고 한다. 방학이 되어도 온갖 학원으로 내몰려서 바쁜 아이들이 숙제를 해결하는 참 편리한 방법이다. 그러나 거기서는 배울 것이 없다. 숙제 결과는 좋지 않아도 아이들이 그 과정을 체험해 보는 것이 더 중요하다는 것쯤은 누구나 알고 있다. 그런 사이트를 만든 어른이 참 한심하다.

다시 말하지만 방학은 아이들이 어떤 틀이나 눌림에서 벗어나 자유로운 조건 속에서 많은 것을 경험하고, 느끼고, 생각하는, 살아 있는 공부를 할 수 있는 좋은 기회다.

방학 생활 계획표

아이들이 자유롭고 즐거우면서도 뜻있는 방학 생활을 하기 위해서는 교사가 방학 생활 계획을 꼼꼼히 짜 두어야 한다. 아이들을 지나치게 얽어매는 것이 아니냐고 할지 모르지만 생활의 길잡이가 없으면 아이들은 오히려 자유롭지 않을 수 있다.

방학 생활 지도는 크게 생활과 학습으로 나누면 된다. 생활은 보통 '~하지 말자.'로 하는 것보다는 '~하자.'로 하는 것이 좋다. 생활에서 가장 중요한 것은 안전이다. 자기의 안전은 자기 스스로 지키도록 해 주어야 한다. 출퇴근하다 보면 신호등이 있는데도 깃대를 들고 교통 안전 지도를 한다고 교통 반 아이들도 나오고, 선생님도 나오고, 어머니도 나오고, 교통 순경도 나오고, 때로는 교통 안전 캠페인 벌인다고 공무원이 무더기로 나와서 길 건너는 사람이 방해받을 정도로 야단법석을 떠는 때가 있다. 이것은 오히려 아이들이 안전 생활을 해 낼 자기 힘을 잃게 만든다. 가끔 보면 신호등에 파란 불이 들어 왔는데도 길을 마음놓고 건너가지 못하고 주저주저하는 아이들이 있다. 이것은 어른들이 아이들을 지나치게 감싸서 아이들이 자신을 스스로 지킬 수 있는 힘을 기르지 못한 결과이기도 하다.

또 아이들이 건강하게 열심히 사는 것 또한 중요하다. 이 모든 것을 아이들 스스로 지키도록 해 주어야 한다.

학습은 두말 할 것도 없이 경험을 많이 하는 살아 있는 공부를 하도록 해 주어야 하는데, 방학 숙제를 이야기하면서 자세히 이야기하도록 하고 여기서는 내가 해 온 방학 생활 계획표를 하나 내보인다. A4 종이 한 면에 들어가는 내용이다. 방학 생활 계획표에서 숙제 내용과 숙제 양은 아이들 스스로 정해 써 넣게 하면 된다.

여름 방학 생활

학년도 월 일 ~ 월 일 일간 (   ) 초등 학교 (   )학년 이름 (   )

생활의 기본 태도

➡ 안전하고 건강한 생활

➡ 가정을 돕고 예절 바른 생활

➡ 스스로 배우고 익히는 생활

➡ 마을을 위하여 봉사하는 생활

➡ 자연 보호, 국산품 애용, 절약하는 생활

1. 일찍 자고 일찍 일어나자!

규칙 생활, 아침 운동하기, 아침 청소하기, 양치질 꼭 하기.

2. 밖에 나갈 때는 부모님께 꼭 알리자!

어디에서 누구와 같이 ● 무엇을 하다가 ● 몇 시에 돌아오겠다고 ● 부모님께 꼭 알리고 ● 돌아와서는 잘 다녀왔다고 알리자.

3. 놀 때는 안전하고 건전한 놀이를 하자!

물놀이 할 때는 ● 세 사람 이상 어른과 함께(부모님 허락) ● 배꼽보다 얕고, 물살이 없는 곳에서 ● 준비 운동을 하고 ● 발끝부터 천천히 물에 들어간다. ● 너무 오랫동안(한 시간 이상) 하지 말고 ● 뜨거운 한낮에는 하지 않는 것이 좋다. ● 위험한 장난하지 말고 ● 귀에 물 들어가지 않도록! ● 위험한 일이 생기면 바로 가까이 있는 어른께 알리자! (119)

차 조심! ● 가스 쓸 때 조심! ● 뱀 조심!

4. 질서의 생활화! (차 조심!)

길을 갈 때는 ● 왼쪽으로 ● 건널 때는 횡단 보도로 ● 이쪽 저쪽 잘 살피고 건너자. ● 길에서 놀이 하지 말자. ● 자전거 타기 조심.

5. 숙제는 날마다 계획대로 하자!

(선생님께 전화로 지도받기)

기본 숙제

	종목	공부할 내용 및 요령
1	일기 쓰기	▶ 미루지 말고 날마다 쓰자.
		▶ 일기 쓰기 쪽지 꼭 봐 가며 쓰자.
		▶ 한 주에 3일 정도는 자세하게 쓰자.
2	책읽기	▶ 방학 동안 ( )권 이상 읽기.
		▶ 날마다 꼭 읽자.
		▶ 느낀 감상을 일기장에 꼭 쓰자.
		▶ 서점에 가서 책을 사 보기도 하자.
		(책 살 때는 선생님께 묻기)

내가 정하는 숙제

	종목	공부할 내용 및 요령	
3	겪어 보기	▶ 부모님 어릴 때 겪은 일 겪기 (공기놀이 배우기)	
		▶ 마을을 위해 좋은 일 하기 (쓰레기 줍기)	
		▶ 여행·견학 (외할머니 댁 다녀오기)	
4	버릇 고치기	(잘 때 몸부림치는 것 고치기)	
5	집안일 돕기	(내 방 청소하기)	
6	개인 연구	(우리 집 쓰레기 조사) (별도 계획)	희망자만 한다.
7	그 밖의 숙제	▶ (문제집 한 권 하기)	

학교 가는 날!

■ 연락이 오면 곧 학교에 갈 것 !

방학 숙제

방학 학습은 경험을 많이 해서 살아 있는 공부를 하도록 해 주어야 한다. 그러자면 방학 숙제 계획을 꼼꼼히 짜야 한다. 나는 방학 숙제를 누구나 다 같이 하는 '기본 숙제'와 스스로 정해서 하는 '내가 정하는 숙제' 두 부분으로 나눈다.

내가 해 본 방학 숙제 지도 방법은 벌써 여러 선생님이 실천하고 있는 것이 많다. 그 가운데 윤태규 선생님이 《글쓰기 교육의 이론과 실제 2》(한국글쓰기교육연구회 엮음, 온누리)에 쓴 내용을 조금 더 보태거나 고쳐서 실천해 본 것이다.

기본 숙제

1. 일기 쓰기

보통 때 일기 쓰기는 교사가 자주 지도하고 일깨워 주니까 그런 대로 써 오지만 방학 때가 되면 마음이 너무 풀어져서 그런지 제대로 쓰지 않는다. 쓴다 해도 억지로 쓰는 아이들이 많다. 그래서 방학 때는 좀더 새로운 마음을 가지고 즐기면서 일기를 쓸 수 있도록 하는 방법을 찾아보는 것이 좋다. 예를 들면 새로운 마음을 갖게 하기 위해서 방학 전에 쓰던 공책은 두고 새 공책을 마련하도록 한다든지, 일기에 대한 생각을 새롭게 불어넣기 위해 일기 내용에 맞는 그림을 그려 보거나 다음과 같은 계획을 세워 보기도 한다.

• 토요일마다 스스로 뜻있는 일을 해 보고 그 경험을 일기로 쓰기.
• 요일을 정해 뉴스를 보고 생각한 것을 자세히 써 보기.
• 책을 한 권 다 읽은 날은 그 감상 써 보기.
• 날짜를 정해서 계속 관찰 일기 쓰기.

2. 책읽기

이것은 숙제라기보다 시간이 많은 방학 동안에 좋은 책을 많이 읽을 수 있도록 자극을 주고 안내해 주는 정도로 하는 것이 좋다. 그래도 좀더 마음을 두고 읽도록 하기 위해서 방학 동안 몇 권은 꼭 읽겠다는 목표를 정해 두는 것이 좋다. 또 방학 때는 학교, 학급에 있는 책을 있는 대로 빌려 주어야 한다. 책을 읽고는 느낀 점을 일기장에 적어 보도록 한다. 또 책과 가까워지도록 책방에도 가끔 가서 좋은 책을 고르는 능력도 스스로 기를 수 있도록 한다. 그리고 좋은 책 안내도 해 주자.

내가 정하는 숙제

이 숙제는 다음과 같은 원칙을 지키는 것이 좋다. 첫째, 아이들이 하고 싶은 것을 스스로 찾아 숙제로 정하도록 한다. 아이들이 흥미와 호기심을 가질 수 있는 것, 아이들의 삶에서 쉽게 찾을 수 있는 것, 움직임이 많은 것을 정하는 것이 좋다. 둘째, 아이들 능력이나 숙제를 할 수 있는 조건을 생각해서 정하도록 한다. 셋째, 많은 아이들이 같은 종류의 숙제로 치우치지 않도록 하고, 숙제의 양도 알맞게 정하도록 한다. 넷째, 방학 숙제를 정하고 계획을 세우는 기간을 한 달은 잡아야 한다. 그러니 한 달 앞서 방학 계획서를 아이들에게 나누어 주고 숙제 내는 까닭, 숙제를 정하는 방법, 숙제 계획서 쓰는 방법, 숙제를 해 나가면서 지도받는 방법, 개인 연구나 모둠 연구 보고서 쓰는 방법 따위를 자세히 알려 준다.

계획을 세워 나갈 때 교사는 아이들 하나하나와 서너 차례 의논을 하면서 지도해야 한다. 위험하거나 돈이 들거나 자료를 구하기 어려운 것은 부모와 의논해서 정하도록 한다. 방학이 다 되어 바쁘게 숙제를 정하고 계획을 세우면 정말 하고 싶은 숙제도 찾지 못하고 계획이나 그 결과도 시원찮게 된다.

1. 겪어 보기

평소에 시간이 없어 겪어 보기 어려운 일을 해 본다. '부모님 어릴 때 하던 일 해 보기', '마을을 위해 좋은 일 하기', '불우이웃 돕기 성금 모으기', '봉사 활동', '여행', '견학' 같이 삶의 참뜻을 일깨워 줄 수 있는 일을 해 본다. 두세 가지쯤 정해서 스스로 해 보도록 하는 것이 좋다.

2. 버릇 고치기

사람의 버릇은 한번 들여놓으면 다시 바꾸는 것이 쉽지 않다. 스스로 의지를 가지고 노력을 해도 처음 버릇으로 돌아가기 쉽다. 그래서 방학 동안 마음 단단히 먹고 잘 고쳐지지 않는 나쁜 버릇을 한 가지 찾아 자기 의지로 고쳐 보도록 한다. 버릇은 자신도 모르게 다시 하게 되므로 계획을 세울 때 둘레 사람들이 깨우쳐 줄 수 있는 장치를 해 두는 것이 좋다. 예를 들자면 욕하는 버릇을 고치려고 할 때는 자기도 모르게 욕이 튀어나오면 둘레 사람들에게 충고를 해 주도록 한다.

3. 집안일 돕기

방학 동안 한 가지 일을 정해 놓고 꾸준히 할 수 있는 것이 좋다. 한참이라도 땀 흘리며 할 수 있다면 더 좋다. 그렇게 하기 위해서는 자기 의지도 중요하지만 부모들이 깨우쳐 주고, 힘을 북돋우어 주는 일 또한 중요하다. 아이가 스스로 계획을 세울 때 부모가 그렇게 해 줄 수 있도록 약속을 받아 놓도록 해야 한다.

4. 개인 연구나 모둠 연구

이 연구는 방학 동안 정말 마음 쏟아서 해 보아야 할 숙제다. 연구해 보고 싶었지만 보통 때는 시간이 없어 못했던 것을 방학 동안 해 본다. 혼자 하는 것도 좋지만 몇 사람이 마음을 모아 함께 하는 것도 좋다. 연구 주제의 예를 몇 가지 들어본다.

- 외래어 간판이나 외래어가 있는 상품 조사.
- 우리가 많이 쓰고 있는 외래어를 찾아 우리 말로 바꾸기.
- 우리 식구 또는 조상과 친척들이 살았거나 지금 살고 있는 곳, 했던 일이나 지금 하고 있는 일, 일어난 일 따위를 사진을 붙여 가며 적는다.
- 열심히 살아가는 사람 조사.
- 할머니, 할아버지 살아온 이야기를 듣고 녹음하거나 받아 적는다.
- 역사 속의 인물 골라 집중 탐구하기.
- 부모님 일하는 곳 따라가 보기.
- 가족 신문이나 마을 신문 만들기.
- 개인 문집이나 시 낭송 테이프 만들기.
- 기행문, 방문기, 견학 기록문, 그 밖에 여러 가지 해 본 것 쓰기.
- 책 읽고 일기 쓰기.
- 뉴스 일기 쓰기.
- 텔레비전, 비디오, 오락의 문제점과 해결 방법 찾아보기.
- 책에서 잘못된 글이나 그림 따위를 찾아 바르게 고치기.
- 주제를 정해 무엇인가 모으고 종류에 따라 나누어 정리해 보기.
- 우리 마을 조사.(어른들 직업, 사투리, 문제점, 자랑거리, 문화재, 역사에 얽

아이가 방학 숙제로 한 개인 연구,
'돋보기의 열에 어떤 색깔의 종이가 잘 탈까?'를
다른 아이들 앞에서 발표하고 있다.
개인 연구 내용만 말고 느낌도 발표해
보도록 하면 좋다.

힌 사실, 전해 오는 이야기, 전해 오는 노래, 놀이, 요즘 일어난 일, 그 밖의 여러
가지 사실 따위.)

• 우리 삶에서 서구 풍속과 문물을 찾아 그런 풍속이 들어온 배경을 조사해 보고
생각 적어 보기.(껌, 생일 케이크, 옷, 밸런타인 데이, 노래, 춤, 먹는 것 따위.)

• 우리가 쓰는 여러 가지 기구 가운데 불편한 것을 찾아 원인을 밝혀 편리하게
바꾸는 방법 찾기.

• 관찰 일기 쓰기.(바람이나 구름 일기, 동물, 식물 길러 보고 일기 쓰기 따위.)

• 우리 가까이에 있는 식물, 곤충 관찰.(사진으로 찍고 특징 기록하기.)

• 과학 탐구 활동.

• 환경 연구 기록 또는 환경 보호 활동 기록.(환경에 관한 여러 가지 책을 참고
하여 자기 고장에 맞는 주제 고르기.)

• 그림 그리기.(생활 그림, 수채화, 서예, 그림 극 만들기, 책 읽고 그리기, 여러
가지 재료로 만들기 따위.)

• 악기를 배우거나 노래 만들어 연주해서 녹음해 오기.(서양 악기보다는 우리
악기인 단소, 장구, 꽹과리 따위 배우기.)

• 봉사 활동하기.(놀이터나 공원 청소, 보육원이나 양로원 찾아가 돕기, 마을의
어려운 집에 가서 일손 돕기 따위.)

자연과 탐구 활동 주제나 사회과 자유 연구 주제는《자유 탐구 활동 방법》(경상 북도 교육위원회 엮음, 1989년)이나《아동들의 탐구를 중심으로 한 사회과 자유 연구》(코센 료이치로 古錢良一郎 외 지음, 배영사)를 참고하면 도움이 된다.

아이들이 주제를 정할 때는 연구 범위를 또렷하게 정하도록 해야 한다. 연구 주제가 정해지면 벌써 연구 방법, 연구 내용, 예상되는 결과 같은 것들이 머릿속에 그려질 만큼 관심 있던 것이라야 좋다.

주제가 정해지면 계획을 세워야 한다. 계획은 아주 세밀하게 세워야만 하기가 좋다. 학급에 사람 수가 많을 경우 한 달 전부터 여러 차례 상담을 해서 계획을 세운다. 방학 숙제 계획서는 모두 복사해서 아이들 모두에게 나누어 주면 서로 어떤 숙제를 하고 있나 알 수 있어 좋다.

개인 연구나 모둠 연구는 보고서 쓰는 방법도 방학하기 전에 알려 주어야 한다. 방법을 벌써 알고 있는 아이들도 다시 한 번 더 알려 주는 것이 좋다. '연구 보고서' 하면 아이들은 벌써 주눅이 들고 무척 어려워하기 쉬운데, 쉬운 말로 사실대로 또렷하게 쓰면 된다고 알려 주어 어려워하지 않도록 해야 한다.

보고서의 틀은 일정하게 정해져 있는 것이 아니라 연구 주제와 내용, 연구 방법에 따라 여러 가지로 달라질 수 있다. 방학 숙제의 경우는 더욱 그렇다. 숙제의 주제가 '혼자 사는 동네 할머니 일 돕기'라고 하면 '연구 조사 보고서'보다는 '실천 보고서'가 된다. 그러니까 아이들마다 주제에 따라 보고서 쓰는 틀도 따로 가르쳐 주어야 한다. '연구 조사한 내용'에는 조사해 나가면서 나오는 모든 것, 일어나는 사실, 새롭게 발견되는 것, 겪은 일, 도표, 사진, 그림, 통계표, 그 밖의 여러 가지 덧붙일 자료 따위를 자세히 기록하도록 한다. 연구 조사를 제대로 하지 않아 내용을 제 마음대로 지어 내서 보고서를 쓰는 것은 아주 옳지 않다는 것, 거짓 없이 사실대로 또렷하게 기록해야 한다는 것을 강조해야 한다. 보기 글을 보여 주며 설명하는 것이 이해하기가 쉽다.

방학 숙제하는 과정 지도

방학 계획을 자세히 세웠다고 아이들이 잘해 나가겠거니 믿고 가만히 있어서는 안 된다. 마음이 풀어지고 노는 데 정신이 너무 팔리면 자신이 좋아서 정했던 숙제라도 관심이 엷어지게 마련이다. 그러니 두세 차례 자극도 주고 격려도 해 주면서 지도해야 한다. 숙제 지도는 할 수 있다면 아이들 하나하나 찾아다니면서 하는 것이 가장 좋겠으나 쉽지 않다. 날짜를 정해서 마을별로 한다든지 정한 날짜에 학교에 나오게 해서 한다든지 하면 좋다. 그것도 어려우면 방학 앞머리, 가운데, 끝 무렵 이렇게 세 차례 전화를 해서 지도해도 좋다. 요즘은 전자 우편으로 연락을 할 수 있어 매우 편리하기는 하지만, 그래도 아이들과 몇 번 만나 지도하는 것이 가장 좋다.

1차 지도 : 방학 머리에 계획대로 숙제를 시작했나 안 했나 살펴보고, 안 했으면 숙제를 해결해 나갈 수 있는지 없는지 타당성을 한 번 더 점검해 본다. 이 때 방학하기 앞서 정한 숙제가 여러 가지 조건이 맞지 않아 해 나가기가 어려우면 다른 숙제로 바꾸도록 한다. 계획성이 모자란다 싶으면 다시 지도를 해 주저하지 않고 바로 해 나갈 수 있도록 더욱 또렷하게 해 주고 힘을 북돋우어 준다.

2차 지도 : 방학이 반쯤 지나면 숙제를 어느 만큼 하고 있나, 어려운 점은 없나 살펴보며 힘을 북돋우어 주고 지도도 한다. 전화 걸 때는 "너 무슨 숙제더라?", "잘 되어 가나?"처럼 관심 없어 보이게 말하지 말고 "오늘 2차 조사하는 날이구나.", "어제는 비가 와서 밖에서 모이지 못해 어려움이 많았겠구나."처럼 좀더 관심 있는 말로 해야 한다. "식물 관찰하는데 이름 잘 모르겠지? 그것 봐. 우리 가까이에 있는 것도 우리는 잘 모르고 있잖니. 학교 도서실에 보면 식물 도감이 있는데 선생님한테 부탁드려 찾아보면 될 거야. 열심히 해 봐.", "은주 너는

'꽃잎 수집하기'인데 가만히 생각해 보니 꽃잎만 수집하면 좀 싱겁겠던데. 꽃의 모양, 색깔 같은 특징을 좀 조사 기록하는 게 어떻겠니?"처럼 또렷이 말해 주면서 힘을 북돋우어 주어야 한다. 이 2차 지도에서는 아이들이 어떻게 끝을 맺어 갈 것인가 확실하게 할 수 있도록 지도해야 한다.

3차 지도 : 방학 끝 무렵에 숙제의 마무리가 어지간히 되었는지 살펴보고, 개인 연구 또는 모둠 연구의 보고서를 쓰고 있는지 확인한다. 숙제에 따라 보고서 쓰는 방법이 조금씩 다르긴 해도 아이들의 보고서는 과정이 자세하게 나타나도록 쓰게 하는 것이 좋다. 보고서를 쓴 다음 그 내용을 전지에 줄여 적도록 해서 방학 끝나고 학급 동무들 앞에서 발표할 수 있도록 한다.

게으름을 많이 피운 아이, 숙제를 많이 하지 않은 아이도 있을 것이다. 그런 아이는 꾸중하기보다는 다른 아이들이 열심히 해 온 과정들을 이야기해 준다. '숙제를 안 하니까 부끄럽구나. 아, 지금이라도 해야겠구나!' 하는 자극을 주기 위해서다. 하고 싶은 숙제를 제 스스로 정해서 하겠다고 해 놓고 방학이 끝나 가는데도 하지 않고 있다면 교사는 실망이 클 것이다. 아주 크게 꾸중하고 싶지만 타이르고 힘을 북돋우어 주어야 한다. 그렇지 않으면 그 숙제는 벌써 재미 없는 숙제가 되고 말지도 모르기 때문이다.

연구 숙제 지도할 때는 아이가 '일기 쓰기', '겪어 보기', '버릇 고치기', '집안 일 돕기' 같은 것도 잘 하고 있나 함께 지도한다.

결과 지도

한 아이는 새를 사진으로 찍고 소리를 녹음해 오겠다고 했는데 긴 방학 동안 단두 마리를 사진으로 찍어 왔다. 그것도 무슨 새인지 알 수 없을 정도로 아주 작았다. 보통 그 긴긴 방학 동안 이게 뭐냐고 꾸중하기가 쉬울 것이다. 그러나 그게 아니다. 이 아이는 새를 찍기 위해 온 들과 산을 헤맸다고 한다. 보통 사진기로는 새를 찍어 내기가 쉽지 않다. 가까이 가서 찍으려고 하면 포르르 날아가 버리고 해서 제대로 하지 못했다고 한다. 이렇게 실패를 한 아이도 사실은 아주 귀한 경험을 한 셈이다. 결과만 가지고 잘 했느니 못 했느니 쉽게 판단해서는 안 되겠다.

어쨌든 아이들이 온 힘을 기울여 해 온 숙제를 교사만 보고 그냥 넘길 것이 아니라 동무들 앞에 발표할 수 있는 기회를 넉넉하게 주어야 한다. 발표한 아이나 듣는 아이 모두가 보람을 더 느끼게 되고 힘도 더 얻게 된다. 앞서 이야기했듯이 전지에 보고 내용을 추려 적어 교실 벽과 복도에 모두 붙여 놓고, 연구에 딸린 모든 자료들도 전시해서 구경하면서 한 아이 한 아이 설명하도록 한다.

숙제를 열심히 하긴 했는데 결과가 실패로 끝난 아이도 그 실패담을 발표할 수 있도록 하고, 학급 동무들은 모두 실패한 아이가 힘을 낼 수 있도록 격려를 해 주어야 한다. 그리고 끝내 숙제를 아예 해 오지 않은 아이도 더러 있을 것이다. 사정이 있어 못한 아이, 게을러서 못한 아이를 구분해서 잘 깨우쳐 주고 방학은 끝나도 반드시 할 수 있도록 지도를 하는 것이 옳다고 본다. 자신이 하기로 약속한 것에 책임을 질 줄 알아야 한다는 것을 가르치고 싶어서다.

또 개인 연구 내용만 말고 느낌도 발표해 보도록 하면 좋다. 그리고 방학 동안 겪은 일을 발표해 보도록 하든지 글로 써 보도록 하는 것도 좋다. 이렇게 해서 방학 끝마무리를 깨끗하게 하면 다음 학기는 더욱 활기찬 학기가 될 것이다.

예) 개인 연구 보고서

동물의 행동, 표정, 소리 연구
경상 북도 청도군 덕산 초등 학교 6학년 오종숙

1. 연구(조사) 기간

1994년 12월 30일~1995년 1월 25일

2. 연구(조사)하게 된 까닭과 목적

동물의 소리는 무슨 신호 같은 것일까? 사람이 말하는 것처럼 서로 무슨 이야기를 하는 것일까? 참으로 궁금하게 생각해 왔다. 그래서 시간이 많은 방학을 맞이하여 동물은 어떤 때 어떤 소리를 내며 어떤 행동을 하는지를 조금이라도 연구해 보기로 하였다.

3. 연구(조사) 내용

①동물은 어떤 때 어떤 행동을 하며 어떤 표정을 짓는가 알아본다.

②또 그 때 소리는 어떻게 내는가 알아본다.

③그 밖에 동물은 대화를 어떻게 하는가, 동물의 마음은 알 수 없는가, 동물의
   행동과 사람의 행동은 왜 다른가도 알아본다.

4. 연구(조사) 방법

①동물의 소리 연구에 관한 참고 책을 찾아보았다. 하지만 책이 없어 못 했다.

②우리 집 또는 다른 곳의 동물을 대상으로, 보고 들으며 조사하였다.

③내 나름대로 여러 가지 조건을 주어 관찰하기도 했다.

④연구 결과를 표로 정리하는 것은 선생님의 지도를 받았다.

5. 연구한 내용

①참고 책을 찾아보는 것 : 참고할 책이 없어서 하지 못했다.

②실험 관찰 연구한 내용 : 아래와 같이 몇 가지 조건을 주었을 때 어떻게 행동
   을 하는지, 어떤 표정을 짓는지, 소리는 어떻게 내는지 실험 연구한 내용은
   다음과 같다.

동물	어떤 때	행동	표정	소리
개	머리를 쓰다듬을 때	눈을 지그시 감고 머리를 사람 앞으로 내민다.	기분이 좋아 웃는 표정 같다.	으음~ 으음~
	막대기로 때릴 때	꼬리를 다리 사이에 넣고 도망을 간다.	처음 때릴려고 할 때 눈을 꼭 감고 고개를 숙이며 찡그린다.	깨개갱~ 깨개갱~ 깨갱깨갱~
	새끼를 가져갈 때	안절부절못하며 이리저리 날뛴다.	귀를 세우고, 무서운 표정 같기도 하고 불안한 표정 같기도 하다.	깨앵~ 깨앵~ 애이잉~
	먹이를 줄 때	꼬리를 흔들고 이리 갔다 저리 갔다 몸을 많이 움직이며 좋아 난리다.	얼굴의 살갗이 완전히 풀어진 것 같고 마구 웃는 것 같다.	후르르~ 후르르~ 사곡사곡~
	먹이를 빼앗을 때	먹이를 들고 있는 사람에게 기어오르고 달려오고 날뛴다.	눈을 크게 뜬다.	컹컹~ 윙윙~
	꼬리를 잡아당길 때	뒤로 돌아서서 손을 문다.	얼굴 살이 주름으로 변한다.	그응~ 컹! 컹! 컹! 그응
닭	막대기로 때릴 때	날개를 치며 퍼더덕거리며 발도 빠르게 도망을 간다.	눈이 튀어나온 것 같다.	꼬꼭! 꼭꼭꼭~
	먹이를 줄 때	날개를 퍼득이며 우르르 뛰어오며 서로 밟고 난리다.	눈이 반들반들하다.	꼬고고고~ 꼬고고고~ 꼬고고고옥
	알을 가져갈 때	발로 알을 끄는 경우가 많다.	놀라 입을 벌린다.	꼭! 꼬꼬꼬~ 꼭! 고고고 꼭! 꼬꼬꼬~
	깃털을 뽑을 때	머리를 세우며 놀란다.	눈을 크게 뜬다.	꼬객! 꼬꼬 꼬꼬! 꼬꼬
	부리를 건드릴 때	벗어나려고 머리를 막 흔든다.	눈을 꼭 감고 싫다는 표정이다.	꼭 꼬꼭 꼭꼬~ 꼭 꼬꼭 꼭 꼭 꼭~
	다리를 잡아당길 때	날개를 퍼덕이면서 막 날아가듯 한다.	놀라서 어쩔 줄을 모른다.	꼬꼬꼭~ 꼬꼭꼬~
염소	어미가 죽었을 때	가만히 앉아 있다.	눈에 눈물이 고이고 처량하게 보인다.	매에에~ 엠매에에~
	먹이를 줄 때	후다닥 달리기도 하고 펄쩍펄쩍 뛰기도 한다. 먹을 때는 입을 옆으로 돌리며 먹고 꼬리도 살래살래 흔들며 맛있게 먹는다.	먹이를 먹을 때 눈을 지그시 감으며 아주 편안한 표정이다.	맴매매 에엠남 음매매매 이엠얌~
	새끼를 때릴 때	뿔을 치켜들고 머리를 흔들기도 한다.	눈을 크게 뜨고 화를 낸 표정 같다.	매에해해해해~ 매에에에에해~ 매에에해해해해~
	줄을 잡아 당길 때	뒤로 버티며 엉덩이를 뒤로 빼고 목도 뒤로 뺄려고 한다.	코를 벌렁거리고 얼굴에 힘이 들어 있는 것 같다.	해이음매이에해 해해~
	뿔을 잡을 때	잡힌 뿔을 빼내기 위해서 머리를 세게 흔든다.	눈이 쫙 올라가면서 얼굴을 찡그리는 것 같다.	음내에! 매에해해~
	먹는 음식을 빼앗을 때	먹이(풀)를 물고 잡아당기며 놓지를 않는다.	끈질기게 물고 늘어지는 표정이다	매에에에~ 으음매 으음매~ 매에에
소	사료와 짚을 줄 때	코를 씩씩거리고 입을 옆으로 삐적삐적 돌리며 먹는다.	먹는 데 정신을 팔면서도 웃는 표정 같다.	모오모흐~ 으으음 모오오후 으으~
토끼	귀를 만지면서 당기고 할 때	귀를 뺄려고 머리를 좌우로 흔들어댄다.	눈을 꼭 감기도 하다가 지그시 감을동 말동 찡그리기도 한다.	으윽 으~

③좀더 다른 조건을 주고 연구한 내용

•사이가 좋았던 토끼 두 마리를 한참 떼어 놓았다가 다시 만나게 했다. : 머리랑 몸을 비비며 마치 인사를 하는 것 같다. 다시 좀더 설명하면, 처음 서로 만나면 냄새를 맡으며 입을 맞추듯 하다가 다시 서로 몸을 비빈다. 그러다가 한 토끼가 다른 토끼의 주위를 빙빙 돌다 서로 얼굴을 맞대고 사람으로 말하면 웃는 것 같다. 또 무슨 인사를 하는지 모르지만 방법은 이렇다. 먼저 큰 놈이 귀를 올렸다 내렸다 하니 작은 놈도 귀를 올렸다 내렸다 하는 것이다.

•서로 원수지간인 닭 두 마리를 꺼내어 만나게 했다. : 만나자마자 그 잘생긴 뾰족한 부리로 마구 쪼며 싸웠다.

•새끼와 어미를 떼어 놓았다가 다시 만나게 했다. : 얼른 어미에게 달려가며, 달려가서는 어미의 품 속으로 파고들었다. 그리고 이상한 소리를 냈는데 확실히 듣지는 못해 표현을 못 하겠다.

6. 종합 결과

위의 실험 연구로 볼 때 다음과 같이 몇 가지 결과를 얻을 수 있다. 하지만 내가 본 것이 얼마나 맞는 것인지는 잘 모르겠다.

•슬플 때 : 힘없이 축 늘어져 아무것도 먹지 않고, 심지어는 눈물까지 흘린다, 우리 사람들처럼.

•기쁠 때 : 이리저리 돌아다니며 날뛴다. 얼굴은 웃는 얼굴로, 환한 얼굴로 활동한다.

•배고플 때 : 무엇이든지 먹을 것을 찾는다. 힘없이 축 늘어져 있다. 울상을 짓는다.

•놀랐을 때 : 사람이 놀라듯 몸이 움찔하더니 흥분을 하면서 마구 이리저리 날뛴다. 그리고 이상한 소리를 내기도 한다.

•사람을 반길 때 : 웃는 표정을 보인다. 좋아서 꼬리를 흔들며 이리 갔다 저리 갔다 마구 날뛴다. 대체로 어디든지 사람을 따라다니려고 한다. 즐거운 소리를 낸다.

7. 알게 된 점

위의 연구 종합 결과에서도 보듯이 나는 동물들도 감정을 가지고 있다는 것을 다시 한 번 확실히 알았다. 그리고 동물마다 조금씩 차이는 있겠지만 감정을 표현하는 방법도 비슷하다는 것을 알 수 있었다.

8. 맺는 말

텔레비전에서도 봤지만 어미 새가 새끼를 먹여 살리기 위해서 자신을 희생한다. 우리 어머니도 그렇다. 언제든지 우리가 먹고 남은 것을 어머니가 드신다. 그리고 우리를 키우기 위해 온갖 고생을 다 한다.

동물도 감정이 있고 사람도 감정이 있는데 다른 점은 있다고 본다. 사람은 화가 났을 때 참을 수가 있는데 동물들은 화가 나면 사람처럼 참을 수 있을까 하는 것이다. 내 생각으로는 못 참을 것이라고 생각한다. 참을 수 있다면 호랑이 같은 것을 가두어 기를 필요가 없을 것이다. 그러니 동물들은 감정이 있긴 하지만 마음대로 조절할 수는 없는 것이다. 그래서 동물과 사람은 차이가 있는가 보다. 그렇지만 동물은 동물 자신에게 있어 그 감정은 사람과 다를 것이 없다고 본다. 그러니 동물 나름대로 대접을 해 주어야 한다는 것을 깊이 깨달았다.

예) 한 장 보고서

쇠구슬은 어떤 곳에서 잘 튀어오를까?
경상 북도 청도군 딕산 초등 학교 5학년 송은광

1. 연구하게 된 까닭과 목적

나는 쇠구슬을 많이 가지고 논다. 그런데 쇠구슬이 튀어오르는 것을 보면 재미가 있다. 가만히 보니 시멘트 바닥에 멋지게 튀어올랐다. 그런데 가만히 생각해 보니 다른 곳에서는 어떻게 튀어오를까, 궁금해지는 것이다. 그래서 실험을 해 보기로 했다.

2. 연구 내용

①바닥 종류와 쇠구슬을 떨어뜨리는 높이에 따라 몇 번이나 튀어오를까?

②어떤 종류의 바닥이라야 쇠구슬의 충격을 줄일 수 있을까?

3. 연구 방법

①쇠구슬을 준비한다.

②여러 종류의 바닥을 선택한다.

③높이를 달리해서 쇠구슬을 떨어뜨려 본다.

④여러 번 한다.

⑤통계를 낸다.

⑥여러 가지 성질을 찾아낸다.

4. 연구한 내용

〔내용 1〕모두 다섯 번에 걸쳐 바닥의 종류와 떨어뜨리는 높이를 달리 해서 쇠구슬을 떨어뜨렸을 때 튀어오른 횟수를 평균 내어 보면 다음과 같다.

5회 실험 결과 평균 횟수

높이 cm / 바닥	10	20	30	40	50	60	70	80
모래	0회	0회	0회	0회	0회	0회	0.5회	1.1회
시멘트	3.2회	3.3회	4.3회	5.2회	5.3회	7.0회	8.2회	10.2회
철판	5.2회	5.3회	5.6회	6.3회	7.4회	8.1회	8.2회	10.1회
짚단	0회	0회	0회	0회	0회	0회	1.4회	2.1회
나무판	0.1회	1.2회	2.1회	2.4회	3.회	4.0회	4.4회	5.1회

80cm 높이에서 실험 결과 그래프

횟수 / 바닥	1회	2회	3회	4회	5회	6회	7회	8회	9회	10회
모래										
시멘트										
철판										
짚단										
나무판										

〔내용 2〕바닥이 단단한 곳에서는 많이 튀어오르는 것으로 봐서 부딪히는 충격이 크고 바닥이 무른 곳에서는 적게 튀어오르는 것으로 봐서 부딪히는 충격이 적다는 것을 알 수 있다.

5. 연구 결과

①시멘트나 철판 따위로 바닥이 단단할수록 쇠구슬이 튀어오르는 횟수가 많고, 모래나 짚단처럼 바닥이 무를수록 튀어오른 횟수가 적었다.

②바닥이 단단할수록 튀어오르는 높이도 더 높다.

6. 알게 된 점

단단한 바닥일수록 튀어오르는 횟수도 많고 높이도 높은 것은 쇠구슬의 충격을 흡수하지 못하기 때문이고, 반대로 무른 바닥은 충격을 흡수하기 때문에 튀어오르는 횟수도 적고 높이도 낮다.

7. 숙제를 마치고(느낀 점)

나는 과학에 관심이 많다. 그러나 개인 연구로 해 보기는 처음이다. 정말 재미도 있고 흥미도 있다. 과학에 관심을 더 가져 우리 생활에 필요한 것을 많이 연구해야겠다.

방학 숙제를 하고 아이가 쓴 글

우리 선생님이 내어 주는 방학 숙제는 달랐다. 먼저 자유롭게 숙제를 정한다는 것이다. 두 번째는 방 안이 아닌 현장 경험을 할 수 있다는 것이다. 세 번째는 혼자서가 아닌 여러 사람이 함께 하기 때문에 협동심도 기르고 어려운 것도 잘 풀어 갈 수 있었다. 선생님이 마음대로 내어 준 숙제보다 우리가 정하고 계획을 짰기 때문에 책임이 따랐고, 숙제를 하는데 따분하지도 않았다. 처음에는 방학 숙제가 이상하다고 생각했지만 차츰 괜찮아졌다. 또 처음에는 쉽다고 생각했는데 막상 시작하고 보니 조금은 어려웠다. 그러나 앞에도 이야기했지만 현장에서 직접 관찰하며 활동하니까 오히려 신나고 재미있었다. 앞으로도 밖에서 자연과 함께, 활동하면서 하는 숙제가 많았으면 좋겠다. (6학년)

아이가 방학 숙제로 한 개인 연구,
'옛날 어른들이 살아가며 하는 소리 조사'를
발표하고 있다.

6학년 때의 숙제는 지금까지 해 오던 숙제와는 너무 달랐다. 5학년 때까지 '숙제'
하면 집에서 텔레비전이나 보면서 했는데, 6학년 때는 밖에 나가지 않으면 할 수 없
고, 남들에게 놀림을 당하지 않으면 할 수 없는 숙제라는 생각이 든다. 내가 매주 재미
있는 숙제를 할 때면 동생이 와서 "누나야 선생님은 와 그렇노?" 하면서 가장 먼저 놀
려 댔으니까 말이다. 그래도 6학년 때의 숙제는 그렇게 지겹고 하기 싫었던 적은 없
다. 그건 아마 지금까지 해 보지 못한 경험을 하면서 숙제를 하기 때문일 거라는 생각
이 든다. 그리고 지금까지 숙제해 온 것은 숙제해 온 걸로 끝이었지만, 6학년 때는 숙
제를 한 가지라도 하면 보람을 느낄 수 있었다. 선생님의 책에 실린다던가 선생님께서
공개적으로 아이들에게 보여 주면서 자랑을 했던 영향도 크다. 그래서 다른 때보다 더
열심히 숙제를 했는지도 모르겠다. 나는 매일 집에 앉아서만 숙제하는 아이들이 불쌍
하게 여겨질 때도 있다. 그건 내가 좋은 경험을 했기 때문일 것이다. 하여튼 너무 좋
다. (6학년)

10장
문집과 신문

학급 문집

마을 신문

학급 문집

학급 문집(신문)을 많은 학급에서 널리 못 만드는 것은 전문 지식이 있는 특별한 교사만 하는 것으로 생각하기 때문이다. 또 '그런 것을 뭐 하러 사서 고생하나.' 하는 생각 때문이기도 하다. 그러나 전문 지식이 없다고 미리 두려워할 필요는 없다. 참교육에 대한 사명감을 가진 교사라면 누구나 할 수 있다.

한번 해 보고 싶다는 마음을 조금이라도 먹은 교사는 처음부터 멋지게 잘 해야겠다는 생각은 버리는 것이 좋다. 그런 것은 사람을 주눅들게 만든다. 그저 밥 먹듯 시작하고 보는 것이 좋다. 학급 문집이나 학급 신문은 다른 나라에 비해 아주많이 모자라는 국어 교육의 보충만이 아니라 초등 학교 시절에 경험해 볼 수 있는 아주 귀한 종합 문화 활동이다.

학급 문집이란 한 학급 아이들이 쓴 글이나 그림을 모아 엮은 책을 말한다. 넓게 생각한다면 학급 문화 활동의 마당이요, 학급 문화를 담는 그릇이라 말해도 되겠다. 또 교사 편에서 보면 자신과 함께 살아가고 있는 학급 아이들의 교육 성과요, 산물이라 할 수 있다. 학급 문집은 글과 그림을 넣어서 만들지만, 그 속에는 참삶을 가꾸기 위한 학급 문화 활동 모두가 담긴다. 학급뿐 아니라 학교, 가정, 사회에서 일어나는 온갖 이야기가 담기니까 겉보기에는 아주 조그마하고 보잘것없는 것 같아도 얼마나 큰 것인가 알 수 있다.

학급 문집은 소외되기 쉬운 아이들까지 참여시켜 모두 당당한 아이들로 기를 수 있는 마당이 된다. 이런 학급 문집의 질은 담임 선생님의 참교육 실천 의지에 따라 좌우된다. 아이들을 참사람으로 기르기 위해 어떠한 어려움도 이겨 내며 말없이 땀을 흘리는 교사의 의지가 중요하다. 그런 속에서 아이들의 창조성은 마음 껏 뻗어 나갈 수 있다. 참 중요한 일이다.

학급 문집의 좋은 점

첫째, 글쓰기에 대한 의욕을 높여 준다. 일기 쓰기나 다른 여러 가지 글쓰기 지도를 해 나가다 보면 지루해하기도 하고 하기 싫어하는 때도 더러 있다. 이럴 때 활자화되어서 문집에 실린 자기의 글을 보면 자기도 글을 써서 남들에게 부끄럼 없이 내보일 수 있구나 하는 가슴 뿌듯한 기쁨을 맛보게 된다. 그리고 힘을 얻게 되고, 다시 더 열심히 글을 쓰겠다는 마음의 다짐을 하게 된다. 그렇게 힘을 얻으면 좀 어렵고 힘들어도 참고 해 나가게 되고, 표현에도 자신을 가지게 된다.

둘째, 아이들에게 가장 친근한 읽을거리를 만들어 준다. 학과 공부에 시달린

이호철 선생님 반에서 만든 꽃교실 문집이다.
학급 문집은 글과 그림을 넣어서 만들지만,
그 속에는 참삶을 가꾸기 위한 학급 문화 활동
모두가 담긴다.

아이들은 집에 와도 학원 때문에 찌들려 책과 만나기도 쉽지 않다. 그런 틈에서 컴퓨터 게임으로 마음을 푸는 아이들이 많다. 이런 때 또래 아이들이 쓴 진솔한 이야기를 주어서 읽게 하는 것은 책과 거리가 있던 아이들도 가까워지게 하는 실마리가 될 것이다.

셋째, 바르게 살아가는 태도를 스스로 배우게 된다. 학급 문집에 실린 글에 나타난 학급 동무들의 생각과 생활 태도에 자신의 생각과 생활 태도를 비추어 보면서, 어떻게 살아가야 하는지 스스로 배우게 된다.

넷째, 학급에 애정을 갖게 된다. 공부 못하는 아이도 문집 만드는 과정에 참여하면서 열등감 없이 학급에 소속감과 긍지를 가지게 된다. 그런 가운데 무엇을 해 냈다는 성취감과 우리의 힘으로도 무엇이든지 할 수 있다는 자신감을 가지게 된다.

다섯째, 어른(학부모)들에게 아이들의 생활과 교육을 이해시킬 수 있고, 담임은 아이들이 살아가는 환경, 생각 따위를 알 수 있다. 어른들은 아이들을 잘 아는 것 같지만 사실은 모르는 것이 무척 많다. 그런 어른들이 학급 문집에 실린 아이들 글을 보면서 아이를 새롭게 이해하게 된다. 또 학부모들은 학교에서 하는 교육을 이해하지 못하는 경우가 많은데, 학급과 학교에 대한 이해를 높이며 올바른 교육에 대한 관심도 높일 수 있다. 담임은 아이들의 글이나 활동 모습으로 아이들이 살아가는 환경, 성격, 걱정과 고민, 바라는 것 따위를 알 수 있어 지도에 커다란 도움이 된다.

여섯째, 멀리 있는 사람들과도 서로 관계를 맺을 수 있는 기회를 만들어 주고, 사회를 보는 눈을 넓혀 준다. 문집을 내는 학급이 서로 문집을 교환하면서 여러 가지 방법으로 교류가 이루어진다. 이런 속에서 아이들은 세상을 보는 눈이나 생각의 폭이 넓어진다.

일곱째, 교사와 아이들 사이, 아이들과 아이들 사이의 우정이 두텁게 되어 떠나더라도 그 관계가 끊기지 않게 된다. 교육은 아이들과 같이 살 동안에만 하면 끝이라고 생각하면 잘못이다. 교사의 품을 떠나 아이들이 참사람으로 살아가는 데는 장애물이 너무나 많다. 이럴 때 한 번씩 만나 힘을 북돋우어 주는 일을 교사가 해야 한다. 그런 끈을 만들어 주는 것이 이 학급 문집이다. 또 만나지는 못한다 해도 문집을 보며 마음만은 언제나 끈끈한 정으로 남을 수 있다.

학급 문집 만들 때의 원칙

문집을 만들 때는 나름대로 몇 가지 원칙을 정해 두어야 흔들리지 않고 끝까지 잘 만들 수 있다.
- 학급 아이들 모두가 참여하도록 한다.
- 즐겁게 참여하도록 한다.
- 결과보다 과정에 더 뜻을 둔다.
- 아이들 의견을 존중한다.
- 아이들 스스로 만들도록 하면서 교사는 도와 준다.
- 아이들을 위한 문집이 되게 한다.
- 학급 문집을 낸 바로 뒤에 평가회를 하고 발전의 발판으로 삼는다.
- 드는 돈은 아이들 자신의 힘으로 모을 수 있도록 한다.
- 학급 문집을 자주 내어 활동이 끊임없이 이어지도록 해야 한다. 보통 문집은 학년 말에 한 권으로 내거나 학기 말에 한 권 내는 것이 보통이다. 그러나 학급 문집은 좀더 자주 내는 것이 좋다. 주마다 내는 것이 좋겠지만 그것은 힘든 일이므로 두 주 만에 내든지 그래도 힘들면 한 달에 한 번이라도 내면 좋다. 그래야만 꾸준한 활동이 이루어지게 된다. 어쨌든 겉모습만 번지르르하게 내보이기 위한 문집이 아니라 어설프더라도 아이들 스스로 하도록 해서 한 학급이 살아가는 참모습이 진솔하게 나타나도록 해야 한다.

학급 문집 만들기

①문집을 낼 것인가 결정한다. 학년 머리에 문집의 참뜻을 알기 쉽게 이야기해 주고, 여러 곳에서 나온 문집들도 소개해서 관심을 모은다. 그리고 문집을 낼 것인가 스스로 결정하도록 한다. 이 과정은 형식에 가깝지만 교사 혼자 밀어붙이는 것보다 아이들의 참여 의식을 높일 수 있다.

②문집 이름을 정한다. 앞서 나온 문집 이름을 몇 개 가려 뽑아서 알려 주고 왜 그런 이름을 정하게 되었나, 좋은 이름과 좋지 않은 이름은 어떤 것인가 설명해 준다. 그런 뒤 학급에서 지향하는 뜻을 담은 이름을 정한다.

③한 해 동안 몇 회를 낼 것인가 정한다. 주마다 낼 것인가, 두 주마다 낼 것인가, 달마다 낼 것인가, 두 달마다 낼 것인가, 학기 말이나 학년 말에 낼 것인가를 정한다. 활동이 끊임없이 이루어지게 하자면 주마다 하는 것이 좋겠지만 그건 몹시 힘겹다. 한 달에 한 번쯤 내는 것이 알맞겠다는 생각이 든다. 연말에 이것을 합쳐서 묶어 내면 아주 훌륭한 문집이 된다. 이런 것들을 아이들에게 자세하게 설명하여 아이들 스스로 결정하도록 이끌어 주어야 한다.

④문집의 크기와 1회 발행의 쪽수를 정한다. 크기는 16절 크기로 하면 되겠고, 1회 발행 쪽수는 처음부터 크게 욕심부리지 말아야 한다. 달마다 낼 경우 한 번에 10~20쪽 정도가 알맞다. 아이 한 명이 한 면이나 두 면으로 하는 것과 모둠별로 몇 쪽씩 주어 꾸며 내도록 하는 것도 좋겠다. 연말에 한 권 묶을 경우 180~200쪽이면 알맞다. 또 각 면마다 무엇을 얼마만큼 싣겠다는 계획이 확실하게 서면 쪽수가 정해지게 된다.

⑤1회에 내는 발행 부수를 정한다. 총 발행 부수는 학급 아이들의 수, 다른 반에 나누어 주는 수, 밖으로 나가는 수, 보관하는 수, 그 밖의 수를 더한 수다. 책 만들 때 드는 돈과 바로 관련되기 때문에 어렵겠지만 될 수 있는 대로 정확한 부수를 알아보는 것이 좋다.

⑥인쇄 방법을 정한다. 요즘은 복사기가 학교마다 있어서 편리하다. 그렇지만 부수를 아주 많이 하거나 복사기가 좋지 않은 경우에는 인쇄소에서 마스터 인쇄를 하는 것이 좋다.

⑦문집 만드는 데 드는 돈을 모은다. 학급 문집을 낼 준비가 다 되었다 하더라도 돈이 없으면 내지 못한다. 돈을 모으는 것도 아이들 모두가 참여하도록 해야 아이들이 문집에 깊은 관심과 애정을 갖는다. 용돈을 절약하고 폐품을 모아 파는 따위의 방법이 있겠다. 혹시 돈을 많이 못 낸 아이가 마음에 상처를 입지 않도록 한다. 적게 내거나 많이 내거나 얼마나 관심을 가지고 애쓰고 있나 하는 그 마음을 높이 생각하도록 해야 하고, 적게 내거나 많이 내거나 똑같이 당당한 마음을 가질 수 있도록 해야 한다. 용돈도 무엇인가 뜻있는 일을 해서 얻은 돈이라야 한다.

⑧편집 위원을 꾸린다. 이것도 필요에 따라 여러 가지 방법이 있다.

첫째, 전문 위원을 구성하는 방법이다. 다른 아이들보다 글을 잘 쓰고, 문법, 글씨 쓰기, 글을 보는 눈, 그림에 앞선 아이들로 6~10명을, 교사와 아이들이 이야기해 가며 추천해서 결정하는 것과 간단한 평가를 해서 뽑는 방법이 있다. 이때 자칫 잘못하면 뽑히지 않은 아이들은 거리를 느낄 수도 있으니 이해가 잘 되도록 해야 한다. 전문 위원이 안 된 아이들도 수집 위원, 준비 위원, 경비 마련 대책 위원 따위로 참여시켜 한 마음이 되도록 해야 한다.

둘째, 모둠별로 편집 위원을 꾸리는 방법이 있다. 1회 문집을 낼 때 한 모둠원 모두가 편집 위원이 되는 방법이다. 그러면 1년에 2회 정도 한 학급 아이들 모두가 경험을 하게 된다. 이렇게 하면 두 주에 한 번쯤 내어도 크게 바쁘지 않다.

셋째, 각 모둠의 심부름꾼을 편집 위원으로 하는 방법이다. 각 모둠의 지도자가 될 만한 아이를 모둠원들이 뽑도록 해야 한다.

⑨문집의 짜임새를 정한다. 먼저 학급 문집 전체의 짜임새를 정해야 한다. 여기에 든 것은 보기이므로 학급의 특성을 살려 해야 한다.

문집 짜기의 예를 들면 다음과 같다.

1면 : 문집 이름, 맛보기(동시나 짧은 동화, 또래 아이들이 쓴 글, 생활 그림 따위의 감상 자료)를 싣는다.

2~18면 : 시, 이야기 글, 그 밖의 글, 생활 그림 따위를 싣는다. 뒷부분에는 학부모의 글이나 부모님이 보내 온 편지 따위를 싣는다.

19면 : 학급의 역사, 학급 또는 학교 소식 따위를 싣는다.

20면 : 선생님이 들려주는 이야기를 싣는다.

⑩글을 모은다. 글은 일기부터 시작해서 국어나 다른 교과 시간에 나온 글, 일 주일에 한 번씩 글쓰기로 나온 작품, 짬짬이 그린 생활 그림, 그 밖에도 삶이 담겨 있는 어떤 글이든 일 주일에 한 번씩 정리해서 모은다.

첫째, 자기 스스로 지난 일 주일 동안 쓴 일기 가운데 다른 사람에게 내보여도 좋을 내용의 일기를 고른다. 그 가운데 가치 있고 감동을 줄 수 있는 일기는 제목 옆에다 ○표를 한다. 다음은 교사가 다시 읽어보고 좋다고 생각되는 것에 ★표를 한다. 이 때 교사는 좀더 자세한 표현이 필요한 부분에는 밑줄을 그어 표시해 준다.

둘째, ★표를 받은 일기는 다른 종이에 적어 내도록 한다. 이 때 글을 쓴 아이나 그 아이 식구들에게 피해(인권 침해)를 주거나 문제가 될 것 같은 글은 싣지 않아야 한다. 문집에 실을지 말지 판단이 어려우면 글 쓴 아이나 부모에게 물어서 결정해야 한다. 다른 종이에 적어 낼 때는 스스로 판단해서 더 살려야 할 곳과 교사가 밑줄 그은 부분의 내용을 더 살려서 써 내도록 한다. 자기 글모음 공책을 마련해서 적어 모으는 것도 좋겠다. 이 때 꾸며 쓰는 일이 없도록 잘 일러 주어야 한다.

셋째, 적어 낸 일기나 다른 글쓰기에서 나온 글들을 모아 다시 아이한테 되돌려 준다. 그러면 아이는 스스로 보충해야 할 곳, 바로잡아야 할 곳 따위를 찾아 붉은 볼펜으로 바로잡아 다시 낸다.

넷째, 교사는 다시 읽어 보고 더 살려야 할 곳에 다른 색깔로 밑줄을 그어 주고, 띄어쓰기, 부호, 글자 틀린 곳을 표시한다. 그리고 다시 되돌려 주어 보충하고 고쳐 내도록 한다.

다섯째, 다시 읽어 보고 내용이 안 맞고 뜻이 통하지 않아 의문이 있는 점은 그 아이를 불러 이야기를 나누어 바로잡게 한다. 그런 뒤 마지막으로 디스켓에 담아 내도록 한다.

여섯째, 글을 잘 못 쓰는 아이는 1차로 친한 동무와 이야기를 나누면서 대신 써 주거나 자신이 고쳐 적도록 한다. 그 다음 2차로 담임 선생님과 면담을 통해서 아이 스스로 보충하고 고치도록 한다.

고학년인 경우에는 모둠끼리 서로의 작품을 읽어 보고 고치거나 보충한다. 다음은 전문 위원들이 읽어 보고 다시 글 쓴 아이에게 돌려 주어 고쳐서 내도록 한다. 마지막에 교사가 살펴보는 방법으로 해도 좋겠다.

⑪문집을 편집한다. 글은 아이들 스스로 컴퓨터 디스켓에 담아 내게 하여 담임 선생님이나 학급 대표 아이가 모아 놓는다. 문집에 실을 그림은 원본을 잘 모아 놓는다.

1면 구성은 아이들이 부담 없이 감상할 수 있는 시, 그림, 짧은 이야기 같은 것으로 구성하는 것도 좋겠고, 문집 내용의 차례를 적어도 좋겠다. 나는 '맛보기'라고 제목을 붙여 시, 그림, 짧은 이야기를 맛볼 수 있도록 구성하고 있다.

2면부터는 여러 가지 글을 종류별, 개인별, 모둠별로 싣는다. 아이들의 생활 그림을 넣을 때는 글을 다 배열하고 난 뒤에 빈 공간이나 채우는 것쯤으로 생각하지 말고 글과 그림을 같이 보기 좋게 배열해야 한다. 그림 한 편을 글 한 편과 맞먹는 것으로 생각하기 바란다. 그림은 알맞은 크기로 줄여 복사해서 실어야 한다. 그리고 책 소개, 안내 글 따위도 글을 편집하다 남은 공간에 채우는 식으로 하지 말고 난을 만들어 짜임새 있게 실어야 좋다.

맨 마지막 두 면은 학급 나름대로 꾸미면 되겠다. 우리 고장의 전통 놀이와 노래 소개도 좋겠고, 우리 고장의 문화재를 집중 조사해서 알리는 것으로 꾸며도 좋겠다. 담임 교사가 아이들에게 들려주고 싶은 이야기도 싣는다.

편집이 끝나면 쪽수를 살펴보고, 마지막으로 잘못된 곳이 없나 찬찬히 읽어 가며 바로잡을 것이 있으면 바로잡는다. 그리고 지도 교사도 마지막 점검을 한다. 이제 인쇄를 하면 된다. 학급 안에서만 간단하게 나누어 볼 경우에는 복사를 하면 된다. 그러나 여러 사람과 나누어 보려고 할 때는 아무래도 마스터 인쇄 방법을 택하는 것이 좋다. 인쇄소 가운데도 값은 싸면서 인쇄를 깨끗하게 잘 해 주는 곳을 찾아야 한다.

학급 문집을 낸 뒤

학급 문집을 낸 뒤에도 그냥 덮어둘 것이 아니라 몇 가지 활동을 해서 다음 문집 낼 때의 밑거름이 되도록 해야 한다. 문집이 나오면 문집에 실린 글에 대해 이야기를 먼저 나누고 부호, 원고지 쓰기, 문법 따위의 잘못된 곳을 찾아서 고쳐 본다. 또 문집 만들 때의 여러 가지 일에 대해 이야기를 나누어 다음 번 문집을 낼 때 참고하도록 한다. 지도 교사는 나름대로 생각해 둔 것과 아이들의 이야기를 종합해서 지도한다.

그리고 학급 문집은 여러 사람과 나누어 보도록 한다. 학급 문집을 나누어 보면 여러 곳에서 격려 편지나 문집을 보내 주는 경우가 많다. 이 때 문집을 보내 온 학급 아이들과 편지를 하며 교류가 이루어지도록 하는 것도 좋다. 10~20부 정도는 학급에 보관해 두어야, 꼭 쓸 일이 있을 때 좋다. 원본도 잘 보관해 두어야 다시 쓸 일이 있을 때 편리하다.

한 달에 한 번 내는 문집은 방학을 빼고 나면 1년 동안 9~10호까지 낼 수 있다. 이것들을 함께 묶지 않으면 어디로 달아나 버리고 만다. 따라서 잘 모아 두었다가 학년 끝에 묶어 두는 것이 좋다. 이 때 1년 동안 모아 놓았던 원본을 인쇄소에 맡겨 완전한 책을 만들어도 좋다. 그러나 이 방법은 책으로 묶는 돈이 또 든다. 그래도 좀더 책 같은 책을 학급 아이들과 둘레 사람들이 간직하기 위해서는 이 방법이 좋다.

문집을 만들 때 도움을 받을 수 있는 책
《빛깔 있는 학급 문집 만들기(초등)》, 우리교육 편집부 엮음, 우리교육

마을 신문

내가 내 주는 방학 숙제 가운데 '개인(모둠) 연구'가 있다. 개인 또는 몇 아이들이 모여서 스스로 정해서 깊이 있는 연구를 해 보고 연구 보고서도 쓰는 숙제다. 그 가운데 한 마을 아이들이, 윤태규 선생님 동화 《신나는 교실》(산하) 속 황새골 마을 아이들이 문집 내는 것을 보고, 저희들도 방학 숙제로 마을 신문을 내겠다고 해서 그렇게 하도록 했다. 서툴기는 해도 방학 5주 동안 그런 대로 만들었다. 그래서 그 힘을 살려 방학이 끝난 뒤에도 다달이 이어서 내도록 했다. 아이들은 힘들어도 했지만 매우 즐거워했다.

아이들은 신문을 내면서 자기 마을에 대한 관심이 차츰 높아지고, 자기 마을 모습이 자기의 글로 신문에 실리는 것을 자랑스럽게 여겼다. 또 마을의 문제점을 아이들의 힘으로 해결하기 위해 노력하는 모습을 보였으며, 어른들의 깨우침을 요구하는 문제도 내세워 건전한 마을을 가꾸는 데 참여하도록 이끄는 일도 했다. 뿐만 아니라 마을의 특수한 곳을 아이들 스스로 견학하며 배우려고 하는 태도가 보이기도 했다. "아이들 함부로 볼 것 아니던데요!" 이렇게 불쑥 던지는 어른들의 소리로 보아 어른들이 마을과 아이들을 보는 눈이 많이 달라진 것을 알 수 있다.

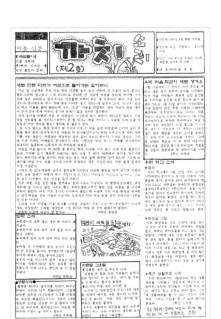

아이들이 만든
마을 신문이다. 아이들은
신문을 내면서 자기
마을에 대한 관심이 차츰
높아지고, 자기 마을 모습이
자기의 글로 신문에
실리는 것을 자랑스럽게
여긴다.

아이들은 어른들과 더불어 살면서 어른들이 살아가는 모습을 보고 배우지만 어른과는 또 다른 문화를 만들며 살아간다. 그러나 쉽게 어른들의 모습을 따라 배우기도 한다. 어른들이 좋은 모습을 보였을 때는 아이들이 만들어 가는 문화도 좋은 방향으로 가기가 쉽고, 어른들이 나쁜 모습을 보였을 때는 아이들이 만들어 가는 문화도 나쁜 방향으로 가기가 쉽다. 그런데 마을 신문을 내는 아이들은 어른 사회에 쉽게 물들지 않고 새로운 생각으로 살아가려고 애쓰는 모습을 보였다.

마을 신문 만들면서 얻는 것 몇 가지

• 어떤 일에 스스로 참여하려는 마음과 무엇인가 찾아 배우려는 마음을 기른다.
• 사회성, 협동성, 사회 변화에 대처할 수 있는 힘을 기르고, 보는 눈이 넓고 깊

어진다.

- 올바른 비판 정신을 기른다.
- 이웃과 더불어 사는 삶을 배운다.
- 신문을 친하게 만난다.
- 삶을 가꾸는 글읽기, 글쓰기 능력도 기른다.

마을 신문은 시골에서는 마을 단위로 만들기가 쉽지만 도시에서는 쉽지 않을 것이다. 그러나 아파트 단지나 가까운 지역의 아이들끼리 모여서 한다면 도시에서도 못할 것은 없다. 지역 학부모들이 도와 준다면 더욱 좋다.

아이들은 학교에서 다른 활동도 많이 하니까 마을 신문은 한 달에 한 번, B4 종이 4면 정도로 내면 되겠다. 컴퓨터로 편집을 하면 크게 어렵지 않다. 마을 신문 만드는 자세한 과정은 따로 보이지 않고 신문을 만들면서 아이가 쓴 일기를 몇 편 내보인다. 숙제를 해 나갈 때 낱낱이 기록하면 좋은 공부가 된다. 아이들이 낸 신문은 보잘것없을지 모르나, 아이들은 신문을 내면서 참으로 얻는 것이 많고 좋은 경험을 많이 한다.

마을 신문 만들면서 쓴 일기

제1호 마을 신문

경상 북도 경산시 중앙 초등 학교 4학년 정애숙

드디어 마을 신문 1호를 오늘 다 만들었다. 어찌 된 일인지 같이 하겠다던 화선이보다 아무 말 안 한 해원이가 더 많이 도와 주었다. 그 동안 고생한 거 생각하니 눈물이 다 난다.

"'엄마!' 하고 울었으면 좋겠다."

하고 진아가 말하였다.

해원이 말대로 100번을 타고 계양동에 갔다. 가긴 갔으나 좀처럼 찾기가 어려웠다. 복사집에서 복사를 해 정성스럽게 접었다.

집에 오니 비가 와서 신문 돌리기가 불편하였다.

"할 수 없다. 빨리 돌리고 와서 쉬자."

2명씩 조를 짜서, 비가 와도 열심히 뛰었다. '딩동.' 초인종을 눌렀다.

'아! 어떻게 나오실까?'

"너희들 누구니?"

"안녕하세요?"

내가 인사를 하자 해원이가 이어서 말했다.

"저희들은요, 마을 아이들끼리 마을 신문을 만들었어요. 한번 보시라구요."

"오냐."

"여기 싸인 좀……."

모두들 재미있게 보신다. 그런데 어떤 집은,

"문 좀 열어 주실래요?"

"문이 고장났어."

이러며 우리 오는 걸 싫어한다.

'아, 하지만 기쁜 일이 있으면 슬픈 일도 있고, 슬픈 일이 있으면 기쁜 일도 있다.'

하며 참고 나갔다.

'제1호 마을 신문 정말 멋있다.'

그렇게 뭐든지 하기 싫어했던 아이들도 뭐가 기쁜지 싱글벙글한다. (1993년 1월 2일)

남천강의 오염

경상 북도 경산시 중앙 초등 학교 4학년 정애숙

1호 신문은 멋있게 만들었는데 이젠 2호 신문 만들 내용을 어떻게 할까? 우리는 마을에 관한 취재 기사 중심으로 하기로 했다.

"다운아, 진아야, 해영아, 우리 남천강에 가서 오염 상태 조사하까?"

"그래."

아이들은 놀라운 표정을 지었다.

"다운아, 자전거 타고 가자. 화선이도 데리고 가자."

"그전 땐 짜증도 났는데 한 번 만들고 나니 짜증도 안 나는데?"

이러며 자전거를 몰고 화선이네 집에 갔다.

"화선아, 남천강 가자."

"응, 그래, 가자."

남천강에 갔다.

"아휴! 이 냄새."

가자마자 이 소리가 났으니 강물이 얼마나 더러운 줄 알 것이다.

취재 내용을 다음과 같이 적었다.

"우리가 남천강에 도착한 시각이 1시 40분쯤이었다. 그런데 가자마자 난 깜짝 놀랐다. 언제나 학교 가랴 학원 가랴 바빴고, 지금은 방학 중이어도 학원 가기 바빠서 강물은커녕 들판에서 자연의 친구랑 논 적이 거의 없다. 쌀이 나무에 주렁주렁 매달려 있는 줄만 아는 서울 아이들이나 다를 바 없던 우리들이다. 그래서 언제나 텔레비전에서 오염되었다고 해도 우리의 강물은 언제나 맑고 깨끗한 줄만 알았다. 그래서 이렇게 황폐해진 자연을 보고 더욱 놀라지 않을 수 없다. 강 여기저기엔 쓰레기, 강물에는 음식 찌꺼기, 보니 개 창자까지도 떠내려 왔다.

'대체 이게 정말 강물인가?'

고기는 없어진 지 오래 전인가 보다. 난 실망했다. '아!' 한숨이 절로 나왔다. 그 맑고 깨끗한 물은 어디 가고 사람이란 동물 하나가 이 대자연을……

아파하고 있는 강을 살립시다. (정애숙 기자)" (1993년 1월 4일)

2호 신문 완성
경상 북도 경산시 중앙 초등 학교 4학년 정애숙

이젠 모든 걸 종합해서 2호 신문을 만든다. 글씨는 또박또박 쓴다. 모든 어려움을 참아 내어 2호 신문을 만드는 이 기쁨은 아무도 모를 거야. 통장님 댁부터 돌려야지.

8절 모조지에 우리가 취재한 걸 적었다. 할머니에 대한 이야기, 이 달의 실천 '비누로 머리감기', 내 생각 '양담배', 특집 '남천 강물 오염' 같은 것이다. 아, 그런데 우리가 이번에 만든 건 모자라는 것이 많다. 다음 3호에는 좀 다른 방법으로 신문을 내어 봐야지.

복사를 다 해서 돌리로 가니 한 아줌마가,

"니가 마을 신문 만들었나? 어쩜, 니 낸중에 기자 되어라. 그리고 마을 신문 참 재미있더라."

하며 칭찬을 해 주시는 것이었다. 그리고 다들 우리가 누군지 다 알아보신다. 모르던 아이도,

"애숙아, 나도 마을 신문 만드는 데 좀 끼워 주라."

하였다.

"선생님, 또 한 번 보람을 느꼈어요!"

아, 이 때까지 많이 배우고 모르는 걸 참 많이 알았다. 다른 아이들도 마을의 사정을 좀 알았을 거다. 마을 구석구석이 이젠 좀 깨끗하다. 어른들도,

"그래, 마을을 좀더 깨끗하게 하자."

하며 마을을 쓸고 계신다.

'우리 마을을 꼭 행복한 마을로 만들어야지. 다음엔 더욱 더 자세한 신문을 만들고 또 좀 더 따져 보아야 할 일을 적어 봐야지.' (1993년 1월 14일)

마을 신문을 내고 난 뒤

안 보이던 것이 보인다.

경상 북도 청도군 덕산 초등 학교 6학년 윤영웅

우리 학급에서는 마을 신문을 내고 있다. 지난 1997년 3월부터 내기 시작해서 한 달에 한 번씩 내고 있다. 9월 신문은 다 냈고, 지금은 10월 신문 기사거리를 찾아 내고 있다.

지난 1996년 겨울 방학 때 일이다. 우리 선생님께서 겨울 방학 숙제로 마을 신문을 한 번 내어 보는 것이 어떻겠냐고 하셨다. 그래서 나를 비롯한 우리 마을 동무들은 그렇게 하기로 하고 한번 내어 보았다. 우리 손으로 쓰고 편집해서 만들긴 했지만 낙서 종이같이 아주 보잘것없었다. 그래도 그 때는 잘 냈다고 학교에서 복사해 온 마을에 다 돌렸다. 그래도 마을 어른들은 "잘했다. 잘했어." 하며 칭찬하는 것이었다. 한 번 내고 마치려고 했던 마을 신문을 보고 잘 했다고 하니까 일주일에 한 번씩 내기로 한 것이다. 그렇게 해서 5호까지 내었다. 그것을 선생님이 보시더니 "이거 괜찮네!" 하시면서 마을 신문을 한 달에 한 번씩 내어 보는 것이 좋겠다고 하셨다.

우리는 좋아서 신나게 1호를 냈다. 다섯 마을이 따로따로 냈다. 1호는 정말 모자라는 게 많았다. 하지만 우리 담임 선생님인 이호철 선생님께서 기사는 어떻게 쓰고, 틀은 어떻게 짜고, 신문에 실을 내용은 어떤 것으로 하는 것이 좋은지 꼼꼼하게 가르쳐 준 덕분에 2호부터는 제법 멋있게 냈다. 컴퓨터로 쳐서 냈기 때문에 훨씬 더 깔끔하고 예뻤다. 제법 신문다웠다. 그런데 문제가 한 가지 있었다. 바로 컴퓨터 문제였다. 컴퓨터가 두 대밖에 없었기 때문에 다섯 마을이 서로 으르릉대며 자기 마을이 먼저 해내겠다고 다툼을 벌였다. 하지만 지금은 괜찮다. 9월에 교육청에서 펜티엄 컴퓨터를 열세 대나 사 주었기 때문이다. 이제는 마음놓고 신문을 내고 있다.

우리 선생님이 하시는 말씀이고 내가 생각하고 있는 것인데, 정말 마을 신문 하나면 모든 공부가 다 된다. 다 말할 수는 없고 한 마디로 '안 보이던 것이 보인다.'고 말할 수 있다. 정말, 안 보이고 안 들리던 게 보이고 들린다. 한 가지 예를 들어 보자면 옛날에는 '그냥 그렇네. 여관 짓네. 저기 나도 놀러 가 볼까?' 하는 생각이 들었다. 하지만 마을 신문을 내고부터는 보는 눈이 달라졌다. '여관 짓네.' 하는 말이 나오기에 앞서 '여관은 왜 지을까? 지나던 사람이 늦어지면 쉬면서 잠을 자도록 하기 위해서 짓는 것이지. 그렇다면 사람이 많은 곳에 지어야지 왜 사람도 잘 다니지 않는 이런 곳에 지을까?' 그래서 어른들에게 물어 보고 알아 낸 것이 '러브호텔'이라는 것이다. 어른들이 별로 좋지 못한 행동을 더 많이 하는 곳이란 것을 알았고, 우리 마을에 이런 것을 지으면 나쁜 것이구나 하는 것을 알았다. 이렇게 콕콕 집어 내는 것이, 안 보이던 것이 보이는 것이 아닐까 생각한다.

또 있다. 우리 글과 말을 더 소중히 여기게 되었다. 한 가지 예를 들어 보자. 사람들은 흔히 '아이스박스'라는 말을 쓴다. 이 말은 영어다. '아이스'는 '얼음'을 뜻하고 '박스'라는 말은 '상자'를 뜻한다. 그러니까 '아이스박스'보다는 '얼음 상자'라는 말이 더 좋을 것이다. 이것을 모두 우리 선생님께 배운 것이다. 한 번 똑똑히 배우고 나니까 다시는 '아이스박스'라는 말을 쓰지 않게 되는 것이다. 또 한 가지 예로 '도넛'이란 말을 들어 보겠다. '도넛'이란 말은 영어다. '도넛'이란 말보다는 '가락지빵'이라는 말이 더 좋다. '가락지빵' 얼마나 좋은 말인가? 듣기도 좋고 왠지 많이 해 본 말 같다. 이 밖에도 '친구'보다는 '동무', '매일'보다는 '날마다', '노크'보다는 '손기척'이란 말이 더 좋을 것 같다. 이 모든 것은 마을 신문을 내면서 우리 선생님께 배운 것이다. 다른 사람들도 우리 말을 살려 썼으면 좋겠다.

이 밖에도 기사를 쓰면서 글쓰기 실력도 늘고, 생각도 커지고, 현장 조사를 하면서 보는 눈도 늘고, 컴퓨터를 치면서 컴퓨터 공부도 되고, 더 넓게 보게 되고, 더 깊게 보게 되고……. 이 마을 신문이 정말 쉽게 말해서 요즘 선생님들이 말하는 열린 교육인 것 같다.

앞으로 열심히 기사를 써서 더 멋진 마을 신문을 내고 싶다. 신문을 우리 학교만 낼 것이 아니라 다른 학교 동무들도 같이 마을 신문을 내면 좋겠다. (1997년)

11장
한 해 마무리

학급 마무리 잔치
자기 역사 기록하기

학급 마무리 잔치

무슨 일이든지 그렇지만 학급에서도 한 해 마무리가 필요하다. 학급 마무리 잔치는 처음 계획부터 끝까지 잘 해 온 일들을 더욱 마음을 다져 마무리를 할 수 있는 기회이며, 모자라는 부분은 새롭게 채울 수 있는 기회이다. 그리고 아이들 사이, 아이들과 교사 사이를 더욱 돈독하게 해 주기도 하고 맺힌 마음을 풀 수 있는 기회이다. 또 지나온 날들을 뒤돌아보며 자신이 지내온 과정을 살펴보는 기회이다.

학기 끝 무렵이나 학년 끝 무렵이면 학습 진도도 다 나가서 여유 있는 기간이 좀 있다. 이 기간에 마무리 잔치를 하면 좋다. 내가 나름대로 해 본 것 몇 가지를 정리하면 이렇다.

첫째 날 : 작품 전시회와 고사 지내기

아이들이 일년 동안 학습 활동을 한 결과물들을 한데 모아 전시회를 갖는다. 특별 교실이나 강당에 자리를 마련하고 보기 좋게 전시를 해서 학교 아이들이나 선생님, 나아가 학급 학부모까지 볼 수 있도록 한다.

학습 결과물들은 학년 초부터 잘 보관해 두어야 한다. 조형물은 보관하기가 쉽지 않지만 형태가 망가지지 않도록 해야 하고 색이 있는 것은 색이 바래지 않도록 잘 싸 두어야 한다. 학습 결과물이라면 모든 과목을 공부하면서 나온 결과물을 말한다.

시와 그 밖의 모든 글(국어), 조사 학습 보고서, 그림과 도표, 기록장 같은 것(사회), 도형, 도표 같은 것뿐만 아니라, 계산 과정이 나타나 있는 결과물 같은 것(수학), 학습 기록장, 관찰 기록장, 과학 탐구 학습 보고서 같은 것(과학), 가락짓기 결과물, 음악 감상 느낌 글 같은 것(음악), 그림과 조형물 모두(미술), 실과 실습 결과물 모두(실과), 대충 이렇다. 이 결과물들을 잘 정리하고 이름표를 붙여 전시하면 된다. 그림 액자나 시화 액자는 두꺼운 골판지에 그림이나 시화를 붙이고 액자처럼 예쁘게 꾸미면 된다. 작품 전시회장 문 앞에는 전시회 이름을 적고, 전시회장 안에는 꽃꽂이, 여러 가지 식물 화분들을 분위기 있게 꾸미고 잔잔한 음악이 흐르도록 하면 더욱 좋다. 안내장도 서툴지만 아이들 손으로 만들어 보내는 것이 더 뜻이 있다.

전시회 첫날에는 한 해를 무사히 지내 온 것에 감사하는 고사를 지내는 것도 좋다. 학년 초에도 자기의 희망, 각오, 일년의 계획 같은 것을 다짐하고 무사하기를 비는 고사를 지내고, 학년 말에는 무사히 지내 온 한 해에 대한 감사와 반성과 새로운 각오를 다지는 고사를 지낸다. 학급 대표만 절을 하는 것이 아니라 아이 하나하나 자신이 적은 제문을 읽고 절을 하면서 감사하는 마음을 가지고 새롭게 마음을 다질 수 있도록 하는 것이 좋다. 조금은 장난기도 있지만 진지함도 있다.

둘째 날 : 되돌아보기

짧지만 일년 동안 아이들은 참으로 많은 일들을 겪는다. 즐거웠던 일보다 힘겨웠던 일, 반감을 가졌던 일, 후회되는 일들이 더 많을지도 모른다. 그것들을 그냥 덮어둔다면 마음에 앙금이 되고 뜻있었던 일마저 그 빛을 잃고 만다. 그래서 한 해를 돌아보며 왜 그런 일이 일어났는지 까닭을 찾아보고 앞으로 더욱 알차게 살 수 있도록 한다.

- 일년 동안 있었던 일을 돌아보며 글을 쓰고 발표한다.
- 즐거웠던 일 열 가지, 힘겹고 좋지 않았던 일 열 가지를 찾아보고 그 까닭을 적어 본다.
- 일년 동안을 놓고 집중 토론을 한다.
- 일년 동안 있었던 일을 연표로 만들거나 그림 또는 만화로 나타낸다.

셋째 날 : 놀이 대회

주마다 수요일에는 전통 놀이 대회나 젓가락질 대회나 연필 깎기 대회, 사과 깎기 대회 같은 것을 해 왔는데 학년 말에는 더욱 계획을 잘 세워 하루 동안 개인별, 모둠별 놀이 대회를 연다.

- 전통 놀이 : 윷놀이, 제기차기, 팽이돌리기, 자치기, 비석치기, 사방치기, 고누, 공기, 오징어 놀이, ㄹ자 놀이, 8자 놀이 같은 것.
- 손재주 대회 : 쇠젓가락질 대회, 연필 깎기 대회, 사과 깎기 대회 같은 것.

넷째 날 : 장기 자랑

별 재주가 없는 아이들도 하나하나를 살펴보면 틀림없이 한 가지 재주는 꼭 가지고 있다. 그런 재주도 가만히 두면 사라져 버린다. 그러니까 자꾸 갈고 닦을 수 있도록 해야 한다. 장기 자랑은 자기의 조그만 재주를 남들 앞에 자랑하면서 자기 존재 가치를 느끼고 자신감을 얻도록 한다. 장기 자랑은 꼭 이런 행사 때만 하지 말고 보통 때도 자주 할 수 있는 기회를 만들어 주는 것이 좋다.

교실 앞에 무대를 만들고 한 사람씩 발표하도록 하고 나머지 아이들은 감상을 할 수 있도록 하면 된다. 교사는 아이들이 어떤 장기 자랑을 하는지 알아보고, 너무 간단하고 짤막할 것 같으면 더 계획을 짜서 발표할 수 있도록 하는 것이 좋다.

다섯째 날 : 음식 만들어 먹기

모둠별로 음식을 만들어 먹는다. 음식을 만드는 것도 즐거움이고 먹는 것도 큰 즐거움이다. 모둠별로 같이 음식을 만들면서 아이들과 교사가 더욱 친해질 수 있다. 음식은 칼국수나 수제비, 지짐, 경단 같은 것을 만들어 먹거나 감자나 고구마를 삶아 먹을 수 있다. 정식도 모둠 나름대로 독특한 반찬 만드는 재미가 있고, 여러 가지 지짐도 굽는 재미가 있다. 그 밖에 음식도 우리 음식을 만들어 먹는 재미가 나름대로 다 있다.

여섯째 날 : 장래 희망을 연극으로 표현하기

장래 희망을 일인 무언극 형태로 표현해 본다. 그렇게 표현해 보면서 자신의 희망에 대한 의지를 다진다.

일곱째 날 : 마무리 정리하기

잔치 자리를 정리하고 즐거운 노래와 춤으로 학급 마무리 잔치를 마감한다.

자기 역사 기록하기

뜻있게 살아온 한 해는 그냥 흘려 버리기에는 정말 아깝다. 학급 식구들이 함께 열심히 살았고 깨우침이 컸던 한 해라면 더욱 그렇다. 그래서 한 해를 사진이나 비디오, 또는 녹음으로 기록을 남겨 앞으로 생활에 좋은 영향을 줄 수 있다면 정말 좋겠다.

나는 지금까지 주로 일년 동안 아이들이 생활하는 모습을 사진으로 찍어서 A4 종이에 차례로 붙이고 설명을 덧붙여 정리해 나가도록 했다. 사진뿐 아니라 상장, 통지표, 자신이 쓴 글, 미술 작품같이 자신의 흔적이 될 만한 것은 무엇이든지 그렇게 했다. 미술 작품 같은 것은 모두 실물 그대로 정리하기에는 어려우니까 사진을 찍어서 정리하게 하고 실물은 한두 작품만 보관해 두도록 했다.

사진이나 그 밖에 자신의 흔적들도 그때 그때 정리해 두지 않으면 그만 흩어져 버리고 만다. 아무리 뜻있는 것이라도 흩어져 버리면 뜻이 옅어진다. 사진을 찍어서 아이들 앞앞이 사진을 나누어 주지 않아도 이제는 컴퓨터 시디에 담아서 나누어 가지면 된다. 사진도 좋지만 비디오로 촬영을 해서 연말에 잘 편집하고 복사해서 나누어 가져도 좋다. 또 녹음기로 아이들 목소리를 담아서 나누어 가질 수도 있다. 학급 아이들 하나하나가 자신이 어떻게 살아가겠다는 각오나 희망, 약속 같은 것을 녹음해도 좋고, 노래나 주장 발표 같은 것을 한 테이프에 담아 복사해서 나누어 가져도 좋다.

다들 나름대로 좋은 점이 있다. 나는 아직까지 사진을 찍어 아이들에게 나누어 주고 그것을 저마다 정리해 나가도록 하고 있다. 자기만의 흔적도 정리할 수 있기 때문이다. 앞으로는 시디롬에 담아 줄 생각이다.

살아
있는
이호철 선생의 교실혁명 1
교실

2004년 5월 3일 1판 1쇄 펴냄 | 2022년 9월 27일 1판 10쇄 펴냄 | **글쓴이** 이호철 | **펴낸이** 유문숙 | **편집** 김은주, 남우희, 서혜영, 심명숙, 윤은주 | **디자인** (주)끄레 어소시에이츠 | **제작** 심준엽 | **영업** 나길훈, 안명선, 양병희, 원숙영, 조현정 | **독자 사업(잡지)** 김빛나래, 정영지 | **새사업팀** 조서연 | **경영 지원** 신종호, 임혜정, 한선희 | **분해·제판** (주)아이·디 | **인쇄·제본** (주)천일문화사 | **펴낸 곳** (주)도서출판 보리 | **출판 등록** 1991년 8월 6일 제 9-279호 | **주소** (10881)경기도 파주시 직지길 492 | **전화** (031)955-3535 | **전송** (031)955-9501 | **홈페이지** www.boribook.com | **전자 우편** bori@boribook.com

이 책의 국립중앙도서관 출판시도서목록(CIP)은 e-CIP 홈페이지 (http://www.nl.go.kr/cip.php)에서 볼 수 있습니다. (CIP 제어 번호: CIP2004000841)